WINSTON CHURCHILL

ET

l'Angleterre du XXe siècle

DU MÊME AUTEUR

JACQUES CHASTENET

WINSTON CHURCHILL

ET
l'Angleterre du XXe siècle

I

LE CERCLE DU LIVRE DE FRANCE

ARTHÈME FAYARD

AVANT-PROPOS

Dans des livres antérieurs, — William Pitt, Wellington, Le Siècle de Victoria, — j'ai tenté de tracer, autour de quelques personnages centraux, une esquisse de l'Histoire britannique depuis le déclin du XVIIIe siècle jusqu'à l'aube du XXe. Je poursuis aujourd'hui cette tentative.

La figure axiale est, cette fois, celle de Winston Churchill, figure haute en couleurs, hors série, qu'il est assurément loisible de ne pas aimer, mais qu'il est impossible de ne point admirer.

Sir Winston est toujours vivant, voire sa santé est-elle robuste. Il est pourtant déjà entré dans l'Histoire et comme tel en est justiciable : une étude objective du personnage et de son œuvre ne saurait être taxée d'irrévérence.

L'illustre homme d'Etat apparaît avant tout comme un indomptable animal de combat. Sa vitalité tient du prodige. Son régime alimentaire et le rythme de son existence eussent depuis longtemps conduit au tombeau une constitution moins exceptionnelle que la sienne. Impatient du repos, il éprouve un besoin physique de se dépenser, ne respire bien que dans l'action et c'est dans la bataille, bataille politique, bataille guerrière, qu'il trouve son épanouissement.

Non pas qu'il ait jamais été exactement ce qu'on nomme un belliciste. Il est trop avisé pour ne pas se rendre compte qu'une guerre moderne ne saurait qu'être génératrice de ruines accablant presque autant les vainqueurs que les vaincus. Mais ce que son intelligence repousse attire son tempérament : il a rarement été aussi heureux que lorsqu'il lui a été donné de humer l'odeur de la poudre, que ce fût en qualité de sous-lieutenant ou en celle de maître des destinées d'un immense empire.

Cette pugnacité n'exclut ni la science, ni l'habileté, ni même la générosité. Churchill s'est montré un des tout premiers stratèges de son temps, préférant la manœuvre à l'attaque frontale et ménager, quand faire se pouvait, du sang humain. D'autre part, bien que n'admettant pas — ce qui est plus d'un général que d'un politique — la fin du com-

bat avant que l'adversaire ne soit terrassé, il est assez disposé, cet adversaire gisant à terre, à lui tendre la main. Mais la guerre reste pour lui le plus beau, le plus difficile et le plus enivrant des sports, incomparablement plus beau, plus difficile et plus enivrant encore que le sport parlementaire. Il a pour elle un goût d'artiste.

Aussi bien son côté artiste n'est-il pas le moins attachant. Ce ne sont point les œuvres picturales de Churchill, — œuvres de qualité assez contestable, — qui mettent ce côté le mieux en valeur ; ce ne sont même pas ses discours et ses livres, d'un style soutenu, travaillé, quelquefois ampoulé, mais zébré d'éclatantes trouvailles : bien plutôt serait-ce le comportement général du personnage de son attitude amusée en face de l'existence.

Artistique le plaisir qu'il éprouve à se composer une silhouette, à endosser des uniformes, à faire monter vers le ciel des volutes de fumée ; artistique son don d'inventer des gestes symboliques ; artistique sa manière de décontenancer et de séduire ses interlocuteurs, passant sans transition du bougonnement à la cordialité ; artistique son humour, sa gaminerie, son besoin de ne jamais s'ennuyer et, par conséquent, de ne jamais ennuyer les autres ; artistique, enfin, ce goût dionysiaque de la vie qui lui a fait dire un jour : « Tout ce que la terre peut offrir, je suis prêt à le prendre. »

Que cet art ne soit point éloigné de celui du comédien, on en tombe d'accord. Mais combien de grands hommes ne prêtèrent-ils pas le flanc au reproche de cabotinage. Songeons à Napoléon, à Chateaubriand, à Victor Hugo... L'important est que, sous le masque revêtu avec complaisance, un visage existe, aux traits puissamment accusés.

Les traits accusés dominent certes dans le visage churchillien. A côté, toutefois, on en distingue quelques-uns qui sont plus confus. Le sens politique en particulier ne semble pas chez Winston tout à fait aussi incontestable que l'instinct combatif et l'instinct artiste. Sans doute, au cours de sa longue carrière, s'est-il très souvent montré exact prophète, mais il a aussi commis certaines bévues. Peut-être ont-elles principalement tenu à son égocentrisme. Spectateur complaisant de lui-même, assuré de sa supériorité intellectuelle, entraîné par son élan vital, il écoute peu et ne regarde pas toujours bien. Nullement inhumain, son aptitude à la sympathie n'en est pas moins limitée ; il manque d'antennes, use parfois de roueries à contretemps, vit davantage dans le bouillonnement de son imagination que dans les réalités du monde extérieur. Le monde extérieur s'est d'aventure vengé de sa quasi-indifférence en lui infligeant des mécomptes.

Indifférence qui, cependant, n'est point universelle. Il est au moins un secteur de l'univers pour lequel Churchill a constamment manifesté un attachement passionné : c'est l'Angleterre, ou mieux, l'Empire britannique.

L'intérêt de l'Empire : voilà le grand moteur de toute l'activité publique de ce descendant d'une lignée d'aristocrates dont le fondateur fut un des meilleurs ouvriers de la grandeur anglaise. Churchill a pu parfois se tromper dans son appréciation de cet intérêt : il n'a jamais cessé d'en avoir l'exclusif souci.

L'idée qu'il se fait de l'Angleterre et de ses prolongements présente quelque chose de sacré : « Majesté... Puissance... Gloire... Domination », autant de vocables qu'il accole constamment à cette idée. Elle se teinte aussi d'une infinie tendresse : « Ce joyau serti dans la mer... nos vertes prairies, nos collines, nos plages... notre île bien-aimée... » Là sont ses amours. On ne voit guère de femmes autour de Churchill, hors la sienne : l'Angleterre a été, reste sa vraie maîtresse.

Ce fait, notons-le en passant, rend oiseuse la question posée parfois chez nous : « Churchill aime-t-il la France ? » — Certes, il aime les vins français, il aime le soleil de la côte d'Azur et de la côte basque, voire se proclame-t-il volontiers « vieil ami » de la France ; mais, politiquement, elle n'a jamais été pour lui qu'un instrument et, s'il déplore ses faiblesses, c'est uniquement parce qu'une France forte lui apparaît comme un bouclier indispensable à l'Angleterre. On trouvera dans les pages qui suivent de multiples exemples de cette attitude. Quel patriote, d'ailleurs, lui en ferait grief ?

Cependant, Churchill n'est pas un Anglais type. Il n'en offre ni toutes les qualités, ni tous les défauts et, si l'on dressait le catalogue des premiers ministres britanniques, il s'insérerait dans la série des allogènes à côté du Juif Disraeli, de l'Irlandais Palmerston, du Gallois Lloyd George, plutôt que dans celle des purs indigènes, tels William Pitt, Gladstone, Baldwin, Chamberlain, Attlee ou Eden. C'est que, ne l'oublions pas, une moitié de sang américain coule dans ses veines, un sang dont quelques gouttes sont d'origine iroquoise. Voilà qui donne la clef de certains traits de son caractère et de plusieurs de ses foucades, la clef aussi de ce qui fut son grand dessein politique : l'union (« l'union majestueuse », aime-t-il à dire) des deux grandes démocraties anglo-saxonnes, intimement associées pour contrôler, du haut de leur puissance et de leur sagesse, le comportement du reste du monde, ou tout au moins du monde occidental.

L'échec relatif de ce dessein constitue, n'en doutons point, en même temps que l'effritement de l'Empire, la goutte de fiel glissée dans le capiteux breuvage qui emplit une coupe de gloire. Que les Etats-Unis estiment avoir été, non seulement en 1945, mais en 1918, les principaux artisans de la victoire ; qu'ils prennent des décisions cardinales sans consultation préalable avec Londres ; qu'ils se posent parfois en arbitres entre le gouvernement britannique et ses interlocuteurs étrangers ; qu'en fait, ils aient nettement pris rang, dans l'échelle des puissances, avant la Grande-Bretagne : jamais Winston Churchill, à moitié américain, mais à moitié seulement, ne s'y résignera tout à fait. Et pas davantage ne se résignera-t-il tout à fait, autrement que par un effort de raison, ni à la République d'Irlande, ni à la République indienne.

Nostalgies de vieillard, mais belles. Archaïsme marqué du sceau de la grandeur. Quand Winston Churchill aura cessé de vivre, — et sa vigueur peut faire espérer que ce ne sera pas avant longtemps, — peut-être se demandera-t-on si son œuvre a été uniquement positive ; on ne lui refusera pas le linceul de pourpre où dorment non seulement les dieux morts, mais les géants humains disparus.

* * *

C'est un insigne honneur pour un homme quand sa biographie coïncide avec les fastes de son pays. Cet honneur a été dévolu à Churchill : résumer sa vie, c'est aussi résumer, pour une bonne part, l'histoire de la Grande-Bretagne depuis l'extrême début du présent siècle.

Vue de haut, cette histoire peut apparaître, sur le plan matériel, comme celle d'un lent déclin.

En 1900, l'Angleterre est encore la première puissance du globe. Assise, le trident de Neptune à la main, sur son bloc de charbon, Britannia régit les sept mers, gouverne directement ou indirectement le cinquième des terres, inonde l'étranger des produits de son industrie, contrôle les marchés commerciaux et les marchés financiers internationaux. Le rouge de l'orgueil colore son visage.

Déjà pourtant, premier coup de semonce, les déboires de la guerre du Transvaal viennent de déceler chez elle une faiblesse : celle de son organisation militaire. Déjà aussi, la montée des Etats-Unis et celle de l'Allemagne lui laissent pressentir des menaces possibles. Elle sort de son splendide isolement et conclut avec le Japon un traité d'alliance, avec la France le pacte d'Entente cordiale. En même temps, son peuple se lasse de l'impérialisme grandiloquent ; un mouvement intellectuel prépare les élections libérales de 1906 qui annoncent elles-mêmes un repliement vers l'intérieur et un souci plus grand des problèmes sociaux.

Suit une période d'agitation politique. Bataille « du peuple contre les Lords », grèves, revendications irlandaises. L'Allemagne se fait de plus en plus agressive. Quand, ayant déclaré la guerre à la France, elle envahit la Belgique, un mouvement d'opinion oblige le gouvernement à relever le gant.

Quatre années d'une lutte de plus en plus dure, de plus en plus sanglante. Les Anglais, renonçant à de chères traditions, sont conduits à accepter le service militaire obligatoire, à accepter aussi une ingérence croissante de l'Etat dans les activités privées. La victoire enfin forcée, ils espèrent que tout va rentrer dans l'ordre ancien.

Illusion : les dépenses ont été immenses et ont suscité un affaissement de la livre sterling, si longtemps étalon international. L'Europe continentale est partiellement dans le chaos, l'Extrême-Orient s'agite, l'Inde crée une industrie propre, l'Amérique est en pleine expansion économique, de nouvelles sources d'énergie tendent à remplacer le charbon : autant de débouchés commerciaux perdus. Et cependant, pour un pays dont le sol ne nourrit ses habitants que pendant cinq mois par an, exporter est affaire de vie ou de mort !

Pour limiter les frais et se concilier des acheteurs possibles, on fait des sacrifices politiques : le service obligatoire est aboli ; pleine autonomie est accordée aux Dominions et à l'Irlande catholique, promise à l'Inde ; l'Allemagne est, contre le gré de la France, aidée à se relever financièrement ; les Soviets, un moment honnis, sont courtisés ; la parité navale avec les Etats-Unis est admise. Cela ne suffit point : le chômage s'étend comme une lèpre et, bientôt viendra le moment où la parité-or de la livre sterling, péniblement retrouvée, devra être abandonnée.

En même temps, la nation connaît un malaise moral : sa structure aristocratique a été gravement ébranlée, l'accession des femmes à l'électorat a introduit un élément affectif dans sa vie politique, l'action des syndicats ouvriers tend au malthusianisme de la production. Fatigue, scepticisme, goût du plaisir et du moindre effort. Surtout, attachement passionné à la paix.

Cette paix tant chérie, voici qu'un péril la menace, venu derechef d'Allemagne. Les Anglais ne le veulent point voir, s'abritent derrière l'écran fragile de la Société des Nations et Churchill prêche dans le désert. Le réveil se fait trop tard, quand les forces de l'hitlérisme l'emportent sur celles de la Grande-Bretagne, quasi désarmée, et sur celles de son alliée française, mal armée.

Le peuple britannique se lance néanmoins tête baissée dans l'aventure. Elle lui réserve au début les plus atroces mécomptes. La Fran-

ce est mise hors de combat, le territoire national n'échappe à l'invasion que pour être labouré par les bombardements et se voir guetté par le blocus ; sur les théâtres extérieurs, les échecs succèdent aux échecs.

Galvanisées par Churchill, les énergies britanniques ressurgissent. Au prix des plus durs sacrifices et d'une quotidienne tension, la défense s'organise préparant l'offensive : des armées sont suscitées, la mobilisation civile est décrétée, un strict rationnement est accepté, les sacro-saints privilèges des syndicats sont oubliés. Efforts admirables qui, pourtant, resteraient stériles si l'entrée en guerre de la Russie, puis des Etats-Unis, ne venait renverser le cours des destins.

De la seconde guerre mondiale, la Grande-Bretagne sort victorieuse, comme elle a fait de la première. Mais plus encore qu'après 1918, elle a le sentiment, dans les années qui suivent 1945, que ce fut une victoire à la Pyrrhus. A peine d'ailleurs les armées allemandes avaient-elles capitulé sans conditions que la lassitude l'avait jetée dans les bras du travaillisme.

Celui-ci, au prix d'une bureaucratie pesante, d'une extrême austérité et d'un sévère rationnement, apporte aux masses une sécurité sociale accrue et la certitude du « plein emploi ». En revanche, le niveau de vie des classes supérieure et moyenne est fortement abaissé. Révolution pacifique qu'accompagnent la fin de l'empire des Indes et une distension croissante des liens unissant entre elles les différentes parties du Commonwealth.

Un réflexe anti-étatiste ramène — à une majorité d'ailleurs très faible — les conservateurs au pouvoir. Les gentlemen succèdent aux professeurs et aux secrétaires syndicaux. Point de réaction, mais une technique financière plus sûre et moins d'innovations. Un peu de gaieté, un peu de couleur reviennent. Le mal dont souffre la Grande-Bretagne n'en est pas guéri pour autant, mal profond qui se résume en une interrogation :

Comment faire subsister, au niveau élevé de vie qu'elle exige, une population de plus de cinquante millions d'individus, en écrasante majorité urbaine et entassée sur un territoire grand comme les deux cinquièmes du territoire français, alors que l'étranger achète de moins en moins volontiers sa production industrielle et se passe de plus en plus aisément de ses services?

On peut se demander si la question comporte une réponse définitive...

* * *

Le déclin britannique n'est qu'un cas particulier du déclin européen amorcé dès le début du siècle par l'industrialisation des pays extra-européens, précipité par la première guerre mondiale, rendu irréversible par la seconde.

Les circonstances démographiques et économiques eussent voulu que le glissement fût en Grande-Bretagne plus rapide qu'ailleurs. *C'est l'honneur de la nation et de ses dirigeants d'avoir, à force de discipline et de méthode, freiné le mouvement et de l'avoir empêché de s'accélérer en chute verticale.*

C'est aussi leur honneur de n'avoir, au sein des pires épreuves, jamais désespéré de leur pays et d'y avoir maintenu intactes quelques-unes des plus sûres valeurs de la civilisation occidentale : respect de la personne humaine, respect des minorités, libre discussion, acceptation volontaire des hiérarchies, fair play, *sens du passé historique, civisme. L'Angleterre contemporaine est loin d'avoir la puissance matérielle qui était la sienne au début du siècle : son âme n'a pas été profondément altérée.*

La France ne s'est pas toujours bien trouvée de s'être docilement pliée aux impulsions venues de Londres et certaine disposition systématiquement « anglomane » de sa diplomatie, disposition dans laquelle il entrait une part de snobisme, n'a point été sans lui porter préjudice. En revanche, sans doute n'a-t-elle pas pris suffisamment exemple sur le comportement moral, patriotique et civique de la grande nation voisine.

Puisse le présent livre offrir sur ce point matière à quelques profitables réflexions.

* * *

On trouvera à la fin du volume une bibliographie très sommaire des sources et ouvrages consultés. L'usage n'est pas, dans cette collection, de charger de notes le bas des pages, mais on voudra bien croire qu'aucun des faits allégués ne l'a été sans sérieuses références.

Il m'est impossible de remercier nommément, parce que trop nombreuses, les personnalités britanniques et françaises qui, ayant été mêlées aux événements relatés, ont eu la bonne grâce de m'aider de leurs souvenirs ; je les prie toutes de trouver ici l'expression de ma gratitude.

J'ai aussi utilisé beaucoup de réminiscences et d'expériences personnelles.

LES « ENFANCES » CHURCHILLIENNES

UN MOIS APRÈS LA MORT DE LA REINE VICTORIA, WINSTON CHURCHILL NOUVELLEMENT ÉLU DÉPUTÉ, PRONONCE SON PREMIER DISCOURS PARLEMENTAIRE. — SA NAISSANCE PRÉCIPITÉE ET SPECTACULAIRE. — SA DOUBLE HÉRÉDITÉ : SANG DE LA PREMIÈRE ARISTOCRATIE ANGLAISE, SANG DES PIONNIERS DU NOUVEAU-MONDE. — SON ENFANCE SANS ÉCLAT. — SA VIGOUREUSE PERSONNALITÉ SE RÉVÈLE À DATER DE SON ENTRÉE À L'ÉCOLE MILITAIRE DE SANDHURST. — CHURCHILL SOUS-LIEUTENANT DE HUSSARDS. — ATTIRÉ PAR L'ODEUR DE LA POUDRE, IL SUIT, EN AMATEUR, LA CAMPAGNE DES ESPAGNOLS CONTRE LES INSURGÉS CUBAINS. — GARNISON AUX INDES. — COMBATS À LA FRONTIÈRE AFGHANE. — PREMIÈRE ŒUVRE LITTÉRAIRE. — CAMPAGNE DU SOUDAN, LA CHARGE D'OMDURMAN. — CHURCHILL RENONCE À LA CARRIÈRE MILITAIRE. — IL PARTICIPE, COMME JOURNALISTE, À LA GUERRE SUD-AFRICAINE. — SA CAPTURE PAR LES BOERS, SON ÉVASION. — IL SE BAT ENCORE, PUIS RENTRE EN ANGLETERRE OÙ IL EST ÉLU DÉPUTÉ.

Dix-huit février 1901, dix heures du soir, à Londres, dans le palais de Westminster. La salle rectangulaire, de style pseudo-gothique, où siège la Chambre des Communes.

Au fond, la silhouette emperruquée du *Speaker* est à demi noyée dans l'ombre projetée par le dais qui surmonte le fauteuil présidentiel. Devant celui-ci, la Table des clercs, sur laquelle brille la masse de vermeil, symbole de la royauté omniprésente. De part et d'autre, se faisant face, des rangées de bancs garnis de cuir vert : à droite, les bancs de la majorité conservatrice, à gauche, ceux de l'opposition libérale et irlandaise. Les députés y sont assis ou vautrés, les mains enfoncées dans les poches, le chapeau haut de forme incliné sur le front. Au premier rang, quelques ministres, à demi étendus, ont posé leurs pieds sur la Table des clercs. Dans les galeries, un public restreint : des hommes en frac, des femmes en toilette de soirée, des journalistes. Quelques lustres équipés au gaz répandent sur l'ensemble une lumière sans joie.

C'est le décor traditionnel, vieillot, vénérable et bon enfant où, dans une atmosphère de conseil d'administration, se débattent les destinées de l'Empire britannique. Ce soir, une note de mélancolie y est apportée par le nombre des cravates noires, des brassards noirs, des écharpes noires.

L'Angleterre est en effet en grand deuil : vingt-huit jours auparavant, la reine Victoria s'est éteinte au terme d'un règne qui avait duré soixante-quatre ans. Règne auguste, règne glorieux pendant lequel la Grande-Bretagne avait vu sa population passer de dix-huit à quarante millions d'habitants, sa richesse augmenter dans des proportions fabuleuses, ses dépendances coloniales s'étendre jusqu'aux confins du monde.

Ce règne s'était prolongé si longtemps qu'on avait fini par le croire éternel. Sans doute, sa splendeur avait-elle été, au cours des deux dernières années, quelque peu ternie par les difficultés inattendues de la guerre sud-africaine. Mais, tant que la « veuve de Windsor » était là, palladium vivant, il semblait que rien de durablement fâcheux ne pût arriver au « Peuple élu de Dieu ». Elle disparue, c'est comme si un ordre naturel s'était soudainement écroulé. Des doutes inédits surgissent. Toutes les acquisitions faites, tous les progrès réalisés au cours du siècle qui vient de s'achever sont-ils aussi définitifs qu'on pensait ? On se demande, avec une sourde angoisse, ce que réserve le siècle nouveau...

Cependant, « le gouvernement de Sa Majesté doit *toujours* être assuré ». Donc, la reine à peine morte, vive le roi ! Albert-Edouard, prince de Galles, a été, sous le nom d'Edouard VII, solennellement reconnu par le Conseil privé ; puis hérauts d'armes et crieurs publics ont, sur les places et carrefours, proclamé son avènement en tant que « roi du Royaume-Uni de Grande-Bretagne, d'Irlande et des Dominions britanniques d'Outre-Mer, défenseur de la Foi, empereur des Indes ». Il a, en cérémonie, ouvert le Parlement élu à la fin de l'année précédente et, du haut du trône, il lui a donné lecture de son « gracieux discours » inaugural.

Ainsi lancée, la majestueuse machine constitutionnelle s'est remise à fonctionner et voici qu'en cette séance nocturne, la Chambre des Communes est appelée à discuter les termes de l' « humble adresse » qui, suivant un usage immémorial, doit être présentée au monarque en réponse au « gracieux discours ».

Que les mots pourtant ne trompent pas. Il s'agit là d'un débat politique et les membres de l'assemblée en prennent toujours occasion, soit pour critiquer le gouvernement, soit pour exposer leurs vues personnelles sur les sujets d'actualité.

Au début de 1901, la grande actualité, c'est la guerre d'Afrique du Sud. Déclarée sous un mauvais prétexte, mal engagée, ayant débuté par d'humiliants revers, elle a tout de même, grâce à l'écrasante supériorité numérique des forces de Sa Majesté, abouti à l'occupation des capitales du Transvaal et de l'Orange. L'annexion des deux Républiques à la Couronne anglaise a même été déclarée. Mais cela n'a rien réglé. Contrairement à toutes les règles du jeu, les Boers refusent de s'avouer vaincus et leurs insaisissables *commandos* continuent à tenir le *veldt* et à harceler les colonnes de l'adversaire. Pour les priver de leurs points d'appui, le commandement britannique a fait incendier de nombreuses fermes isolées, dont les habitants ont été parqués dans des camps de concentration où la mortalité est effrayante. Une telle barbarie a provoqué à l'étranger des clameurs de réprobation et, en Angleterre même, elle ne va pas sans susciter une sorte de mauvaise conscience.

C'est autour de cette guerre coûteuse et sans gloire que se déroule la discussion ouverte à propos de l' « humble adresse ». Plusieurs orateurs libéraux ont âprement taxé le ministère conservateur d'incapacité et l'un d'eux, un brun Gallois du nom de Lloyd George, vient de se faire remarquer par sa véhémence.

C'est alors que, sur un banc de la majorité, un jeune député demande la parole. Il est roux de chevelure, son visage imberbe et poupin est encadré par les pointes rabattues d'un vaste faux col, sa courte stature amplifiée par une redingote aux longs revers de soie. Quand il se lève, un murmure de curiosité parcourt l'assemblée.

Dans une galerie, une provinciale demande :

« Qui est-ce ? »

Un voisin bien informé répond :

« Il vient d'entrer au Parlement et prononce aujourd'hui son *maiden speech*, son premier discours. Il n'a que vingt-cinq ans, mais les livres qu'il a écrits et surtout ses aventures belliqueuses lui valent déjà une manière de célébrité. C'est le petit-fils d'un duc, le fils d'un ancien chancelier de l'Echiquier. On l'appelle Winston Churchill. »

Dans le milieu parlementaire d'alors, où — au moins chez les conservateurs — tout le monde se connaît peu ou prou, un *maiden speech* est un événement. Il s'agit de savoir comment Jack, ou Eddie, ou Archie, ou Winnie s'en tirera ; selon qu'il sera ou non applaudi, on augurera bien ou mal de sa carrière future. Aussi les rivaux possibles sont-ils aux aguets et, dans les galeries, les familles écoutent-elles avec anxiété.

Le débutant de ce soir n'est pas sans nervosité et, ses premiers mots, il les prononce en bégayant. Il se reprend toutefois vite et c'est avec une relative aisance qu'il déploie les phrases bien balancées d'un discours que, plus confiant dans sa mémoire que dans son talent d'improvisation, il a soigneusement appris par cœur.

L'idée centrale en est que la Grande-Bretagne doit mettre tout en œuvre pour terminer rapidement et victorieusement la guerre sud-africaine, mais qu'ensuite, il lui faudra traiter avec magnanimité des adversaires qu'il est impossible de ne pas respecter. Un membre de phrase suscite des mouvements divers : « Si j'étais un Boer combattant — car, si j'étais Boer, je serais sûrement combattant... » La conclusion toutefois, de ton calme et modéré, est saluée par des *Hear ! Hear !* de sympathie jusque sur les bancs de l'opposition.

Le succès du jeune orateur n'a peut-être pas été aussi éclatant que celui qui, cent vingt ans auparavant, salua le *maiden speech* du second Pitt et nul ne peut encore se douter que la gloire de Churchill l'emportera un jour sur celle de Pitt. La partie n'en est pas moins gagnée.

Winston Churchill est désormais un parlementaire confirmé. Cinquante-cinq ans plus tard, il siégera encore à la Chambre des Communes, n'en ayant, dans l'intervalle, été éloigné que pendant deux ans.

* * *

Le futur animateur de la deuxième guerre mondiale est né le 30 novembre 1874 à Blenheim, près d'Oxford, dans ce pompeux palais de lignes classiques, sis au milieu d'un domaine de deux mille sept cents acres, que l'Angleterre offrit à John Churchill, premier duc de Marlborough, — le *Malbrouk* de la chanson française, — en récompense de ses victoires sur les armées de Louis XIV.

Le septième duc donnait un bal à la *gentry* du voisinage et à un choix d'étudiants d'Oxford. Epaules nues, gemmes scintillantes, fines tailles que les amples « tournures » faisaient paraître plus fines encore, sombres fracs, uniformes rouges : les couples tournoyaient au son des violons, des bois et des cuivres, à la lueur d'innombrables bougies, parmi une armée de laquais galonnés et poudrés.

Une des brus de l'hôte, la belle Lady Randolph Churchill[1], se faisait, bien qu'enceinte de sept mois, remarquer par son ardeur à la danse. Au fort de la soirée cependant, l'intrépide valseuse se sentit prise de douleurs. Elle pâlit, s'évanouit presque. On voulut la transporter dans sa chambre ; mais, entre la salle de bal et cette chambre la distance était immense et le temps pressait. On dut s'arrêter en route et déposer la jeune femme dans un vestiaire : c'est là, sur un lit fait de palatines de fourrure et de capes de velours, qu'en quelques instants, elle accoucha d'un garçon qui, à son baptême, allait recevoir le prénom de Winston, traditionnel dans la maison de Marlborough.

C'est ainsi que Winston Leonard Spencer Churchill fit dans la vie une entrée à la fois précipitée et spectaculaire. Environnement historique, décor chatoyant, brillante figuration, improvisation, audace, fantaisie : le destin de l'enfant, à qui saurait le lire, pouvait déjà apparaître inscrit dans les étoiles.

Très vite, la robuste constitution du jeune Winston lui permit de surmonter les périls dont le menaçait sa naissance avant terme. C'est qu'il était issu de deux races singulièrement vivaces.

Du côté paternel, une longue lignée d'hommes de guerre et d'hommes d'Etat plus ou moins associés à l'histoire britannique des deux derniers siècles et faisant presque corps avec elle. Le père de notre bébé n'avait pas dégénéré et, si sa taille était exiguë, il était en revanche doué d'une fougueuse combativité. A peine âgé de vingt-quatre ans, il avait été élu député à la Chambre des Communes, — c'était alors en Angleterre l'ambition de nombre de cadets de grande famille, — et, à en juger par ses premiers discours, sa carrière promettait déjà beaucoup. D'une intelligence rapide, chaleureusement éloquent, répandant le charme autour de lui, hardi sportsman, un peu instable, un peu agité (« la vie », dira-t-on, « ne saurait être calme au voisinage de Lord Randolph Churchill »),

---

1. En Grande-Bretagne, seul le chef d'une famille noble porte le titre, et son fils aîné après lui ; les cadets ne sont connus que sous le nom patronymique. Quand le père est un duc ou un marquis, ces cadets reçoivent, par courtoisie, la qualification de « Lord » placée avant leur prénom. Le troisième fils du septième duc de Marlborough est Lord Randolph Churchill, et sa femme Lady Randolph Churchill. Mais leur fils sera, tout court, Winston Churchill en attendant que l'octroi de la Jarretière le fasse devenir *Sir* Winston Churchill.

il allait briller, au ciel parlementaire, comme un météore fulgu-
rant. Son existence devait être relativement brève, mais son fils,
destiné à avoir toutes ses qualités avec quelques-uns de ses défauts,
devait conserver de lui un souvenir ébloui.

Du côté maternel, Winston recueillait aussi un héritage d'extrême vitalité : Lady Randolph Churchill, née Jenny Jerome,
était Américaine. Sa famille, venue de l'île de Wight, était installée
depuis le début du XVIIIe siècle de l'autre côté de l'Atlantique
et un de ses ancêtres avait épousé la fille d'un chef iroquois. Son
père, Leonard Jerome, était une des vedettes du monde new-yor-
kais. Après avoir été quelque temps consul en Autriche, il avait
fait à la Bourse, et plusieurs fois refait, une très grosse fortune,
mais il était en même temps homme de cheval, enragé *turfiste*, passionné collectionneur de tableaux, amateur de théâtre et journaliste plein de pugnacité (propriétaire du *New York Times*, il lui était
arrivé de défendre, à coups de revolver, les bureaux de son journal contre une émeute suscitée par des adversaires politiques).
Curieux de l'Europe, s'il n'avait pas le loisir d'y venir souvent, il
avait laissé son épouse et ses trois filles séjourner longuement à
Paris où elles avaient fréquenté la Cour des Tuileries. Elles allaient
aussi parfois en Angleterre et c'était aux régates de Cowes que
Jenny, la seconde des filles, ravissante brune aux allures de pan-
thère, avait fait la connaissance de Lord Randolph.

Le coup de foudre avait été immédiat et, devant sa violence,
il avait bien fallu que les préjugés nobiliaires du duc de Marlborough s'inclinassent : Jenny Jerome, devenue Lady Randolph
Churchill, allait être le plus éclatant ornement d'une oligarchie
anglaise encore en plein épanouissement. Tradition militaire,
politique et gouvernementale des Churchill, esprit d'aventure
et curiosité universelle des Jerome, sang bleu et sang rouge :
le mélange était bon, il était bouillonnant, presque détonant :
Winston devait l'enrichir encore de son fonds propre.

* * *

A vrai dire, la personnalité du jeune porphyrogénète mit assez
longtemps avant que de se manifester. Ayant passé ses premières
années à Dublin, à la petite Cour de son grand-père Marlborough
qui avait accepté les fonctions de vice-roi d'une Irlande en état de
révolte larvée, il fréquenta ensuite en Angleterre de successives
écoles préparatoires, puis entra comme interne à l'élégante *public*

school de Harrow. Nulle part, il ne témoigna d'aptitudes très particulières.

Le latin — alors l'une des trois bases fondamentales de l'éducation d'un futur *gentleman* — l'ennuyait à périr. Le grec — seconde base — lui faisait horreur. Le cricket — troisième et peut-être principale base — n'avait pour lui que de médiocres attraits. En revanche, il étudiait avec plaisir sa langue maternelle, possédait une remarquable mémoire, abondait en reparties caustiques, maniait avec adresse le fleuret et tenait solidement à cheval. Tout compte fait, un adolescent robuste, plutôt turbulent, et un élève à peine moyen.

Le seul goût marqué qu'on lui connût était celui des soldats de plomb qu'il collectionnait avec amour et faisait manœuvrer avec passion. Voyant cela, son père — devenu, dans l'intervalle, l'enfant à la fois gâté et terrible du parti conservateur — décide de l'orienter vers la carrière des armes. On le débarrassa du grec et on le mit aux mathématiques.

Le moment vint bientôt où il dut affronter l'examen d'entrée à l'école de Sandhurst, le Saint-Cyr britannique. Deux fois, il échoua. Mais, dans une Angleterre où l'aristocratie était l'objet du respect général, il ne pouvait être dit que le corps des officiers de Sa Majesté manquerait l'occasion d'accueillir le petit-fils d'un duc, le fils d'un ancien chancelier de l'Echiquier. Les examinateurs firent intelligemment preuve d'indulgence et, à son troisième essai, Winston fut reçu : il avait dix-neuf ans.

Le voici *gentleman-cadet*, vêtu d'un seyant uniforme et avec un sabre au côté. Plongé désormais dans un milieu qui lui plaît, son originalité se développe, son alacrité naturelle s'affirme. Il sera, non un des plus brillants élèves de Sandhurst, mais un des plus pétulants et des plus populaires.

La première manifestation de sa combativité se produit à propos de l'affaire dite « du promenoir de l'*Empire* ».

L'*Empire* est le plus achalandé des music-halls londoniens et les *gentlemen-cadets* de Sandhurst s'y portent en masse le samedi soir. Cet établissement possède un promenoir hanté par des demoiselles de petite vertu et que borde une série de bars. C'est là, au gré des prudes, un lieu de perdition et une certaine Mrs. Ormiston Chant, membre du Conseil du comité de Londres, — en 1894, les femmes anglaises sont déjà éligibles aux assemblées locales, — entreprend une campagne pour le faire fermer.

Ce genre d'initiative suscite toujours de l'écho en Grande-

Bretagne. Deux camps se forment : celui des défenseurs de la moralité, celui des champions de la liberté ; Winston s'enrôle aussitôt dans le second.

Par une transaction bien britannique, les autorités décident que le promenoir subsistera, mais qu'il sera, à l'avenir, masqué des bars par une rangée de hauts paravents. « Ainsi », écrira Churchill dans ses *Souvenirs de jeunesse*, « les temples de Vénus et de Bacchus se verraient séparés et les attaques contre les faiblesses humaines seraient déclenchées par vagues successives ou alternées, et non plus conjointes. »

Les élèves de Sandhurst ne se satisfont point de cette demi-mesure et, certain samedi soir, ils démolissent les paravents. Winston dirige les opérations et, monté sur une banquette, il prononce son premier discours :

« Vous avez vu ce soir abattre ces barricades », s'écrie-t-il à l'adresse du public attroupé, « faites en sorte qu'aux prochaines élections, ceux qui les élevèrent soient de même renversés ! »

Puis, suivi de ses camarades, il gagne Leicester Square voisin et fait allumer un feu de joie avec les débris des paravents. « Je pensais », écrira-t-il, « à la mort de Jules César, quand ses meurtriers se précipitèrent dans la rue en brandissant leurs dagues sanglantes. J'évoquais aussi la prise de la Bastille ! »

Mais il se fait très tard. Les *gentlemen-cadets* attrapent de justesse le dernier train pour Sandhurst. Quand ils arrivent, essoufflés, à l'école, les portes en sont fermées et il leur faut sauter le mur.

* * *

Vient enfin l'instant bienheureux du terme des études. Winston sort de Sandhurst dans un rang très honorable et est nommé sous-lieutenant au 4e régiment de hussards, un « bon » régiment. Plus de maîtres, plus d'examens ! « Le monde s'ouvrait devant moi », écrira-t-il, « comme la caverne d'Aladin ! » Sa griserie est un moment tempérée par la mort de son père, qui, après une carrière fulgurante, mais brève, s'est brouillé avec les chefs de son parti, a été ensuite frappé de paralysie et disparaît à l'âge de quarante-six ans. Sa veuve reporte sur son fils l'admiration qu'elle lui vouait et elle va être pour le jeune homme la plus efficace des collaboratrices et la plus sûre des conseillères.

Notre sous-lieutenant est quelque temps enchanté par son métier. Son goût de l'autorité, son amour du décor, sa passion pour les exercices dangereux, tout se trouve satisfait. Ecoutons-le chanter les beautés de cette armée anglaise de la fin du XIXe siècle, toute semblable à ce qu'elle était au XVIIIe, avec ses uniformes rutilants, ses plumets, ses brandebourgs, ses cliquetis de sabres et de gourmettes, ses rites religieusement observés, ses *mess* flamboyant d'argenterie, avec aussi l'abîme qui y sépare les officiers de la troupe :

« C'est grand pitié que la guerre soit maintenant devenue l'affaire de chimistes en lunettes et de chauffeurs manœuvrant des leviers de mitrailleuses ou d'avions. En 1895, aucune de ces horreurs n'avait encore déferlé... La guerre se faisait par un petit nombre de professionnels bien entraînés, à l'aide d'armes traditionnelles et de manœuvres magnifiquement archaïques, aux applaudissements de la nation... Hélas ! depuis que la Démocratie a été admise, ou plutôt s'est imposée sur les champs de bataille, la guerre a cessé d'être un jeu de *gentlemen*... Qu'elle aille au diable ! »

Malheureusement pour Winston, l'Angleterre ne connaît, en 1895, pas plus la guerre des aristocrates que celle des démocrates : une paix majestueuse — *Pax britannica* — règne sur l'Empire, à peine troublée par de vagues échauffourées au nord-est de l'Inde. Le jeune et brillant officier va-t-il être condamné à la vie de garnison ?

Dieu merci ! dans cette armée de *gentlemen*, les officiers bénéficient de quelque cinq mois de congé par an, et aussi bien les règlements peuvent-ils s'assouplir en faveur du petit-fils d'un duc.

Il y a, à cette date, une guerre dans le monde, de petite envergure à la vérité. C'est celle que les Espagnols mènent, dans leur vieille colonie de Cuba, contre les insurgés qui réclament l'indépendance, les armes à la main : Winston obtient l'autorisation de joindre, en qualité d'observateur bénévole, le corps expéditionnaire venu d'Espagne. Il y reçoit le baptême du feu, — un feu, pour tout dire, assez peu dangereux, — et il y apprend quelques leçons, celle-ci entre autres :

« Les Espagnols », lira-t-on dans les *Souvenirs* déjà cités, « éprouvaient à l'égard de Cuba exactement ce que nous éprouvions à l'égard de l'Irlande. Cela m'impressionna beaucoup. Je pensais d'abord que ces étrangers (*foreigners*) avaient un certain toupet d'employer à propos de leurs colonies le même langage dont les Anglais usaient en parlant des leurs. Je finis pourtant par accepter le fait et par le classer dans mon garde-manger intellectuel. »

Si bien classé que soit ce fait, Churchill ne l'admettra jamais tout à fait et l'Angleterre restera toujours pour lui une puissance à part, avec des droits — peut-être aussi des devoirs — particuliers. En 1946 encore, quand il préconisera la formation d'une Europe unie, ce sera à condition que la Grande-Bretagne en soit la garante, non la partenaire. Tout au plus, son sang américain parlant, se résignera-t-il à l'idée d'une égalité avec les Etats-Unis (on peut objecter qu'au cours des terribles journées de juin 1940, il se ralliera à un projet de fusion politique de la France et de la Grande-Bretagne, mais il précisera dans sa *Seconde Guerre Mondiale* qu'il n'a pas eu l'initiative de ce projet, qui n'était à ses yeux qu'un expédient désespéré et temporaire).

Son congé venu à expiration, Winston quitte Cuba avant que l'intervention américaine n'y assure la victoire des insurgés, et il va retrouver son régiment. C'est avec joie qu'il apprend que celui-ci est sur le point de s'embarquer pour les Indes.

Les Indes ! magie de ce seul mot ! Notre sous-lieutenant est aux anges. Malheureusement, peu de temps après son arrivée à destination, il lui faut déchanter. Le 4e Hussards se voit cantonné à Bangalore, dans le Maïsour, province méridionale parfaitement paisible, et les officiers — il ne saurait pour eux être question de s'intéresser à la vie des *natives* — n'ont guère d'autre distraction que le jeu de polo. Churchill, qui ne fait rien à demi, s'y applique avec énergie et il ne tarde pas à devenir un joueur de classe. En outre, il lit l'*Histoire d'Angleterre*, de Macaulay, bréviaire du patriotisme britannique, et le *Déclin et la Chute de l'Empire romain*, par Gibbon, ouvrage classique écrit dans une prose ample et somptueuse. Il feuillette aussi assidûment un *Recueil de citations usuelles*. Son excellente mémoire aidant, il en apprend par cœur de longs passages. Ces trois lectures, poursuivies aux heures torrides de l'après-midi indien, ont une grosse influence sur le jeune homme : la première le confirme dans sa fierté nationale, la seconde forme le mouvement de son style, la troisième lui permet de l'imager. Toutes trois l'inclineront à faire alterner le maniement de la plume avec celui de l'épée.

Le polo, l'*Histoire d'Angleterre*, le *Déclin et la Chute de l'Empire romain*, les *Citations usuelles* même : rien de tout cela ne vaut la bataille. S'ennuyant déjà, Churchill sollicite et obtient un congé de trois mois. Sa pensée est d'aller faire un tour du côté de la Grèce qui est alors en guerre avec la Turquie. Malheureusement, la paix survient et il doit se contenter d'aller en Angleterre.

Il n'y demeure point longtemps. Ayant appris qu'une expédition se préparait pour mettre à la raison les tribus pillardes de la frontière afghane, il se hâte de retourner aux Indes. Mais, au lieu de rejoindre le 4e Hussards, toujours tranquille à Bangalore, c'est à la frontière du Nord-Est qu'il se rend, non pas en qualité d'officier, mais en celle de correspondant d'un journal d'Allahabad, le *Pioneer* (celui-là même où le jeune Kipling a naguère fait paraître ses contes les plus incisifs). L'aimable tolérance dont jouissent alors, dans l'armée britannique, les fils de famille lui permet cette transformation.

Tout journaliste qu'il soit devenu, Winston n'en participe pas moins aux combats que livre aux montagnards afghans le petit corps expéditionnaire anglais dit *Malakand Field Force* et, certain jour, il faillit bien être abattu d'un coup de cimeterre. Comme d'ailleurs le 31e régiment d'infanterie du Pendjab, qui fait partie de l'expédition, manque de lieutenants, il finit par s'y faire détacher. Un peu plus tard, grâce aux démarches de sa mère, il est pris comme aide de camp par le général chargé de diriger les opérations.

Marches, contre-marches, embuscades, coups de main, périlleuses missions : de tout cela, Churchill rapporte, outre une bonne connaissance de la guerre de partisans et un certain mépris pour les méthodes de l'Etat-Major, un livre qu'il intitule : *Avec le corps expéditionnaire du Malakand*. Cet ouvrage, hâtivement imprimé, connaît à Londres un vif succès — peut-être surtout en raison des relations mondaines de son auteur — et Son Altesse Royale le prince de Galles daigne adresser à ce dernier un mot de félicitations.

Toutefois, un officier, même Anglais, même petit-fils de duc, même écrivain louangé, ne peut rester indéfiniment éloigné de son corps et Winston finit par reprendre son service au 4e Hussards. C'est surtout pour tenir dans l'équipe de polo de cet élégant régiment une place remarquée. Simultanément, il trouve le temps d'écrire un roman d'aventures belliqueuses, *Savrola*, dont la publication dans un magazine londonien lui rapporte sept cents livres sterling — cinq fois autant que sa solde annuelle. Il n'en déclarera pas moins plus tard :

« J'ai toujours vivement déconseillé à mes amis de lire *Savrola*. »

* * *

Son démon, cependant, ne le laisse point en paix. Le voici qui apprend qu'une véritable guerre est en vue, celle que le gouvernement britannique se dispose à faire aux Derviches qui, douze ans auparavant, à l'appel du Mahdi ont arraché le Soudan à l'Egypte et s'y sont installés en maîtres. Une armée anglo-égyptienne de vingt mille hommes a été constituée sous les ordres du général Herbert Kitchener et déjà, partie de basse Egypte, elle remonte le Nil en direction du Soudan.

Churchill le bagarreur peut-il rester loin de cette bagarre ? Il ne le pense pas un instant et, aussitôt, fait des pieds et des mains pour être envoyé à l'armée Kitchener. Malheureusement, ce dernier, homme froid et à cheval sur la discipline, n'a aucune sympathie pour ce lieutenant turbulent, écrivassier, et dont il estime qu'on parle déjà trop : il refuse tout net de se l'adjoindre.

Ce serait mal connaître le jeune homme que de penser que ce refus le décourage. Il obtient de nouveau la permission d'aller en Angleterre, — son colonel devait être accommodant, — plante là les hussards et, arrivé à Londres, il met tout en œuvre pour obtenir satisfaction. Sa charmante mère, qui connaît tout ce qui compte dans le monde politique, se remet en campagne, et finalement, le *War office*, obsédé de sollicitations, accepte de le détacher en surnombre au 21e régiment de lanciers, lequel est englobé dans l'armée anglo-égyptienne. Mais il lui est signifié en même temps qu'il devra se rendre sur place à ses frais et que, s'il lui arrivait d'être blessé, il ne devrait compter sur aucune pension.

Peu importe ! Ne dispose-t-il pas maintenant d'une source de revenus plus abondante que celle qui coule, goutte à goutte, de la Trésorerie de Sa Majesté ? Il se fait désigner par le *Morning Post* comme correspondant de guerre (chaque article doit lui être payé quinze livres) et c'est de nouveau en double qualité d'officier et de journaliste qu'il vole vers le combat. Il rattrape le 21e Lanciers en amont de la première cataracte et, pendant trois semaines, chevauche avec lui, face au Sud, le long des rives limoneuses du Nil.

Le 1er septembre 1898, alors qu'on approche de la ville soudanaise d'Omdurman, des éclaireurs signalent la présence voisine de l'armée des Derviches forte, semble-t-il, de quelque soixante mille hommes. Churchill est désigné pour commander une patrouille de reconnaissance et, sa mission accomplie, il vient en faire le rapport direct au commandant en chef. Sir Herbert Kitchener daigne ne pas se souvenir que cet officier subalterne est là contre sa volonté.

« Parlez-moi d'une jubilation ! » écrira plus tard Churchill, « à cheval, à portée de fusil d'une armée ennemie et en liaison personnelle avec le Quartier général ! Qui dit mieux ? »

Le 2 septembre à l'aube, la bataille s'engage. Les Derviches, qui ne disposent que de quelques canons démodés, sont surtout armés de lances et d'épées. Mais ils sont fanatisés et c'est en rangs pressés, acclamant Allah et son Prophète, qu'ils se jettent contre les retranchements de l'adversaire. Ils y sont accueillis par un feu roulant de mousqueterie, de mitrailleuses et d'artillerie de campagne. Leur nombre et leur courage ne compte pour rien devant la supériorité en armement des Anglo-Egyptiens ; leurs assauts furieux sont successivement brisés : bientôt, on les voit s'enfuir en désordre.

Pour achever leur déroute, Kitchener fait charger la cavalerie et Churchill connaît la volupté de galoper, revolver au poing, à la tête d'un peloton de lanciers.

Peu s'en faut d'ailleurs que l'affaire ne tourne mal. Un fort parti de Derviches qui a conservé quelque cohésion se retourne et fait valeureusement tête aux cavaliers de la reine. Le peloton perd une vingtaine d'hommes et Winston échappe de justesse à un coup d'épieu. Mais sa bonne étoile le fait sortir sain et sauf de l'exaltante échauffourée.

Le soir tombé, les cadavres de vingt mille Soudanais jonchent le désert ou sont emportés par les eaux du Nil. Les survivants se sont dispersés. Le Soudan est virtuellement reconquis et, au prix de flots de sang répandu, la *Pax britannica* s'étend sur une nouvelle portion du globe. Le dernier épisode de la campagne sera, quelques semaines plus tard, la dramatique rencontre, à Fachoda, sur le Haut-Nil, de l'armée victorieuse avec la petite troupe française du commandant Marchand qui, venue du Congo, y était déjà installée. La Grande-Bretagne n'admettra pas cette limitation de son succès et, à la suite d'un ultimatum adressé à Paris, le drapeau tricolore devra être amené.

Winston Churchill n'assistera pas à cet épisode : le 21e Lanciers, dont Kitchener estimait n'avoir plus besoin, a été renvoyé en Angleterre et notre héros avec lui.

Il y reçoit grand accueil. Le soir même de la bataille d'Omdurman, il en a écrit la relation pour le *Morning Post*, sans oublier d'y faire une place importante à la charge des lanciers. L'article, transmis par le télégraphe de campagne, a été aussitôt publié à Londres et, bien qu'il ne fût pas signé, les gens informés en ont reconnu l'auteur. À peine débarqué, celui-ci a reçu d'une maison d'édition des propositions flatteuses et, sans perdre un instant, il s'est mis à écrire, sous le titre de *la Guerre le long du fleuve,* un récit détaillé de la campagne. Le livre, qui vient à point dans une Angleterre grisée de puissance, connaît une sorte de triomphe. Winston, dont la mère soigne admirablement la publicité, est déjà presque un personnage dans le monde des lettres.

En revanche, il ne l'est pas dans l'armée, dont les chefs le jugent beaucoup trop fantaisiste. Lui-même commence à penser que la carrière militaire n'offre pour lui plus guère d'imprévu ; il constate, de plus, que les gains qu'il pourrait tirer de sa plume seraient vite fort supérieurs à la solde d'un général et, s'il n'aime pas amasser, il a du goût pour la dépense. Bref, après un ultime voyage aux Indes et un adieu au 4e Hussards, il envoie sa démission d'officier au *War Office.* Elle y est acceptée sans difficulté. Nul ne se doute que ce lieutenant mécontent dictera un jour ses ordres à des millions d'hommes en armes.

Pour un jeune homme de grande famille, de talent prometteur et qui a des loisirs, la Chambre des Communes offre alors en Angleterre une issue naturelle. Le mandat parlementaire est gratuit et les partis accueillent avec empressement les candidats possédant, en même temps que des attaches avec les milieux politiques, des moyens financiers. Justement, la mort de son titulaire vient de rendre vacant le siège d'Oldham, dans le Lancashire. Le Comité central du parti conservateur[1] propose à Churchill de le briguer. Il accepte avec enthousiasme — il acceptera toujours d'entreprendre une tâche difficile — et mène avec brio sa campagne... Hélas ! les électeurs d'Oldham, rudes ouvriers pour la plupart, sont peu sensibles aux prestiges d'une éloquence chargée de vocables rares, peu sensibles aussi à l'honneur que leur fait le rejeton d'une maison ducale en sollicitant leurs suffrages. Winston est battu. Mais il n'a pas encore vingt-cinq ans et l'avenir est à lui.

---

1. Ce parti, récemment grossi par l'adhésion d'un certain nombre de libéraux hostiles à l'autonomie irlandaise, se qualifie aussi volontiers d' « Unioniste ». Son chef est le marquis de Salisbury, premier ministre depuis 1895, sa plus forte personnalité est Joseph Chamberlain, secrétaire d'Etat aux Colonies.

Il ne s'est d'ailleurs lancé dans la bataille politique que faute d'une autre plus dangereuse et il garde la nostalgie de l'odeur de la poudre. Bien à propos, voici qu'il lui est donné de la flairer.

* * *

La Grande-Bretagne, installée, à la faveur des guerres contre Napoléon, au cap de Bonne-Espérance et au Natal, a refoulé vers le Nord les colons d'origine néerlandaise — et aussi française — qui y étaient précédemment établis. Ceux-ci ont alors fondé, en pays cafre, les Républiques boers (paysannes) du Transvaal et de l'Orange qui n'ont, depuis, guère cessé d'être en conflit tantôt ouvert, tantôt larvé, avec les agents de l'Angleterre. La découverte des mines d'or sud-africaines, en attirant sur le territoire des deux Etats indépendants une foule d'aventuriers britanniques, a exaspéré ce conflit. Lassés à la fin de continuels attentats à leur souveraineté, Transvaal et Orange adressent, en octobre 1899, une catégorique mise en demeure au gouvernement de Londres. Celui-ci, qui n'attendait qu'une occasion de soumettre par la force ces rustiques et incommodes voisins, réplique par une déclaration formelle de guerre.

La cause anglaise n'est pas bonne. L'ouverture des hostilités n'en suscite pas moins ce déferlement d'enthousiasme qu'André Chevrillon a, sur place, admirablement vu et peint. L'impérialisme est alors, pour la grande majorité des Anglais, une véritable religion et quiconque tente de s'opposer à l'expansion du « Peuple élu de Dieu » se révèle non seulement comme un adversaire, mais comme un pécheur qu'il est moral de châtier. Quelques protestations s'élèvent bien, en Grande-Bretagne même, chez les libéraux restés fidèles à l'esprit puritain, mais elles sont couvertes par des clameurs indignées.

Churchill ne se pose pas de cas de conscience. Il suffit de savoir qu'on va se battre. Cette fois encore, il lui faut être là. Sans doute n'est-il plus officier, mais il est toujours journaliste. Obtenir du *Morning Post* une mission de correspondant de guerre (avec un traitement de deux cent cinquante livres par mois) n'est pour lui l'affaire que d'un moment. Et en route pour l'Afrique du Sud ! Sa seule crainte est de n'arriver sur la scène qu'une fois les chandelles éteintes.

Nul fils de bonne mère britannique ne doute en effet que l'expédition puisse être autre chose qu'une promenade militaire.

Comment ces rustiques Boers, sans uniformes, sans discipline, presque sans armes modernes, sauraient-ils résister plus de quelques semaines aux troupes de Sa Majesté, si disciplinées, si entraînées, si habituées à vaincre sous toutes les latitudes ? Allons ! ce ridicule intermède sera vite terminé et le chemin de fer impérial du Cap au Caire sera bientôt construit.

Sans doute les puissances étrangères, France et Allemagne en tête, grommellent-elles contre ce qu'elles nomment une guerre d'agression. Qu'importe ! Le « Peuple élu » n'a pas à se soucier de criailleries qu'inspire la jalousie...

Or, quand il débarque au Cap, en novembre 1899, Churchill apprend que les Boers ont envahi le Natal en bousculant les lignes ordonnées des habits rouges, — c'est encore la tenue de combat de l'infanterie britannique, — et qu'ils ont mis le siège devant la place forte de Ladysmith. Bien que l'ancien lieutenant de hussards ait appris à se méfier des capacités de l'Etat-Major, il n'en est pas moins surpris. Mais, avant tout, il a hâte de courir au fort de la bataille.

Une voie ferrée reste ouverte, qui arrive au voisinage immédiat de Ladysmith et sur laquelle le commandement britannique fait circuler des trains blindés. Winston monte dans le fourgon d'un de ces trains avec l'espoir d'approcher aussi près que possible de la ligne de feu.

Mais des patrouilles boers ont disposé des bombes sur les traverses. Au passage du convoi, elles éclatent et la locomotive déraille tandis que plusieurs wagons sont renversés. Presque aussitôt, des obus fusants, tirés d'on ne sait où, viennent ajouter à la confusion, puis des Boers apparaissent qui semblent surgis du sol et entourent les Anglais. Winston tente de s'enfuir et de se jeter dans une rivière voisine qu'il compte traverser à la nage. Mais un cavalier ennemi le rattrape et le menace de son revolver. Quand il veut saisir le sien, il s'aperçoit qu'il l'a laissé dans le fourgon. Il ne lui reste plus qu'à se rendre. Son capteur — il l'apprendra par la suite — s'appelle Louis Botha. Cet audacieux sera bientôt le commandant en chef de l'armée du Transvaal en attendant de devenir, plus tard, le général Sir Louis Botha, conseiller privé, premier ministre du Dominion de l'Afrique du Sud. Churchill, Botha... L'Histoire, pour le plaisir des artistes, offre parfois de telles saisissantes conjonctions.

Cependant, le correspondant du *Morning Post*, traité en prisonnier de guerre, se voit conduit à Pretoria où il est incarcéré.

Son infortune ne l'a point abattu et il confie à un autre prisonnier qu'il compte bien qu'elle aura du retentissement en Angleterre et qu'elle l'aidera à conquérir un siège parlementaire lors des prochaines élections. En attendant, il forme des plans d'évasion.

Sa prison — bâtiment scolaire du temps de paix — n'est point entourée d'un mur bien haut. Il se rend vite compte qu'en partant des latrines, on peut espérer, grâce à un rétablissement, franchir ce mur. Resteront les sentinelles postées à l'extérieur... Eh bien ! On tâchera de se glisser entre elles à la faveur de la nuit.

Trois prisonniers sont dans le secret, qui doivent tenter l'aventure ensemble. L'instant venu, Churchill passe le mur le premier. Les deux autres, qu'inquiète le pas des sentinelles, hésitent, puis renoncent. Lui s'est caché dans un buisson et finit par gagner le large.

Le voici maintenant libre, mais en pays ennemi, avec, pour toute provision, quatre barres de chocolat et quelques biscuits. Il finit par rencontrer une voie ferrée, se jette dans un train de marchandises qui démarre lentement, puis, au bout de quelques milles, l'aube pointant, parvient à en descendre sans se rompre les os. Il se cache pendant la journée et, la nuit suivante, poursuit une marche incertaine quand sa bonne étoile le met face à face avec un Anglais conducteur de travaux que les Bœrs — on est loin encore de la guerre totale — ont laissé en charge d'une mine de charbon. Ce compatriote rencontré par miracle abrite pendant trois jours le fugitif chez lui et le cache ensuite sous des ballots de laine chargés sur un train en partance pour la colonie portugaise du Mozambique. Winston arrive sans encombre, sinon sans inconfort, dans ce territoire neutre : il est sauvé (le gouvernement du Transvaal a, dans l'intervalle, promis une prime de vingt-cinq livres à qui le ramènerait mort ou vif).

Journaliste dans le sang, il s'empresse de câbler au *Morning Post* un long récit de son évasion, auquel il ajoute quelques remarques pertinentes, mais acerbes, concernant la conduite de la guerre. La publication de ce télégramme fait sensation : le public anglais vient d'être atrocement blessé dans son orgueil par les événements de la « semaine noire », au cours de laquelle les Bœrs ont infligé successivement trois sanglantes défaites aux soldats de Sa Majesté. L'équipée réussie de Winston Churchill apparaît comme un présage de meilleure fortune, en même temps qu'on applaudit à ses conseils de lutte à outrance. L'aventureux descendant du grand Marlborough fait un moment presque figure de héros national.

Beaucoup plus tard, il reprendra, plus durablement et avec une autre stature, la même figure.

Se reposer quelque temps en pays neutre est une idée qui ne lui effleure pas l'esprit. A la première occasion, il s'embarque pour Le Cap et, là, il demande à reprendre du service actif. Mais les autorités ont décidé qu'il ne serait plus, à l'avenir, possible d'être à la fois officier et journaliste. Comme Winston n'entend pas renoncer à ses fonctions de correspondant qui lui rapportent à la fois argent et publicité, il est un moment embarrassé. Il y a heureusement avec le Ciel des accommodements et notre homme finit par retrouver son grade, mais, cette fois, dans un régiment de cavalerie irrégulière et sans solde. Par compensation, il a le droit d'arborer un chapeau à larges bords, coquettement relevé sur le côté et orné d'un bouquet de plumes de coq du plus martial effet.

Cependant, la roue de la Fortune a tourné. De toutes les parties de l'Empire britannique, des renforts, composés en grande partie de volontaires, ont été expédiés en hâte vers l'Afrique du Sud où l'armée compte désormais cent cinquante mille hommes, des hommes qui ont dépouillé la tenue rouge et les buffleteries blanches pour revêtir le nouvel uniforme *khaki*, couleur du *veldt* austral. A la tête de ces forces, on a placé le vieux Lord Roberts, le vétéran des campagnes d'Afghanistan, avec, pour second, Herbert Kitchener, le vainqueur d'Omdurman. Une tactique meilleure, plus souple, a été inaugurée et, écrasés par le nombre, les Boers maintenant reculent. Le 27 février 1900, la petite armée bœr du général Cronje est acculée à la reddition ; le 3 mars, Ladysmith est débloquée; le 13, Bloemfontein, capitale de l'Etat d'Orange, est occupée par les troupes de la reine ; deux mois après, Pretoria, capitale du Transvaal, tombe à son tour. Dans tout l'Empire, ces victoires, succédant à de si humiliants échecs, provoquent un indicible soulagement. Les nerfs, longtemps tendus, se relâchent et, plus l'angoisse a été refoulée, plus la joie éclate. Londres connaît des soirs de quasi-hystérie. En septembre, le gouvernement, jugeant le moment propice, décide de dissoudre le Parlement et de faire procéder à de nouvelles élections.

Dans l'intervalle, Winston Churchill, avec ses cavaliers irréguliers, s'est courageusement battu. Il a notamment participé à la délivrance de Ladysmith et son frère John, qui l'avait rejoint en qualité de lieutenant, a été blessé à ses côtés. Maintenant que la guerre peut sembler toucher à sa fin, elle perd pour lui de

l'intérêt et il décide d'affronter de nouveau les électeurs d'Oldham.

On quitte comme on veut un régiment de volontaires où on
ne reçoit point de solde. Au milieu de septembre, Winston est à
Oldham où ses partisans le reçoivent en triomphe.

Dans l'Angleterre entière, le parti conservateur s'intéresse
à sa campagne électorale et Joseph Chamberlain, le grand promoteur de la guerre sud-africaine, vient en personne lui apporter
l'appui de son autorité. En revanche, les libéraux l'attaquent avec
véhémence, moquant son goût pour la réclame, raillant son agitation et allant jusqu'à mettre en doute l'histoire de son évasion.
Tant de virulence heurte l'esprit sportif de nombre d'électeurs
et, cette fois, le grand vent d'impérialisme qui souffle sur le pays
aidant, Churchill est élu par deux cent trente voix de majorité.

Deux mois après, il prononce son premier discours.

CHAPITRE PREMIER

LA GRANDE-BRETAGNE
À L'AUBE DU XXe SIÈCLE

L'AVÈNEMENT D'ÉDOUARD VII MARQUE UN TOURNANT DE L'HISTOIRE BRITANNIQUE. — LA GUERRE SUD-AFRICAINE, EN SE PROLONGEANT, POSE DE NOUVEAUX PROBLÈMES, MORAUX ET POLITIQUES, AU PEUPLE ANGLAIS. — DÉCLIN DE L'IMPÉRIALISME, CRAINTE DES CONSÉQUENCES DU « SPLENDIDE ISOLEMENT ». — BALFOUR SUCCÈDE À SALISBURY À LA TÊTE DU MINISTÈRE CONSERVATEUR. — JOSEPH CHAMBERLAIN PRÉCONISE L'ABANDON DU LIBRE-ÉCHANGE. — WINSTON CHURCHILL PASSE AU PARTI LIBÉRAL. — APRÈS AVOIR CONCLU UN TRAITÉ D'ALLIANCE AVEC LE JAPON, LA GRANDE-BRETAGNE SE RAPPROCHE DE LA FRANCE. — L'*ENTENTE CORDIALE* DE 1904. — LA PYRAMIDE SOCIALE BRITANNIQUE : LE SOUVERAIN, L'ARISTOCRATIE, LA *GENTRY*, LA HAUTE, MOYENNE ET PETITE BOURGEOISIE, LES PAYSANS ET LES OUVRIERS. — FISSURES QUI SE DESSINENT DANS CETTE PYRAMIDE. — RÔLE DES *TRADE UNIONS*, NAISSANCE DU PARTI TRAVAILLISTE. — TENDANCES CRITIQUES DES JEUNES INTELLECTUELS. — LES ÉGLISES. — LA PRESSE. — LE MOUVEMENT FÉMINISTE. — L'EMPIRE : ACQUISITIONS NOUVELLES, *SELF-GOVERNING COLONIES*. — À LA FIN DE 1905, LE CABINET CONSERVATEUR, AFFAIBLI ET DIVISÉ, SE DÉMET. — CAMPBELL. — BANNERMAN FORME UN GOUVERNEMENT LIBÉRAL. — CHURCHILL SOUS-SECRÉTAIRE D'ÉTAT.

La mort de Victoria et l'avènement d'Edouard VII signalent un tournant de l'histoire britannique.

Non point que la souveraine défunte ait exercé, ni que le nouveau monarque soit destiné à exercer une action décisive sur le cours des événements. Mais le changement de règne se trouve coïncider avec une soudaine accélération de l'évolution tant politique qu'économique du royaume, coïncider aussi, dans le domaine intellectuel et moral, avec l'apparition de problèmes jusquelà relégués dans l'ombre. D'où une perturbation dont l'ampleur ne se fera pas immédiatement ressentir, mais dont les répercussions se prolongeront fort loin dans le temps.

L'Angleterre victorienne, qui a connu son apogée lors du Jubilé de Diamant en 1897 et dont la solidité semblait douée de pérennité, cette Angleterre majestueusement orgueilleuse est maintenant roulée dans un suaire de pourpre et d'or. L'Angleterre édouardienne qui lui succède lui ressemble encore extérieurement, mais, plus inquiète, moins assurée, elle est parcourue de sourds frémissements et présente des fissures qui iront s'élargissant.

C'est la guerre sud-africaine qui a sonné le coup de cloche annonciateur des tocsins futurs.

La Grande-Bretagne y est entrée en pleine euphorie, ivre de richesse et de puissance, aveuglément confiante non seulement dans sa force matérielle, mais dans son droit en quelque sorte divin de subjuguer et de régir, dans leur intérêt même, les peuples inférieurs. La résistance à laquelle elle s'est heurtée l'a littéralement stupéfiée et ses défaites initiales, qui ont manifesté les défauts de son armure, l'ont plongée dans le désarroi. Sans doute s'est-elle vite reprise (l'âme anglaise est plus grande dans l'infortune que dans la prospérité) et, sans récriminer, elle a, pour prendre sa revanche, tendu les ressorts de son énergie avec une unanimité qui a fait l'admiration de l'ambassadeur français Jules Cambon. Mais l'ébranlement nerveux a été profond et il a secoué le bel équilibre traditionnel : les bacchanales suscitées à Londres par la nouvelle des premières victoires ont montré l'étendue de cet ébranlement.

Les élections « *khaki* » auxquelles il a été procédé en automne 1900 et à la faveur desquelles Winston Churchill a été envoyé au Parlement ont encore été placées sous le signe de l'impérialisme agressif (« tout siège gagné par les libéraux est un siège gagné par les Boers ») et elles ont donné une majorité écrasante au gouvernement conservateur, initiateur de la guerre. Dernière lame de fond précédant le reflux. Presque aussitôt après, un revirement se dessine et de plus en plus nombreux sont les Anglais qui mettent en doute, en même temps que la valeur du *Credo* impérialiste, celle de quelques-uns des axiomes sur lesquels était fondée la société victorienne.

Avant même l'ouverture des hostilités, on rencontrait à la gauche du parti libéral et au sein des Eglises dissidentes[1] des hom-

---

1. Dans le protestantisme britannique, les Eglises « dissidentes » ou « non-conformistes » sont celles qui s'opposent à l'Eglise anglicane officielle.

mes qui dénonçaient l'illégitimité de l'action entreprise contre
l'indépendance du Transvaal et de l'Orange. Pendant la crise de
1900, la voix de ces « pro-Boers » a été couverte par des huées.
Mais, dès le début de 1901, elle se fait de nouveau entendre.

Si la fraction du parti libéral qui se range derrière l'ancien premier ministre Lord Rosebery persiste à proclamer, comme les
conservateurs, qu'il faut mener la guerre jusqu'à la reddition sans
conditions de l'adversaire, une autre fraction, dirigée par Sir
Henry Campbell-Bannerman, chef officiel de tout le parti, déclare
qu'il est nécessaire de l'interrompre en consentant aux Boers des
conditions aussi généreuses que possible. Le petit groupe dit des
« travaillistes indépendants », noyau du futur grand parti travailliste, est, lui, pour la paix à tout prix. Quant aux puissants syndicats ouvriers — les *Trade Unions* — s'ils laissent en la matière
liberté de jugement à leurs membres, leurs chefs, pour la plupart
pieux non-conformistes, réclament aussi, pour des motifs huma-
nitaires, le prompt arrêt de l'effusion du sang.

* * *

C'est que la guerre se prolonge de manière à la fois coûteuse
et inglorieuse. Contrairement à toutes les règles de jeu, les Boers,
après la prise de leurs deux capitales, ne se sont pas avoués battus ;
leurs insaisissables *commandos* continuent à harceler les colonnes
britanniques et à leur infliger de lourdes pertes. Pour priver ces
commandos de leurs bases de ravitaillement, le maréchal Lord
Roberts a fait brûler les fermes isolées et enfermer leurs habitants
dans des camps de concentration où la mortalité est effrayante :
au milieu de 1901, sur soixante mille Bœrs des deux sexes ainsi
emprisonnés, douze pour cent ont péri de misère ou de maladie,
la moitié des enfants sont morts. Cette triste préfiguration des
camps nazis, quand elle est connue en Grande-Bretagne, y suscite une vive émotion, même chez des impérialistes convaincus.
Après tout, les Boers sont des blancs, il n'est pas prouvé qu'ils
appartiennent à une de ces races inférieures vouées à subir le joug
britannique. Des scrupules d'ordre moral se diffusent et on en
vient à se demander ouvertement si le « Peuple élu de Dieu »
n'aurait pas transgressé la loi divine.

Des inquiétudes d'un autre genre assaillent le gouvernement.
La guerre a montré, non seulement les faiblesses de l'armée, mais

celles aussi de la diplomatie. Longtemps, l'Angleterre s'est com-
plue dans le *splendide isolement*. Force lui est bien, aujourd'hui,
de reconnaître que cette position orgueilleuse lui vaut une hostilité
quasi générale. Sans doute, aucune puissance n'a-t-elle osé prendre
ouvertement parti pour les Boers et, quand le président du Transvaal Krüger est venu en Europe solliciter un appui, il a été poli-
ment éconduit. Il n'en est pas moins vrai que, partout, presse et
opinions publiques se déchaînent contre « la perfide Albion »,
que la maison Krupp fournit de matériel lourd l'armée boer, que
de nombreux volontaires français se sont engagés dans cette armée avec l'intention de venger Fachoda, que la Russie effectue
d'inquiétants mouvements de troupes à la frontière nord de l'Afghanistan, que les Etats-Unis enfin prennent une attitude de plus
en plus cassante. Un pays, si riche et puissant soit-il, peut-il
sans risque grave rester indéfiniment en butte à un tel déferlement
d'animosité ? Sans doute, cette animosité reste-t-elle, dans l'immédiat, sans portée pratique. Mais il est deux faits précis qui
suscitent, dans les milieux anglais avertis, une anxiété grandissante : l'un est la concurrence faite, sur les marchés extérieurs, par
les produits de l'industrie allemande aux produits de l'industrie
britannique ; l'autre est le rapide progrès réalisé par la marine
militaire de cette même Allemagne.

La flotte commerciale anglaise est en partie accaparée par les
transports de troupes à destination d'Afrique du Sud. Les Allemands en profitent pour montrer leur pavillon dans des ports
lointains où ils n'étaient, jusque-là, presque jamais apparus et
pour y répandre des objets fabriqués à des prix très inférieurs à
ceux demandés par les exportateurs britanniques. Simultanément,
les chantiers allemands poussent activement, sous l'impulsion
du grand-amiral de Tirpitz, l'exécution du programme naval
arrêté en 1900 : il s'agit de faire de la flotte de guerre du Reich la
seconde du monde et de la mettre en état de tenir tête à la flotte
britannique, sinon sur toutes les mers du globe, au moins dans la
mer du Nord. « L'avenir de l'Allemagne est sur l'eau », vient,
dans un discours retentissant, de proclamer l'empereur Guillaume II. Et la Ligue pangermaniste de renchérir.

Quand la Cité et l'Amirauté sont inquiètes, le Royaume-Uni
tout entier ne tarde pas à s'émouvoir et, au début de 1902, l'o-
pinion britannique commence à manifester les signes d'un sentiment anti-allemand qui est, chez elle, quelque chose d'extrêmement nouveau.

Le ministère résiste d'abord au courant. Si Edouard VII n'aime guère son neveu Guillaume II et si Joseph Chamberlain, le secrétaire d'Etat aux Colonies, en veut à l'Allemagne de son attitude pro-boer, en revanche, le premier ministre, Lord Salisbury, reste fidèle à sa vieille germanophilie. Pour lui, comme pour la plupart des fonctionnaires du *Foreign Office*, la grande adversaire est toujours la Russie.

Aussi, est-ce par un accord dirigé contre l'empire des tsars que la Grande-Bretagne commence à sortir du « splendide isolement ». Le 12 février 1902, elle signe avec le Japon un traité d'alliance, chaque partie s'engageant à venir au secours de l'autre si celle-ci était attaquée par plus d'une puissance étrangère.

Simultanément des sondages sont faits à Berlin : il s'agit d'obtenir, en échange de l'amitié anglaise, l'abandon, au moins partiel, du programme naval. Mais, si le gouvernement allemand veut bien de l'amitié, il tient davantage encore au programme naval et les pourparlers en restent là.

Le 1er juin 1902, les derniers *commandos* boers s'étant résignés à déposer les armes, la paix est enfin conclue à Vereeniging. Paix relativement généreuse : le Transvaal et l'Orange perdent leur indépendance, mais leurs habitants conservent l'usage légal de leur langue, des institutions représentatives leur sont promises à brève échéance et aucune indemnité de guerre ne leur est réclamée. Au contraire, une somme de trois millions de livres sterling leur est allouée pour reconstruire les fermes brûlées et remettre les domaines en état de culture. Quand, deux mois plus tard, les généraux boers Botha, Delarey et de Wet se rendront à Londres pour régler les derniers détails de la paix, la foule anglaise leur fera, sportivement, un accueil chaleureux.

Aussi bien la fièvre impérialiste est-elle tombée et la plupart des Britanniques paraissent médiocrement fiers d'une victoire qui leur a coûté cher matériellement (deux cent cinquante millions de livres sterling, vingt-deux mille morts) et peut-être plus cher encore moralement.

* * *

En juillet, Lord Salisbury, âgé de soixante-treize ans et dont les forces déclinent, se résout à abandonner le pouvoir (il aura été le dernier premier ministre membre de la Chambre haute), et c'est son neveu Arthur James Balfour, déjà *leader* de la Chambre des Communes, qui prend la direction du gouvernement.

Balfour n'a pas la rudesse de son oncle. C'est un Ecossais très grand, très maigre, un peu dégingandé, fort intelligent, assez sceptique et auteur estimé d'une *Défense du doute phisosophique*. Sa parenté lui a valu d'être de bonne heure initié aux affaires et il a le sens de la manœuvre politique. Mais il manque d'autorité et les membres de son équipe ministérielle vont avoir tendance à tirer chacun de son côté.

Dans cette équipe, la personnalité la plus forte et la plus remuante est certainement Joseph Chamberlain. Venu du radicalisme avancé, il est passé au parti conservateur par opposition à la politique irlandaise de Gladstone. Toutefois, ce *self-made man* n'a ni les manières, ni les prudences des conservateurs du type classique. Remarquable organisateur, c'est en même temps un visionnaire, son rêve étant la constitution d'un gigantesque Empire britannique dont toutes les parties seraient fortement fédérées entre elles et qui pourrait se suffire à lui-même. Son impérialisme l'a conduit à se faire l'instigateur de la guerre sud-africaine; il le pousse maintenant à demander l'institution d'un tarif douanier préférentiel destiné à protéger les produits de l'Empire contre la concurrence étrangère.

En 1902, une telle proposition présente, aux yeux des Anglais, un caractère proprement révolutionnaire. Depuis 1850, le libre-échange règne souverainement en Grande-Bretagne et y a pris la valeur d'un dogme. Les quelques taxes douanières existantes ont un objet purement fiscal, nullement protectionniste, et les produits des Dominions y sont soumis comme ceux de l'étranger. Renverser le système, ce serait, pensent tous les libéraux et avec eux beaucoup de conservateurs, ruiner la prospérité du commerce anglais, c'est-à-dire ruiner la base même de l'Angleterre.

Devant l'opposition qu'il rencontre au sein du Cabinet, Chamberlain, en août 1903, renonce à son portefeuille. Le premier ministre a pourtant été séduit et il se demande si la « *préférence impériale* » ne pourrait pas constituer un article qui rajeunirait utilement le programme, bien maigre et bien usé, du parti conservateur. Cette fois, ce sont cinq ministres libre-échangistes qui quittent le ministère. Balfour les remplace par des protectionnistes. Joseph Chamberlain, qui désire se consacrer à une campagne de réunions publiques, n'accepte pas de figurer parmi eux, mais il se fait représenter par son fils aîné, Austen Chamberlain, qui accède, âgé d'à peine quarante ans, au poste considérable de chancelier de l'Echiquier.

Tout cela n'a pas été sans créer de profonds remous au sein du parti conservateur. Winston Churchill, en particulier, se répand en critiques acerbes.

Non point que sa conscience soit véritablement tourmentée. « *De bonne heure* », écrira-t-il, « *je me suis fait un système de croire ce que j'avais envie de croire.* » Mais il devine la prépondérance des *tories* dangereusement menacée et il ne se soucie point de lier son sort à celui d'un parti en perte de vitesse. Aussi bien lui paraît-il plus grisant de monter à l'assaut des privilèges que d'en rester le défenseur statique. Sans doute, il descend des Marlborough, mais dans ses veines coule aussi le sang des puritains égalitaires qui fondèrent la Nouvelle-Angleterre...

Très tôt après son entrée à la Chambre des Communes, il a fait preuve d'indépendance et, dans une suite de discours soigneusement préparés, il a pris nette position contre plusieurs initiatives gouvernementales.

Ses sujets préférés sont la question militaire et la question coloniale. Il les traite en reprenant les thèses soutenues jadis par son père qui fut, lui aussi, souvent en désaccord avec son parti.

Cela l'amène à un paradoxe : cet amoureux des combats prêche maintenant l'économie dans les dépenses de l'armée et ce futur animateur de coalitions mondiales préconise le repliement de l'Angleterre sur elle-même. Tradition paternelle et tactique politique plus, sans doute, que conviction intime. « Il y a », écrit vers la même époque notre ambassadeur Paul Cambon, « un abîme entre ce qu'un Anglais dit et ce qu'il fait, entre ce qu'il croit être et ce qu'il est. »

On n'en rencontre pas moins dans les discours que prononce Winston à cette époque des passages prophétiques. Celui-ci par exemple :

« Autrefois, quand les guerres naissaient de conflits personnels, de la politique d'un ministre ou de la passion d'un souverain, quand elles étaient menées par de petites armées de soldats de métier et que leur cours était souvent suspendu par la mauvaise saison, il était possible de limiter les conséquences que pareille aventure entraînait. Maintenant, au contraire, que de puissants peuples se portent tout entiers les uns contre les autres, maintenant que chaque individu est chauffé à blanc, maintenant que les progrès de la science balaient tout ce qui pourrait adoucir la furie des nations déchaînées, une guerre européenne ne saurait s'achever que par la ruine totale du vaincu et la désorganisation économique du vainqueur. La démocratie est plus vindicative que les diplomates. Les guerres entre peuples seront plus terribles que les guerres entre rois ! »

Assez curieusement, Churchill conclut en disant qu'il est impossible à la Grande-Bretagne de posséder jamais une armée à la hauteur des conditions de la guerre moderne et qu'elle doit concentrer tout son effort sur sa marine, seul bouclier sérieux de sa sécurité.

« Avec une flotte telle que je la souhaite », conclut-il, « nous pourrions tenir à distance n'importe quel adversaire tout en transformant, si nous le jugions nécessaire, chaque cité du royaume en un arsenal. »

On ne se rend pas compte de ce que de telles phrases comportent de visions d'avenir, mais les critiques adressées par Churchill au gouvernement font balle et sa réputation d'orateur grandit. Les ministres s'émeuvent et s'indignent cependant que les *leaders* de l'opposition libérale prodiguent des sourires à ce chevau-léger qui vient caracoler jusqu'au voisinage immédiat de leur camp.

La crise éclatera quand le premier ministre se ralliera, non sans quelques réserves, au plan protectionniste de Chamberlain. Randolph Churchill fut un libre-échangiste intransigeant, Winston ne voudra pas être infidèle à la tradition paternelle : le 31 mai 1904, il « traversera le parquet » de la Chambre des Communes et ira prendre place sur les bancs de l'opposition.

Certes, cette initiative lui sera en partie dictée par l'impatience et l'ambition. Elle n'en témoignera pas moins d'un non-conformisme méritoire et, quand il la prendra, le fougueux député montrera peut-être plus d'intrépidité encore que lorsqu'il faisait face aux Afghans, aux Derviches ou aux Bœrs.

Lui-même dira d'ailleurs : « La politique est presque aussi excitante que la guerre et tout aussi dangereuse. » Non seulement il rompra avec son parti, mais aussi avec son milieu, avec ses amis personnels, avec ses camarades de l'armée et, dans ses clubs, on lui fera grise mine. Ses nouveaux alliés eux-mêmes ne considéreront pas sans quelque méfiance un homme capable d'un tel manquement aux usages. « Il n'a pas joué le jeu » : l'imputation est terrible Outre-Manche et il faudra que beaucoup de temps s'écoule avant que le transfuge en soit complètement lavé.

* * *

Quoi qu'en dise Winston Churchill, l'isolement diplomatique dans lequel reste la Grande-Bretagne est pour elle plein de périls. Le gouvernement s'en rend compte et les difficultés intérieures auxquelles il se heurte ne l'empêchent pas de persévérer dans ses efforts pour y mettre fin.

L'Allemagne ne veut décidément point renoncer à son programme naval ; l'Italie et l'Autriche-Hongrie sont faibles ; la Russie a été exaspérée par la conclusion du traité anglo-japonais. Reste la France.

Depuis la crise de Fachoda, l'opinion publique française est, dans son ensemble, ardemment anglophobe. Mais Théophile Delcassé, le ministre qui depuis 1898 règne despotiquement sur le Quai d'Orsay, ne partage pas ce sentiment. Sans avoir pour la Grande-Bretagne de sympathie spontanée, il est surtout l'implacable adversaire de l'Allemagne et il pense qu'une politique tendant à encercler cette dernière devrait avoir pour point de départ un rapprochement franco-britannique. Donc, de ce côté-là, les velléités nouvelles du cabinet de Londres peuvent rencontrer un climat favorable. Il s'agit toutefois de trouver un premier sujet de conversation.

L'Afrique du Nord en offre un : la France a des visées sur le Maroc, limitrophe de l'Algérie, mais ses agents y sont constamment contrecarrés par les agents anglais ; d'autre part, la Grande-Bretagne occupe, en fait, l'Egypte depuis 1880, mais la France n'a jamais reconnu, en droit, cette occupation et elle ne cesse de demander que terme y soit mis.

C'est par régler ces litiges qu'on peut le plus utilement commencer. Dès le mois de février 1902, notre ambassadeur Paul Cambon a eu à leur sujet une conversation avec Joseph Chamberlain. En rentrant chez lui, le ministre anglais a dit à son fils Austen :

« J'ai parlé du Maroc avec Cambon. Ses yeux ont brillé ; je n'imaginais pas l'importance que les Français attachent à cette question. *Nous pourrons peut-être liquider l'hypothèque égyptienne en échange du Maroc.* »

D'autres pourparlers suivent, menés très prudemment entre Cambon et Lord Landsdowne, le secrétaire d'Etat au *Foreign* Office, lequel, par sa mère, descend de Talleyrand ; on s'entretient, non seulement du Maroc et de l'Egypte, mais aussi du Siam, de Terre-Neuve, des Nouvelles-Hébrides et de la Guinée, tous points du globe où les intérêts français et britanniques sont en continuelles frictions. On n'a cependant abouti à rien de précis quand le roi Edouard VII, d'accord avec le président de la République Loubet, prend l'initiative d'un geste spectaculaire destiné à préparer les opinions publiques au rapprochement ébauché dans l'ombre des chancelleries.

Ce geste, c'est la visite officielle qu'en mai 1903 le souverain britannique fait à Paris. On n'était pas sans inquiétude au sujet de l'accueil que lui réserverait le public parisien. Mais, en trois jours, la bonne grâce d'Edouard triomphe de toutes les préventions. Reçu d'abord très froidement, il part au milieu des acclamations.

Plus chaleureux encore sont les vivats dont la foule londonienne salue le président Loubet lorsque, en juillet, il se rend à Londres. Il est désormais certain que les peuples ne désavoueront pas les gouvernements : la voie est libre pour une entente diplomatique.

La négociation se poursuit néanmoins pendant de longs mois. C'est que les négociateurs sont circonspects et aussi qu'il s'agit de procès compliqués, avivés par des intérêts particuliers, envenimés par des blessures d'amour-propre. Le 8 avril 1904, on aboutit enfin à la signature de quatre conventions : les trois premières règlent définitivement les litiges relatifs à Terre-Neuve, au Siam et aux Nouvelles-Hébrides ; par la quatrième, la plus importante, la Grande-Bretagne s'engage à favoriser la pénétration de la France au Maroc tandis que la France promet de cesser de protester contre l'occupation britannique de l'Egypte.

C'est là, en apparence, un arrangement limité aux questions d'outre-mer. Mais c'est, en réalité, un lien solide et durable noué entre les deux pays. Des deux côtés de la Manche, les opinions publiques ne s'y trompent pas et l'expression *Entente Cordiale*, oubliée depuis le milieu du XIXe siècle, renaît spontanément. Bientôt, des marins anglais seront accueillis avec enthousiasme en France et des marins français avec plus d'enthousiasme encore en Grande-Bretagne. Les Français, que tourmente toujours la pensée de la Revanche, se sentent assurés d'un nouvel appui ; de leur côté, les Anglais ont trouvé un soldat.

Attentat projeté au sacro-saint libre-échange ; répudiation définitive du splendide isolement : décidément il y a quelque chose de changé dans le Royaume-Uni.

* * *

A un observateur superficiel, ce changement n'apparaîtrait pourtant pas évident et la pyramide sociale anglaise lui semblerait, sous le règne d'Edouard VII, semblable à ce qu'elle était à la fin du règne de Victoria.

En haut, le monarque, strictement cantonné dans son rôle constitutionnel, observant, conseillant, ne gouvernant pas, mais jouissant d'un extrême prestige. Edouard, s'il est physiquement imposant, n'a pas l'effrayante majesté de la matriarche défunte. Obèse, les yeux globuleux, le rire un peu rauque, il se montre volontiers cordial tout en restant fort soucieux de l'étiquette (la vue d'un grand cordon passé du mauvais côté l'incommode physiquement). Monté tard sur le trône, — il avait soixante ans à son avènement, — et longtemps tenu à l'écart des affaires, il a profité de ses loisirs pour prendre, sur le continent aussi bien qu'en Grande-Bretagne, de multiples contacts qui lui ont valu une précieuse expérience des comportements humains. Si sa culture n'est pas vaste et si sa faculté d'application est limitée, en revanche, son bon sens est grand et aussi son sens politique. Il n'exercera pas sur la diplomatie britannique toute l'influence qu'on lui prêtera, mais il aidera très efficacement l'action des ministres. Assez médiocrement populaire comme prince de Galles, — les classes moyennes lui reprochaient son goût du plaisir, — il a, devenu roi, très vite su gagner l'affectueuse déférence de ses sujets et quand une grave maladie a fait retarder la date de son couronnement, la consternation a été générale. Son entourage est à la fois beaucoup plus brillant et beaucoup moins fermé que celui de Victoria : ni les financiers israélites, ni les belles Américaines n'y sont rares. La reine Alexandra, née princesse de Danemark, épouse à la fois délaissée et respectée, seconde utilement son mari dans ses fonctions représentatives. Ils ont trois filles, dont deux mariées et un fils, George, prince de Galles, naguère duc d'York, qui fait peu parler de lui, mais auquel le public sait gré d'être passionné pour les choses de la mer. De nombreux frères, sœurs, cousins et cousines du souverain entourent le trône et, sans jouer aucun rôle politique, participent à son éclat.

Immédiatement au-dessous, l'aristocratie, terme qu'il faut entendre dans un sens large car, d'une part, les cadets de famille noble, bien que ne portant point de titre, y sont compris et que, de l'autre, les anoblissements sont fréquents qui élèvent à la pairie des bourgeois d'importance. Ce patriciat est en partie une ploutocratie : grâce au droit d'aînesse les anciens patrimoines fonciers se sont conservés à peu près intacts et, si les revenus agricoles ont beaucoup diminué depuis le milieu du XIXe siècle, en revanche, nombre de terrains ruraux sont devenus terrains urbains et ont pris une immense valeur.

Le fisc respecte ces grosses fortunes, car on n'a pas encore oublié l'axiome gladstonien selon lequel « l'argent fructifie mieux dans la poche des contribuables que dans l'Echiquier de Sa Majesté ». A la veille de la guerre sud-africaine, l'*income tax* — impôt sur le revenu — n'était encore que de 3¼ pour cent sans progressivité et avec des abattements à la base. La guerre a obligé de le porter à 6 pour cent, mais il est de nouveau question de le réduire. Quant aux droits successoraux, ils sont fort modérés.

C'est ainsi que les ducs de Westminster, de Norfolk, de Bedford et de Portland, propriétaires du sol sur lequel est bâtie une grande partie de l'agglomération londonienne, jouissent ensemble d'un revenu annuel estimé à huit millions sept cent mille livres sterling, soit deux cent dix-huit millions de francs-or. C'est ainsi également que le duc de Sutherland est propriétaire de domaines couvrant la superficie d'un département français moyen.

Ces seigneurs, et beaucoup d'autres d'une opulence moins extravagante, mènent dans leurs hôtels londoniens et surtout dans leurs châteaux provinciaux un train encore féodal avec une armée de précepteurs, chapelains, musiciens, valets, caméristes, jardiniers, piqueurs, artisans et ouvriers. Le duc écossais d'Atholl entretient même une garde du corps. Une vingtaine d'années auparavant ce faste paraissait encore naturel au peuple anglais qui en tirait même une certaine fierté. Maintenant, dans les milieux ouvriers et au sein des Eglises non conformistes, on commence à le dénoncer comme scandaleux.

Détentrice de la plus grande partie de la fortune immobilière, l'aristocratie jouit aussi d'une influence politique considérable. Sans doute, la Chambre des Lords, où siègent les chefs de familles nobles, a-t-elle perdu beaucoup de son influence, mais, à la Chambre des Communes, les cadets et les fils sont extrêmement nombreux. Le suffrage n'est pas tout à fait universel (il ne le deviendra qu'en 1918) et il n'est pas difficile aux grands propriétaires d'imposer leurs parents au choix de leurs fermiers. Aussi bien l'électeur anglais conserve-t-il cette vieille idée — bien qu'elle commence à s'estomper — que les affaires publiques doivent, de préférence, être confiées à ceux qui ont l'habitude héréditaire de s'en occuper. En 1904, le ministère Balfour comprend deux fils et quatre neveux (dont le premier ministre) du marquis de Salisbury et plusieurs autres grandes dynasties y sont largement représentées.

Le système donne à la politique, au moins chez les conservateurs, un peu le caractère d'une affaire de famille. La plupart des hommes d'Etat du parti se sont connus enfants et s'appellent par le sobriquet dont on les a gratifiés au collège. L'influence des femmes n'est pas non plus négligeable : un portefeuille d'importance secondaire ou un gouvernement colonial est parfois attribué à un parlementaire sans envergure uniquement parce qu'il est le fils de la tante Winifred ou de la cousine Jenny... Toutefois, au début du siècle, ces mœurs commencent à sentir un peu le passé (le spirituel Henry Belloc, d'origine française, les raille aimablement dans ses *Cautionary Tales*).

Après l'aristocratie, la *gentry* et, presque sur le même rang, la haute bourgeoisie.

La *gentry* est, en principe, composée des familles de propriétaires terriens établies depuis longtemps dans une région et y résidant. Ce sont les hobereaux de la Grande-Bretagne. A la différence des hobereaux français, ils n'ont jamais cessé de participer à la vie publique. Ils sont en général *justices of the peace* et, comme tels, ils exercent, soit individuellement, soit cn groupe, d'importantes fonctions judiciaires répressives. Ils dirigent, à titre bénévole, de multiples organisations locales à but charitable ou économique. Souvent aussi, ils ont le *living* de la paroisse où ils résident, c'est-à-dire qu'ils en nomment le *rector* — le pasteur anglican. La chasse à courre est leur passe-temps favori. La baisse des produits agricoles et celle, concomitante, des fermages, ont très sensiblement réduit leurs revenus et nombre d'entre eux ont de la peine à soutenir leur train de vie traditionnel. Leur influence, toutefois, reste grande dans les campagnes et, lors des élections législatives, se manifeste presque toujours en faveur du parti conservateur.

Font partie de la haute bourgeoisie (*upper middle class*) les membres marquants des professions libérales et aussi les plus aisés d'entre les financiers, industriels et négociants. Cette classe a pris, depuis le milieu du XIXe siècle, une importance sans cesse croissante ; une très grande fraction de la richesse mobilière lui appartient et elle tient en mains les principaux leviers économiques. Les hommes de haute culture ne sont pas rares chez elle, non plus que les esprits indépendants et assez nombreux sont les grands bourgeois qui adhèrent au parti libéral.

L'aristocratie, la *gentry* et la haute bourgeoisie ne comptent pas ensemble plus de six cent mille individus, mais elles sont les classes véritablement dirigeantes. Leur principal trait commun est que leurs rejetons mâles ont tous fait leurs études secondaires dans une *public school* en renom — Eton, Harrow, Rugby, Winchester, quelques autres encore. Les *public schcols*, en dépit de leur nom, sont des établissements *privés* d'enseignement secondaire, pour la plupart de fondation ancienne et dont les traditions sont très fortes. Avoir fréquenté un de ces établissements où, pour entrer vers l'âge de dix ans, il a fallu avoir été inscrit dès sa naissance, constitue la véritable caractéristique du *gentleman*. Les manières, les préjugés, l'accent qu'il y prend, il les conservera toute sa vie.

Moyenne et petite bourgeoisie ont, en Grande-Bretagne, une composition analogue aux classes correspondantes françaises. Toutefois, elles sont presque uniquement urbaines et n'ont pas, au début du XXe siècle, un aussi grand poids politique qu'en France. La plupart des « intellectuels » s'y rattachent et leurs membres se réclament souvent des confessions protestantes dissidentes. C'est là que se maintiennent le mieux les traits caractéristiques de l'époque victorienne : sérieux, ardeur au travail, pudibonderie, ignorance un peu méprisante de l'étranger, individualisme, religiosité. La plupart des moyens et petits bourgeois ont été, comme le reste de la nation, soulevés par la vague impérialiste de la fin du XIXe siècle ; mais ils se sont vite repris et paraissent maintenant disposés à apporter leurs voix au libéralisme pacifiste.

* * *

Dans les *lower orders* — les « classes inférieures » (l'expression est encore fréquente) — figurent les paysans et les ouvriers.

Les premiers ne représentent déjà guère plus de douze pour cent de la population de la Grande-Bretagne (en Irlande la proportion est beaucoup plus forte). Alors qu'en 1871 la surface des terres en culture était de plus de huit millions d'acres, elle est, en 1901, tombée à moins de six millions. Les petits propriétaires exploitants sont extrêmement rares et la classe paysanne est surtout composée de fermiers et d'ouvriers agricoles dont la condition varie selon les régions : ces ruraux restent d'ailleurs, en général, dociles aux impulsions des propriétaires du sol. Les projets protectionnistes de Chamberlain rencontrent, bien entendu, leur adhésion enthousiaste.

Dans un pays qui, depuis un siècle, n'a cessé d'aller s'industrialisant, ce sont les ouvriers qui constituent la masse principale.

Disciplinée, organisée, nullement révolutionnaire, mais très soucieuse de ses intérêts, cette masse pèse d'un poids de plus en plus lourd sur les destinées du Royaume-Uni. Son action s'exerce principalement à travers les syndicats — les *Trade Unions*.

Le droit syndical a été pleinement reconnu en Angleterre dès 1824 et, depuis 1868, les syndicats tiennent un Congrès annuel où il est d'ailleurs beaucoup plus question de salaires, de limitation des heures de travail et de sécurité sociale que de politique. Longtemps, les syndiqués — on en compte plus de deux millions en 1901 contre quelque trois cent mille en France — ont constitué une aristocratie au sein de la classe ouvrière, aristocratie relativement riche et jalouse de ses prérogatives. Mais, depuis quelques années, le mouvement s'étend aux travailleurs « non qualifiés » de l'industrie et, simultanément, les grèves gagnent en fréquence comme en amplitude.

C'est que, si les ouvriers « qualifiés » et « semi-qualifiés » anglais sont les mieux payés du monde, les autres restent dans une situation matérielle très précaire. Dépression industrielle consécutive à la fermeture de nombreux marchés extérieurs, augmentation rapide de la population (en 1901, quarante-deux millions d'habitants en Grande-Bretagne contre trente-huit millions, dix ans auparavant), journées de labeur chichement rémunérées, absence d'assurances contre les risques de l'existence, chômages fréquents, habitations insalubres : tout conspire à entretenir cette précarité. Vers 1900, on admet que trente pour cent des habitants de Londres ne jouissent pas du minimum vital ; la situation est pire dans les grands centres usiniers du Nord-Est et du pays de Galles.

D'où un mécontentement qui va croissant. Le vieux syndicalisme était imperméable aux théories socialistes ou ne les admettait que sous une forme très atténuée (mouvement coopératif, mouvement réformiste dit « fabien »). Le nouveau, au contraire, prête une attention croissante aux idées de subversion sociale venues du continent et propagées par un certain nombre d'intellectuels.

Dès 1892, un ancien mineur, Keir Hardie, a fondé, avec le soutien de ces intellectuels, le *Parti travailliste indépendant*, dont l'originalité était de se vouloir tout à fait distinct des partis politiques traditionnels, le conservateur et le libéral. Cette tentative n'a rencontré qu'un médiocre succès, mais elle a préparé la création, le 27 février 1900, d'un *Comité de Représentation du Travail*[1], associant des représentants du parti indépendant et de deux autres petites organisations socialistes aux délégués de soixante-cinq syndicats représentant cinq cent soixante-huit mille travailleurs. Dès lors, le travaillisme en tant que parti politique était né. Aux élections générales de 1900, il ne connut guère que des échecs, mais, aux élections partielles qui eurent lieu entre 1901 et 1903, il parvint à faire élire ses candidats dans trois circonscriptions et à recueillir ailleurs un nombre très substantiel de voix. « A bas le torysme, A bas le libéralisme ! » put alors s'écrier Keir Hardie, « vive le travaillisme ! » Le jeune parti était destiné à vite grandir et le parti libéral, pour ne pas se voir débordé, n'allait pas tarder à faire siennes une partie des revendications travaillistes. Evénement d'importance cardinale.

* * *

On vient de voir le rôle joué par les intellectuels dans la naissance du parti travailliste. Plus généralement, ces mêmes intellectuels tendent, au cours des premières années du XIXe siècle, à soumettre à une sévère critique les dogmes fondamentaux sur lesquels reposait la pyramide sociale britannique.

La fin du siècle précédent avait connu l'immense vogue, d'une part, des écrivains « esthètes » (Oscar Wilde, les collaborateurs du *Yellow Book*), de l'autre, des écrivains « impérialistes » (Henley, Rudyard Kipling[2], quelques autres encore). Dès le lendemain de la guerre sud-africaine, cette vogue connaît un brusque déclin : le scandaleux procès de Wilde a frappé l' « esthétisme » de décri ; Henley va mourir et Kipling cesse — injustement — d'être goûté par l'*Intelligentsia*. Désormais l'influence, sinon toujours le grand succès, va à un Samuel Butler, à un Bernard Shaw, à un H. G. Wells, à un Somerset Maugham, à un John Galsworthy, tous auteurs qui se piquent d' « esprit social » et se font volontiers les âpres satiristes des classes dirigeantes.

Ce sont là, dirait-on en France, des « hommes de gauche ». Mais, à côté d'eux, il faut faire une place à des catholiques comme

---

1. Cette désignation a été choisie volontairement modeste. Mais elle ne tardera pas à être changée en celle de *Labour party*, parti travailliste.

2. En fait, Kipling était loin d'être un impérialiste aveugle et il n'avait pas cessé de mettre en garde ses compatriotes contre les dangers d'un excessif orgueil. Mais, pour le grand public, il n'en était pas moins avant tout l'auteur des poèmes des *Sept mers* et le chantre de la primauté britannique.

G. K. Chesterton et Hilaire Belloc qui, bien que s'inspirant d'un idéal opposé, n'en portent pas moins, eux aussi, des coups assez rudes à l'ordre victorien.

Les progrès réalisés par le catholicisme constituent d'ailleurs un des témoignages de l'inquiétude de l'époque. L'Eglise romaine a cessé d'être, aux yeux de la majorité des Anglais, la « Femme écarlate », la « Mère des Abominations », et on voit nombre d'entre eux que tentent, sinon sa doctrine, au moins ses rites et sa liturgie. Simultanément, l'Eglise anglicane officielle perd de son ascendant et, si ses offices sont encore suivis par les membres des milieux dirigeants et par la paysannerie, c'est avec une ferveur décroissante, le service dominical étant surtout prétexte à « parades » d'hommes en redingote et de femmes enchapeautées de fleurs et de rubans. En revanche, les différentes sectes dissidentes, auxquelles se rattachent la plupart des petits bourgeois et des ouvriers, restent très vivantes. Leur action politique s'exerce toujours en faveur du libéralisme, quelquefois même du travaillisme : beaucoup de secrétaires de syndicats sont en même temps « prédicateurs laïcs » et, le dimanche, commentent la Bible en public.

Aussi effective que l'influence politique des Eglises est celle des journaux.

La presse britannique, si longtemps uniformément digne et grave, a subi une véritable révolution quand, en 1894, Alfred Harmsworth, petit journaliste d'origine irlandaise et génial animateur, lança l'*Evening News* qu'il fit, deux ans plus tard, suivre par le *Daily Mail*. L'une et l'autre feuilles abaissent leurs prix de vente à un demi-penny, — un sou, — elles comptent principalement pour vivre sur la publicité et elles sont rédigées à l'usage du très grand public. Elles connaissent des tirages jusque-là inimaginés.

Bien entendu, l'exemple ainsi donné a été suivi notamment par Arthur Pearson qui, en 1900, a fondé le *Daily Express*, imitation du *Daily Mail*. Mais c'est Harmsworth qui reste le « Napoléon de la presse ». En 1904, il crée le *Daily Mirror*, premier quotidien largement illustré et qui attire aussitôt une immense clientèle en grande partie féminine. Il organise, en même temps, toute une chaîne de journaux provinciaux et, en 1908, il ira jusqu'à mettre la main sur le véritable *Times* (en ayant d'ailleurs la sagesse de lui conserver son ton traditionnel).

Les nouveaux journaux « à sensation » ne réservent qu'une place restreinte à la politique et s'attachent davantage à suivre les tendances de leurs lecteurs qu'à les provoquer. Ils n'en contribuent pas moins à éveiller beaucoup de curiosités et, si l'éducation qu'ils donnent aux masses n'est pas de première qualité, c'est néanmoins une éducation. Tout conservateur et impérialiste qu'il soit personnellement, Harmsworth va ainsi largement contribuer à la prise de conscience de la démocratie britannique.

Mention particulière doit être faite de l'apparition, sous une forme très vite agressive, du mouvement féministe.

Au début du siècle, les femmes n'ont pas, en Grande-Bretagne, droit de suffrage aux élections législatives, mais nombre d'entre elles s'intéressent activement à la politique. En 1903, une Mrs. Pankhurst, de Manchester, fonde une *Union sociale et politique des femmes* qui, pour faire attribuer à celles-ci le bulletin de vote, va recourir davantage à la violence qu'à la persuasion. Les manifestations fomentées par les « suffragettes » ne cesseront, jusqu'à la guerre de 1914, de troubler la vie publique de la Grande-Bretagne.

* * *

En dépit de l'agitation créée autour de l'idée de « préférence impériale », l'Empire n'exerce plus sur les imaginations le même magnétisme que quelques années auparavant.

Il n'en est pas moins toujours bien solide, bien vivant et ne cesse de se développer.

En Afrique, la victoire de Kitchener sur les Derviches a fait tomber le Soudan égyptien sous le contrôle anglais. A l'est, le protectorat de la côte des Somalis a été érigé en colonie. Plus au sud, les établissements privés fondés sur la côte regardant Zanzibar ont été en 1896 transférés à la Couronne. Leur arrière-pays est maintenant occupé et un chemin de fer est construit qui relie Monbasa sur l'océan Indien au lac Victoria Nianza. En 1904, l'immense territoire prend le nom de colonie de l'Afrique orientale britannique (plus tard Kenya et Ouganda). En même temps, à l'ouest du continent noir, la colonie de Gold Coast est consolidée par la soumission du peuple guerrier des Ashantis et une voie ferrée en fait la pénétration.

En Asie, l'altier vice-roi des Indes, Lord Curzon, après avoir établi un protectorat de fait sur plusieurs sultanats du golfe Persique, lance une expédition à travers l'Himalaya, en direction du Tibet. Le 3 août 1905, le Grand Lama de Lhassa se voit contraint de signer un traité plaçant son pays sous l'influence politique britannique. Simultanément les accords conclus en 1904 avec la France, qui laissent à l'Angleterre les mains libres dans la partie orientale du golfe de Siam, permettent l'élargissement des établissements coloniaux de Malaisie.

Pour les *Self-governing colonies* (colonies autonomes peuplées de Blancs), telles que le Canada, la Nouvelle-Zélande et l'Australie, nombre d'Anglais — Joseph Chamberlain le premier — rêveraient de les souder fortement à la métropole par l'institution d'un Parlement impérial.

Elles ont, à l'occasion de la guerre sud-africaine, manifesté avec éclat leur loyalisme ; elles n'en entendent pas moins conserver leur pleine autonomie interne et cette volonté a été énergiquement affirmée lors de la Conférence coloniale qui s'est tenue à Londres en 1902. Les *Self-governing colonies* acceptent des gouverneurs généraux désignés par le ministère anglais, elles admettent que leur politique extérieure soit dirigée par le *Foreign Office*, elles se rallieraient même à un système de préférence douanière impériale : elles n'entendent pas aller au delà. Bientôt, on adoptera, pour les désigner toutes, un terme jusque-là réservé au seul Canada : celui de *Dominion*.

* * *

Privé, depuis le mois d'août 1903, de son élément le plus dynamique — Joseph Chamberlain — le ministère Balfour n'a ni l'énergie ni la hauteur de vues qui seraient nécessaires pour adapter la politique conservatrice aux courants qui se dessinent dans le pays. Il a cependant fait voter par le Parlement quelques réformes opportunes : une loi sur l'enseignement public, une loi favorisant l'accession à la propriété des petits fermiers irlandais, une loi limitant le nombre des débits de boisson, une loi groupant les différentes colonies d'Australie en une Fédération autonome. Le voici, maintenant, qui apporte à l'organisation de l'armée de judicieuses modifications et qui décide la mise en chantier d'un cuirassé d'un type très supérieur à tous ceux existant jusque là (le *Dreadnought*). Tout cela ne suffit pas à freiner le mouvement qui éloigne du parti conservateur la grande majorité du corps électoral. Le passage au parti libéral d'un homme aussi vibrant et aussi sensible à l'atmosphère politique qu'est Winston Churchill a une valeur d'avertissement.

La seule question qui passionne vraiment le grand public est celle de la réforme douanière. le Premier ministre Balfour a fini

par s'y rallier timidement, mais plusieurs de ses collègues restent
franchement hostiles et les militants conservateurs sont loin de
présenter un front bien uni. En revanche, l'affaire a réconcilié
les deux fractions — impérialiste et « pro-boer » — du parti
libéral et lui offre une magnifique plate-forme électorale. A la fin
de 1904, tous les experts sont d'accord pour prédire la victoire
des libéraux.

C'est une des belles traditions du parlementarisme britannique
que celle selon laquelle un gouvernement qui, bien qu'ayant conservé la confiance de la Chambre des Communes, croit avoir
perdu celle du pays, doit, ou provoquer de nouvelles élections
ou se retirer. Balfour envisage, dès le début de 1905, de prendre
ce dernier parti. S'il ne le fait pas aussitôt, c'est en raison de la
tension internationale suscitée par la guerre russo-japonaise et
par la menace que l'Allemagne fait peser sur la France à propos
du Maroc. Mais quand, à l'automne, l'horizon s'éclaircit un peu,
il apporte au roi la démission du cabinet conservateur. Conformément à la tradition, Edouard VII fait aussitôt appel au chef
de l'opposition, Sir Henry Campbell-Bannerman.

Campbell-Bannerman est un grand bourgeois écossais, cossu,
jovial, médiocre orateur, mais rempli de bon sens. Sa popularité
lui vient du courage avec lequel, en pleine fureur impérialiste,
il a dénoncé le scandale des camps de concentration où le commandement britannique parquait les femmes et les enfants boers.
De plus, son absence même d'éclat en fait un point de ralliement
commode autour duquel peuvent accepter de se grouper les personnalités très brillantes qui constituent alors l'Etat-major du
parti libéral.

Nouveauté significative : dans le ministère qu'il forme on trouve,
à côté d'une majorité de *gentlemen*, plusieurs hommes issus du
peuple. Dans l'ensemble, une équipe de « cerveaux » : Henry
Herbert Asquith, fin lettré et éminent avocat, devient chancelier
de l'Echiquier ; Sir Edward Grey, aristocrate consciencieux et de
tendance légèrement impérialiste, reçoit le portefeuille des Affaires
étrangères ; Richard Haldane, philosophe hégélien, prend celui de
la Guerre ; celui de l'Intérieur est attribué à Herbert Gladstone,
fils de l'illustre homme d'Etat ; John Morley, doctrinaire du libéralisme radical, est nommé secrétaire d'Etat pour l'Inde ; John
Burns, ancien ouvrier et *leader* trade-unioniste, va à la présidence
du *Local Government Board ;* David Lloyd George, impétueux
Gallois d'humble extraction, reçoit celle du *Board of Trade* (mi-

nistère du Commerce). Quelques professeurs et quelques Lords libéraux complètent le cabinet proprement dit.

En dehors, le nouveau ministère comporte, selon l'usage, un grand nombre de sous-secrétaires d'Etat. Le plus en vue est certainement Winston Churchill qui est affecté, en cette qualité, au ministère des Colonies. Il reçoit ainsi la récompense de son changement d'allégeance et voit, du même coup, s'ouvrir devant lui les portes d'une grande carrière gouvernementale.

CHAPITRE II

LES ANNÉES RADICALES

LES ÉLECTIONS DE 1906 DONNENT UNE MAJORITÉ ÉCRASANTE AU CABINET CAMPBELL-BANNERMAN. — LE GOUVERNEMENT LIBÉRAL RESTE FIDÈLE À L'ENTENTE FRANCO-BRITANNIQUE ET CONCLUT UN ACCORD AVEC LA RUSSIE. — AMITIÉ DE CHURCHILL ET DU CHANCELIER DE L'ÉCHIQUIER LLOYD GEORGE. — MESURES RADICALES PROPOSÉES PAR CE DERNIER. — OPPOSITION DE LA CHAMBRE DES LORDS. — ASQUITH PREND LA TÊTE DU MINISTÈRE. — CHURCHILL PRÉSIDENT DU *BOARD OF TRADE*. — SON MA-RIAGE. — L'OFFENSIVE DU GOUVERNEMENT CONTRE LA FORTUNE ACQUISE DÉTERMINE LA CHAMBRE HAUTE À REJETER LE BUDGET. — CHURCHILL PARTICIPE AVEC ALACRITÉ À LA CAMPAGNE CONTRE LES LORDS. — À LA SUITE DE LA DISSOLUTION DU PARLEMENT, LES ÉLECTIONS MAINTIEN-NENT UNE MAJORITÉ LIBÉRALE RÉDUITE. — MORT D'ÉDOUARD VII. — AVÈNEMENT DE GEORGE V, SON PERSONNAGE. — DE NOUVELLES ÉLEC-TIONS INTERVENUES AU COURS DE LA MÊME ANNÉE 1910 CONFIRMENT LE RÉSULTAT DES PREMIÈRES. — LES LORDS SE RÉSIGNENT À L'AMPU-TATION DE LEURS POUVOIRS. — CHURCHILL MINISTRE DE L'INTÉRIEUR. — AGITATION SOCIALE. — MESURES DESTINÉES À LA CALMER DANS SA SOURCE. — LE MANDAT LÉGISLATIF CESSE D'ÊTRE GRATUIT. — TENSION INTERNATIONALE. — LE « COUP D'AGADIR ». — L'ANGLETERRE AUX CÔTÉS DE LA FRANCE. — CHURCHILL PREMIER LORD DE L'AMIRAUTÉ.

Le cabinet libéral Campbell-Bannerman ne saurait évidemment prétendre à gouverner en présence d'une Chambre des Communes où les conservateurs sont en écrasante majorité. Aussi bien n'a-t-il été constitué que pour faire aussitôt appel au pays.

Le Parlement se voit donc dissous et, dès le milieu de décembre, la campagne électorale commence.

Elle est menée par les conservateurs en ordre dispersé, Joseph Chamberlain et ses partisans se prononçant emphatiquement en faveur de l'établissement d'un régime douanier protectionniste tandis que les autres restent réservés sur ce point pourtant crucial. Les libéraux, au contraire, témoignent d'une rare discipline :

laissant volontairement dans l'ombre la question de l'octroi du
Home Rule à l'Irlande, question qui était naguère le grand cheval
de bataille de leur parti, ils s'attachent surtout à défendre le libre-
échange et à dénoncer dans leurs adversaires des organisateurs de
vie chère. Enfin, le jeune parti travailliste se manifeste activement,
présentant des candidats dans un très grand nombre de circonscriptions et réclamant une législation protectrice des ouvriers.

Le scrutin s'ouvre le 12 janvier 1906 et, selon l'usage d'alors,
dure plusieurs jours. Quand tout est terminé, on constate l'effondrement des conservateurs : alors qu'ils détenaient trois cent
quatre-vingt-dix-huit sièges dans l'ancienne Chambre des Communes, ils n'en conservent que cent cinquante-sept dans la nouvelle ; en revanche, le nombre des élus libéraux passe de cent
soixante-sept à trois cent soixante-dix-neuf et celui des élus travaillistes bondit de cinq à cinquante et un ; on compte enfin,
comme précédemment, quatre-vingt-deux nationalistes irlandais.

Rarement a-t-on vu pareil raz-de-marée. Le triomphe de ce
qu'on appellerait sur le continent « la gauche » est d'autant plus
remarquable que le plein suffrage universel n'existe pas encore
en Grande-Bretagne : non seulement les femmes ne votent point,
mais les travailleurs à résidence changeante sont exclus du corps
électoral ; par contre, les capitalistes sont admis à voter dans
toutes les circonscriptions où ils paient un impôt.

Churchill ne s'est pas représenté à Oldham où la majorité des
électeurs s'est scandalisée de son changement de parti ; il a fait
choix, à la place, d'un des arrondissements de Manchester, cette
vieille citadelle du libre-échange. Sa campagne a été brillante,
ardente, quelque peu troublée cependant par les manifestations
des « suffragettes » de Mrs. Pankhurst. Finalement, il l'a aisément emporté sur son concurrent conservateur. Toute la presse
s'est intéressée à son élection et il paraît d'ores et déjà promis à
beaucoup mieux qu'un simple sous-secrétariat d'Etat.

En attendant une promotion, c'est avec diligence qu'il remplit
ses fonctions. Aussi bien sont-elles moins subalternes qu'elles ne
peuvent sembler : le secrétaire d'Etat aux Colonies, Lord Elgin,
est en effet un pair du royaume et la coutume britannique n'admet
pas qu'un ministre membre de la Chambre haute prenne la parole
devant celle des Communes ; de ce fait, c'est à Churchill qu'incombe le soin de représenter le Département des Colonies devant
la plus importante, politiquement, des deux Assemblées.

Ainsi est-il conduit, dès l'été de 1906, à prononcer plusieurs discours en faveur de la décision gouvernementale tendant à accorder une large autonomie interne au Transvaal et à l'Etat d'Orange. Que les deux pays qui, à la suite d'une guerre longue et sanglante, ont tout récemment été annexés à la Couronne puissent déjà jouir d'un statut analogue à celui du Canada, voilà qui paraît quasi monstrueux aux conservateurs : Balfour dénonce avec véhémence « la plus funeste des expériences jamais tentée aux colonies ». En réponse, Churchill, qui connaît bien les Boers pour s'être battu contre eux, affirme qu'on peut faire fond sur leur loyauté.

Il n'a pas tort : le général Botha, ancien chef des armées boers (et qui eut l'honneur de faire Winston prisonnier), va, au début de 1907, devenir premier ministre du Transvaal autonome et il se montrera fidèle associé de l'Empire britannique. En 1909, il prendra la tête de la Fédération de l'Afrique du Sud qui englobera, outre le Transvaal et l'Orange, les vieilles colonies anglaises du Cap et du Natal. Pendant la guerre de 1914-1919, il apportera le plus efficace concours à la Grande-Bretagne. Son principal lieutenant, le général Smuts, jouera un rôle analogue au cours de la seconde guerre mondiale. Décidément, Churchill voit juste.

Cantonné dans ses fonctions de sous-secrétaire d'Etat aux Colonies, il ne participera pas aux délibérations gouvernementales relatives à la politique étrangère. Celles-ci sont, au cours de l'année 1906, d'une extrême importance. Il s'agit de savoir si le ministère libéral poursuivra ou non la politique d'étroite entente avec la France inaugurée par le ministère conservateur. Sous l'impulsion d'Edward Grey et en dépit de l'opposition de certains ministres irréductiblement pacifistes, la question est tranchée par l'affirmative ; au cours de la Conférence d'Algésiras, provoquée par l'Allemagne dans la pensée de juguler la France, la diplomatie britannique prête à la nôtre un décisif appui. C'est en grande partie grâce à elle que l'Acte final de la Conférence nous attribue un rôle prépondérant dans l'organisation de la police marocaine.

Allant plus loin, Campbell-Bannerman et Grey autorisent l'Etat-major de Londres à engager des conversations avec celui de Paris ; ces conversations aboutiront à des accords qui, sans lier les gouvernements, n'en constitueront pas moins une base solide pour une éventuelle coopération militaire. On en mesurera l'importance en 1914.

Nouveau pas en avant : une convention va être conclue avec la Russie ayant pour objet le règlement des litiges qui opposaient les deux puissances en Perse, en Afghanistan et au Tibet. Delcassé s'est activement employé à favoriser cet accord entre l'alliée russe et l'amie anglaise. Pour y parvenir, beaucoup de résistances ont dû être surmontées, car toute l'aile gauche du parti libéral anglais est, par principe, violemment hostile à l'autocratie tsariste. Quand, en 1906, le tsar Nicolas II a dissous la Douma — l'Assemblée nationale russe — que des événements révolutionnaires l'avaient obligé à convoquer, Campbell-Bannerman a provoqué une sensation internationale en s'écriant publiquement : « La Douma est morte, vive la Douma ! » Aussi l'entente anglo-russe restera-t-elle beaucoup moins étroite que l'entente anglo-française.

* * *

Tout en ne s'intéressant qu'accessoirement aux questions extérieures, Winston Churchill se range dans le camp de ceux qui voient sans plaisir la Grande-Bretagne assumer, hors de ses frontières, des responsabilités nouvelles.

Chose curieuse : au sein du ministère, ses meilleurs amis ne sont pas les gens de son monde, comme Sir Edward Grey ou Lord Elgin, mais bien des hommes de modeste origine et venus du radicalisme avancé, tel en particulier David Lloyd George.

Lloyd George, âgé en 1906 de quarante-trois ans, est le fils d'un petit instituteur gallois et il a passé ses premières années sous la tutelle de son oncle, cordonnier de village. Heureusement doué, d'intelligence rapide, pétulant, le garçon a pu, grâce à une bourse, faire des études secondaires et il est devenu avoué. Il a vite acquis une réputation locale moins comme juriste que comme prédicateur laïc et ardent champion des traditions non-conformistes du pays de Galles. Entré en 1890 à la Chambre des Communes, il s'y est fait remarquer par une éloquence fulgurante, nourrie d'images empruntées à la Bible, et aussi par l'ardeur de ses convictions démocratiques. Ce n'est pas un *gentleman*, ce n'est pas non plus un anglo-saxon. Bien plutôt, trouve-t-on réunis en lui les qualités et les défauts du Celte : don de parole, don de sympathie, enthousiasme, intuition, mysticisme larvé, sens de la manœuvre et aussi versatilité (vers 1906, un autre Celte, qui pourrait lui être comparé, s'affirme sur la scène publique française : Aristide Briand). Tel quel, le personnage est extrêmement séduisant et on comprend que l'artiste qui sommeille en Winston Churchill soit attiré par lui.

A la différence de Churchill, Lloyd George est ministre de plein exercice dans le cabinet Campbell-Bannerman. Mais tous deux sont d'accord sur la nécessité de réformer la structure sociale traditionnelle. Cette volonté quasi subversive s'explique, chez le fils du maître d'école gallois, par l'origine et la race, chez le petit-fils du duc de Marlborough, par une chaleur naturelle de cœur et aussi par l'ambition. Les événements se chargeront d'ailleurs plus tard de ramener le premier, et surtout le second, à des vues beaucoup plus orthodoxes.

Comme président du *Board of Trade*, Lloyd George doit se contenter de faire passer plusieurs mesures législatives sans signification politique bien précise : une loi restreignant l'emploi d'étrangers à bord des navires de commerce britanniques, une loi obligeant les titulaires de brevets anglais d'invention à les exploiter à l'intérieur du Royaume-Uni, une loi enfin groupant les entreprises privées du port de Londres sous une seule autorité. Mais, en tant que membre du Cabinet, il contribue largement au dépôt de différents projets d'inspiration nettement radicale : projet démocratisant l'enseignement public, projet donnant pleine liberté d'action aux syndicats ouvriers, projet abolissant le vote plural aux élections législatives, projet favorisant la division des grandes propriétés, projet portant atteinte aux privilèges des gros fabricants de bière et d'alcool.

Tous sont votés à une grosse majorité par la Chambre des Communes ; mais tous, sauf un, se heurtent au *veto* de celle des Lords.

Par sa composition, la Chambre haute britannique peut déjà paraître, au début du XXe siècle, un anachronisme. Pourquoi une assemblée composée de quelque six cents pairs héréditaires et de vingt-sept évêques anglicans garde-t-elle, en matière législative, un droit égal à celui de l'Assemblée populaire ? La question a déjà été posée, mais sans passion. Cela en raison d'une part de l'esprit traditionaliste des Anglais, de l'autre du fait que, depuis un demi-siècle, les Lords ne s'étaient jamais servi qu'avec beaucoup de circonspection de leurs pouvoirs. Quand la majorité des Communes était conservatrice, ils entérinaient ses décisions ; quand elle était libérale, ils se contentaient le plus souvent d'amender les textes votés par elle sans y opposer de refus formel. Une seule fois, en 1893, ils ont catégoriquement rejeté une mesure très importante. Mais la majorité libérale était alors précaire et, deux ans plus tard, le corps électoral donnait raison aux pairs.

En 1906 et 1907, la situation est toute différente et le pays est incontestablement derrière le gouvernement. Comment donc expliquer cette intransigeance subite de la Chambre haute ? Sans doute par le caractère très nouveau du parti libéral. Jusqu'à la constitution du cabinet Campbell-Bannerman, il semblait toujours dirigé par des *whigs* de l'ancienne école, c'est-à-dire par des *gentlemen* qui, s'ils pouvaient idéologiquement différer des *leaders* conservateurs, n'en appartenaient pas moins aux mêmes milieux et avaient reçu une formation analogue. Maintenant, on voit, dans le gouvernement de Sa Majesté, des fils d'instituteurs et d'anciens ouvriers. L'Angleterre va-t-elle donc être, pour la première fois, régie par des hommes qui n'ont ni la tradition, ni les usages du pouvoir ? Pour la grande majorité des Lords, la perspective est proprement catastrophique, non seulement du point de vue de leur intérêt de classe, mais de celui des intérêts supérieurs de la nation. Aussi les votes qu'ils émettent contre les projets gouvernementaux sont-ils moins dirigés contre ces projets eux-mêmes — qui n'ont rien de bien subversif — que contre l'équipe qui les a présentés.

En France, le Sénat a, depuis 1896, conquis le droit de renverser un ministère ; la Chambre haute britannique ne prétend point à autant, mais elle paraît maintenant décidée à bloquer l'activité législative du cabinet libéral (ou, comme disent les conservateurs, « radical »). Comment sortir de l'impasse ?

Le ton des polémiques commence à monter et Churchill prononce, dans sa circonscription, plusieurs discours dénonçant avec vivacité la malencontreuse obstination des privilégiés. Sur ces entrefaites, Campbell-Bannerman, gravement malade, se résout à abandonner le pouvoir en août 1908 et adresse à Edouard VII, alors en villégiature à Biarritz, sa lettre de démission.

Le souverain ne se croit pas pour si peu obligé de regagner son royaume. C'est à Biarritz qu'il convoque Asquith, lequel remplissait déjà les fonctions de vice-premier ministre, et c'est dans une chambre d'hôtel qu'il lui donne sa main à baiser, l'investissant ainsi du soin de diriger le gouvernement.

Henry-Herbert Asquith, alors âgé de cinquante-six ans, est moins « rond » que son prédécesseur, mais il a plus d'astuce, est bien meilleur *debater* et sa situation parlementaire est considérable. Né dans une famille de bourgeoisie modeste, son second mariage l'a fait pénétrer dans le monde élégant, mais il n'a jamais rompu ses attaches avec les milieux relativement avancés. On peut compter sur lui pour résister avec énergie aux prétentions des Lords.

Sa promotion entraîne un remaniement ministériel. Elle laisse libre la place de chancelier de l'Echiquier, la plus importante après celle de premier ministre. Asquith la confie à Lloyd George, marquant par là sa volonté de ne pas se laisser intimider. Ce sont donc maintenant les fonctions de président du *Board of Trade* qui sont vacantes : le nouveau premier ministre y appelle Winston Churchill.

Grand pas en avant pour un parlementaire de trente-quatre ans. Le président du *Board of Trade* n'est point seulement ministre du Commerce, il l'est aussi de l'Industrie, du Travail et l'arbitrage des conflits sociaux est de sa compétence. Surtout, il fait de droit partie du Cabinet, c'est-à-dire qu'il participe obligatoirement aux délibérations gouvernementales les plus secrètes.

Désormais, le Très Honorable Winston Spencer Churchill, conseiller privé, ministre de la Couronne, est un grand personnage de l'Etat[1].

L'honneur qui lui est dévolu comporte, il est vrai, un inconvénient passager. D'après un ancien usage, destiné à être aboli un peu plus tard, tout député nommé ministre de la Couronne perd automatiquement son mandat législatif et doit se représenter devant ses électeurs (historiquement, il s'agissait d'empêcher les parlementaires de se laisser trop aisément séduire par le pouvoir royal). Voici donc notre homme soumis à réélection.

Dans le camp conservateur les ressentiments sont restés très vifs contre lui. Aussi la campagne de ses adversaires est-elle montée avec un soin tout particulier ; elle trouve un appui paradoxal dans l'acharnement avec lequel Mrs. Pankhurst et ses acolytes s'entêtent à troubler les réunions du nouveau président du *Board of Trade*. C'est en vain que Lloyd George vient apporter l'appui de sa chaude éloquence à son jeune collègue. Celui-ci est battu, d'ailleurs par une faible majorité. Plus que ses opinions, les sérieux électeurs de Manchester lui ont reproché une certaine désinvolture et un goût un peu trop vif pour la publicité tapageuse.

La presse conservatrice exulte. Pas pour longtemps : un siège parlementaire se trouve justement vacant dans la circonscription

---

1. La qualification de Très Honorable accompagne le titre de conseiller privé. Tous les membres et anciens membres du Cabinet sont conseillers privés.

de Dundee, en Ecosse ; le comité libéral local propose à Churchill de s'y présenter. Il accepte et, cette fois, il se voit brillamment élu.

L'année 1908 est heureuse pour lui. Jusque-là, sa vie sentimentale semble avoir été assez calme. Au moins n'en connaît-on presque rien. Réserve naturelle à un *gentleman* ? ou bien témoignage d'un tempérament uniquement orienté vers l'action ? Ou encore prudence d'un homme politique qui se souvient que, pour avoir été compromis dans des affaires d'adultère, le brillant radical Charles Dilke et le brillant nationaliste irlandais Parnell ont vu leurs carrières brisées ?... Quoi qu'il en soit, quelques mois après son succès de Dundee, Winston se fiance, par amour, à une charmante Ecossaise de très bonne famille, Clementine Hozier, petite-fille du comte d'Airlie. Le mariage, célébré à l'aristocratique église londonienne de Sainte-Marguerite, est un des événements mondains de la saison et réconcilie un moment Churchill avec ses anciens amis. On constate avec plaisir que, bien que se proclamant radical et affichant son amitié pour ce parvenu de Lloyd George, il n'en prend pas moins femme dans son monde ; Lord Hugh Cecil, fils du feu premier ministre conservateur, accepte d'être son garçon d'honneur.

L'union, dont naîtront un fils et trois filles, s'affirmera réussite complète et Winston, en conclusion de ses *Souvenirs de jeunesse*, pourra écrire avec sincérité :

« Je me mariai et désormais vécus heureux. »

* * *

Le mariage toutefois n'a pas affaibli la jeune ardeur démocratique du président du *Board of Trade ;* au sein du cabinet comme au Parlement, il va seconder activement Asquith et Lloyd George dans l'offensive que ceux-ci déclenchent contre les Lords.

C'est à la bourse qu'ils ont décidé de frapper la vieille classe dirigeante. Le gouvernement vient de faire adopter un projet de retraites ouvrières, modestes à la vérité, mais mises à la seule charge de l'Etat ; d'autre part, la situation internationale (la flotte allemande ne cesse de grandir ; la tension reste inquiétante entre Paris et Berlin ; la Russie se querelle avec l'Autriche à propos de la Bosnie) a exigé la mise en chantier de quatre nouveaux cuirassés du type *Dreadnought*. Il s'agit de trouver les ressources correspondantes : c'est à la propriété qu'on va surtout les demander.

Lloyd George, en tant que chancelier de l'Echiquier, élabore un projet de budget comportant, à côté d'une légère augmentation du taux de l'impôt sur le revenu, la création d'une *supertax* qui introduit dans cet impôt le principe de progressivité. Une taxe de 20 pour cent est en outre prévue qui frappera, à chaque mutation, les plus-values foncières. Il est enfin proposé d'accroître substantiellement les droits de succession et les droits frappant les boissons.

Tout cela, dès après la première guerre mondiale, paraîtra singulièrement bénin, mais semble, en 1909, presque révolutionnaire : les assujettis à l'impôt sur le revenu dénoncent le principe de progressivité comme monstrueux ; les fabricants de bière et d'alcool déclarent qu'on les veut étrangler ; les grands propriétaires fonciers s'écrient que l'idée de procéder à une évaluation périodique de leurs biens ne peut venir que de Satan !

Ces protestations des possédants font le jeu du gouvernement. Lloyd George s'en empare pour vitupérer, dans une série de discours retentissants, l'égoïsme des riches, et particulièrement des détenteurs de *latifundia* nombreux à la Chambre des Lords. Les ducs en particulier excitent sa verve vengeresse.

« Un duc complètement équipé », s'écrie-t-il un jour, « coûte aussi cher à entretenir que deux cuirassés ; il est aussi dangereux que deux cuirassés et il dure plus longtemps ! »

Churchill s'empare avec alacrité de ce beau thème de réunion publique. Il connaît bien les ducs puisqu'il en a eu un pour grand-père et il n'hésite point à dénoncer ce qu'il nomme « leur entêtement à conserver le privilège d'un luxe vulgaire qui ne leur procure aucune véritable joie ». A l'invective joignant l'ironie, il ajoute :

« Ces créatures ornementales sont comme les poissons rouges ; elles foncent sur tous les hameçons et les pêcher constitue un médiocre sport. »

La foule anglaise a du goût à la fois pour les aristocrates et pour ceux qui attaquent l'aristocratie. Churchill, à ses yeux, combine les deux qualités. Il n'est pas surprenant que, si les gens du monde le traitent plus que jamais de renégat, sa popularité monte en flèche dans les milieux populaires.

Il la travaille d'ailleurs soigneusement, non seulement en polissant ses « improvisations » les plus véhémentes (il les envoie parfois à l'avance aux journaux, en les faisant suivre de la mention : *applaudissements prolongés*), mais aussi en soignant son personnage physique : ayant pris un jour, par inadvertance, un chapeau trop petit pour lui, il a constaté que des caricaturistes se sont emparés de ce trait ; désormais, il portera volontairement des coiffures exiguës. Ses cols durs largement échancrés et surmontant un nœud papillon sont déjà fameux ; plus tard son cigare permanent, plus tard encore son geste en V procéderont du même sens de la mise en scène.

Cependant, le 4 novembre 1909, les Communes ont adopté, par trois cent soixante-dix-neuf voix contre cent quarante-neuf le projet de budget présenté par Lloyd George. Que vont faire les Lords ?

En théorie, la Chambre haute a le droit de rejeter comme tout autre projet de loi, un *bill* de finances. En pratique, cela ne s'est jamais fait et on sait quelle est, en Angleterre, la force des précédents. Plusieurs Lords d'importance sont d'avis qu'il faut s'incliner et Edouard VII donne, en privé, des conseils dans le même sens. Mais la grande majorité des pairs reste butée et, le 30 novembre, Leurs Seigneuries repoussent le budget par trois cent quarante-neuf voix contre cent trente-quatre.

C'est là tout justement ce que désiraient en secret Lloyd George, Churchill et les autres membres radicaux du cabinet : le vote des Lords rend inévitable un appel au corps électoral ; devant celui-ci, ce ne sera plus seulement la question budgétaire qui sera posée, mais aussi et surtout celle des pouvoirs de la Chambre haute. Ainsi, sans doute, pourra être renversée la barrière qu'elle s'obstine à opposer aux aspirations populaires.

Le Parlement est dissous et une campagne électorale s'ouvre, extraordinairement ardente et au cours de laquelle Churchill se fait encore remarquer par sa pugnacité. Les conservateurs ne sont pas moins vifs que les libéraux et, comme en Angleterre l'humour ne perd jamais ses droits, ils font courir des histoires du genre de celle-ci :

« Que feriez-vous si vous voyiez un homme se noyant ? »

« Je me jetterais à l'eau ; je m'assurerais que ce n'est pas Lloyd George, et alors je le sauverais. »

En janvier 1910, les électeurs rendent leur verdict.

On aurait pu penser que l'opposition des riches au « budget du peuple » allait susciter, par réaction, une majorité gouvernementale accrue. Mais les masses anglaise sont foncièrement méfiantes à l'égard des innovations trop soudaines et elles ont aussi un respect invétéré pour la vieille classe dirigeante. D'ailleurs, la situation économique est alors médiocre ; si le marasme agricole est un peu moins profond qu'à la fin du siècle précédent, en revanche, l'industrie traverse des jours difficiles, les affaires vont mal et on incline à en rendre le gouvernement responsable. Aussi libéraux et travaillistes, partis respectivement trois cent soixante-dix-neuf et cinquante et un ne reviennent-ils que deux cent soixante-quinze et quarante (Churchill, lui, a été réélu sans difficulté) tandis que le nombre des élus conservateurs passe de cent cinquante-sept à deux cent soixante-treize ; pour les nationalistes irlandais, ils conservent leurs quatre-vingt-deux sièges.

Dans la nouvelle Chambre, le groupe libéral ne l'emporte donc plus en nombre que par deux sièges sur le groupe conservateur et il perd, de très loin, la majorité absolue ; le gouvernement a désormais, pour vivre, absolument besoin du concours des travaillistes ainsi que des nationalistes irlandais. Or les premiers ont un programme social inquiétant et les seconds ne se contenteront de rien de moins que du *Home Rule*, c'est-à-dire de la pleine autonomie interne accordée à l'Irlande.

En attendant que les difficultés en perspective se précisent, on en revient aux Lords.

Ils sont maintenant résignés à voter le budget, mais cela ne suffit pas à leurs adversaires. Ce que ceux-ci exigent c'est, sinon l'abolition de la Chambre héréditaire, au moins une réforme constitutionnelle lui interdisant de mettre longtemps en échec la volonté de l'assemblée populaire.

Le cabinet (Churchill joue dans ses délibérations un rôle important) élabore et présente dans ce sens un projet de loi organique : les textes financiers adoptés par les Communes n'auront jamais besoin de l'assentiment des Lords pour acquérir force de loi ; quant aux textes ordinaires, à condition qu'ils soient trois fois votés par les Communes au cours de trois sessions successives, la Chambre haute n'en pourra retarder la promulgation que pendant deux ans.

Ce serait là une modification profonde apportée à la Constitution du royaume, Constitution non écrite, mais d'autant plus vénérée. Les conservateurs jettent feu et flamme, leurs journaux crient à la Révolution et les Lords, dans leur immense majorité, déclarent qu'ils n'accepteront jamais de laisser ainsi ébranler l'ordre politique traditionnel.

* * *

Cependant que l'agitation est à son comble, un événement survient qui plonge la Grande-Bretagne dans le deuil : le 6 mai, le roi Edouard VII, revenu quelques jours auparavant de sa villégiature annuelle à Biarritz, meurt d'une crise cardiaque. Jusqu'au bout turfiste passionné, il s'est, en ses derniers instants, préoccupé de la forme de son cheval de course favori, *Witch of the Air*.

Le souverain défunt était véritablement populaire. On appréciait sa cordialité, l'aisance avec laquelle il se laissait approcher, la dignité avec laquelle il représentait le royaume au dehors, l'efficace appui enfin que ses relations internationales prêtaient à la diplomatie britannique. On lui attribuait aussi — peut-être en exagérant un peu — un sens politique très aigu et un grand ascendant sur le personnel politique.

Beaucoup, qui comptaient sur lui pour aider le pays à sortir de l'impasse constitutionnelle, craignent que son successeur n'ait pas la même dextérité.

Ce successeur est son fils, George, prince de Galles, que le Conseil privé reconnaît aussitôt, sous le nom de George V, comme roi du Royaume-Uni de Grande-Bretagne, d'Irlande et des Dominions d'Outre-Mer, défenseur de la Foi, empereur des Indes. La proclamation d'avènement est lue, du haut du balcon du palais de Saint-James, par le roi d'armes Jarretière entouré des hérauts d'armes et des conseillers privés, parmi lesquels figure, en uniforme, Winston Churchill. La foule endeuillée qui est massée sur la place écoute cette proclamation dans un silence religieux, puis une voix entonne le *God Save the King*, que tous les assistants reprennent en chœur. Winston qui, tout radical qu'il soit devenu, a le loyalisme monarchique chevillé au cœur, a peine à retenir ses larmes.

Le nouveau monarque, né en 1865, ne s'est vu destiné au trône qu'en 1892, en suite de la mort de son frère aîné, le duc de Clarence. Cette promotion a interrompu la carrière maritime qui était la sienne depuis l'âge de quatorze ans et pour laquelle il avait une véritable passion. Il a ensuite vécu, un peu effacé, d'abord à l'ombre de sa grand-mère la reine Victoria, puis à celle, moins redoutable, mais encore impressionnante, de son père le roi Edouard. Il a épousé une cousine, l'énergique princesse Mary de Teck, qui a vite pris sur lui une forte influence et lui a donné cinq fils et une fille ; il a mené à ses côtés une vie très domestique, tantôt à Londres, tantôt au château de Sandrigham ; il a aussi rempli, avec correction, plusieurs missions de représentation (la plus importante l'a mené à Melbourne pour y ouvrir le premier Parlement australien). A quarante-cinq ans il apparaît, avec sa blonde barbe taillée en pointe, ses yeux à fleur de tête et ses gestes rares, comme un *gentleman* correct, appliqué, un peu timide et d'esprit plutôt lent. Il reste assez étranger à la société élégante pour qui son père avait tant de goût, mais « l'homme de la rue » lui sait gré d'être un bon fusil, un intrépide *yachtman*, un homme religieux et surtout un excellent mari. Nul pourtant ne peut se douter qu'au terme de son long règne on le saluera comme le souverain le plus aimé de la nation qu'on ait connu depuis Elisabeth Ire.

Dans les pires crises politiques, les partis anglais n'oublient jamais le respect dû à la Couronne. A peine Edouard VII mort, membres du gouvernement et chefs de l'opposition se mettent d'accord pour tenter de faciliter les débuts de George V. Ils décident l'ouverture d'une conférence mixte ayant pour objet de trouver une solution transactionnelle au problème posé par les Lords.

Réunie le 16 juin, y prennent part quatre ministres (Churchill, jugé trop impétueux, ne figure pas parmi eux) et quatre chefs conservateurs. Elle ne se sépare que le 10 novembre, ayant tenu vingt et une séances et n'ayant abouti à rien.

Les libéraux ont pourtant fait preuve d'une certaine bonne volonté, allant jusqu'à suggérer la formation d'un gouvernement de coalition ; mais ils n'ont pas voulu renoncer aux bases essentielles du projet limitant les pouvoirs de la Chambre haute ; de leur côté, les conservateurs, tout en acceptant certaines dispositions de ce projet, exigeaient que les Lords gardassent le droit d'empêcher définitivement l'adoption des lois de caractère organique, telle, par exemple, celle qui accorderait le *Home Rule* à l'Irlande. Or, le ministère, qui avait absolument besoin du concours des députés nationalistes irlandais, ne pouvait transiger là-dessus.

Au milieu de l'automne 1910, l'affaire n'a pas avancé d'un pas et force est de se tourner vers le souverain.

Avant la mort d'Edouard VII, Asquith avait déjà demandé à ce dernier d'envisager la création d'un nombre suffisant de pairs pour que la majorité de la Chambre haute fût renversée et que la réforme constitutionnelle y pût être adoptée. Sans s'y refuser catégoriquement, le souverain avait répliqué qu'il ne pourrait, en tout cas, faire un usage aussi exceptionnel de sa prérogative que si le corps électoral, derechef consulté, donnait encore sa confiance au cabinet libéral.

C'est la même requête que le premier ministre adresse maintenant à George V et celui-ci, non sans quelque répugnance, prend dans le même sens un engagement formel, sous la condition que cet engagement soit tenu provisoirement secret.

En conséquence, le Parlement est de nouveau dissous et, en décembre, les électeurs se voient appelés aux urnes pour la deuxième fois dans l'année.

Le résultat, à quelques sièges près, confirme celui des élections intervenues en mars : les libéraux ont exactement le même nombre de mandats que les conservateurs (deux cent soixante-douze de part et d'autre) et ils ont besoin, pour gouverner, du concours des nationalistes irlandais ainsi que de celui des travaillistes.

Winston Churchill a participé à la campagne avec sa fougue habituelle et il a été facilement réélu. La part qu'il a prise à la bataille lui vaut une promotion : le ministère de l'Intérieur étant devenu vacant, il y est transféré et le voici détenteur d'un portefeuille de première importance.

Désormais responsable de l'ordre public, il doit, dès le mois de janvier 1911, faire face à une émeute anarchiste qui se produit, à Sydney Street, dans un quartier populaire londonien. La troupe est engagée pour déloger les émeutiers de leurs positions et on voit le ministre, vêtu d'une pelisse de fourrure et coiffé d'un chapeau haut de forme, diriger lui-même les opérations sous une grêle de balles. Les journaux illustrés multiplient les photos de l'épisode ; d'aucuns jugent cette publicité de médiocre goût et Arthur Balfour commente sarcastiquement :

« Je vois très bien ce que les photographes faisaient là, moins bien ce qu'y faisait le ministre de l'Intérieur. »

De son côté, le journal libéral *Daily News* écrit :

« Churchill ne cesse, inconsciemment, de jouer un rôle — un rôle héroïque. Il se voit sur un champ de bataille, entouré de fumée, triomphal, terrible, le front chargé d'orages tandis que ses légions comptent sur lui pour emporter la victoire et n'y comptent pas en vain. »

Plus tard, en effet, Winston tiendra effectivement ce rôle, sur un théâtre autrement vaste et sérieux que celui de Sydney Street. Et ce ne sera pas en vain que l'Angleterre comptera sur lui pour emporter la victoire...

En attendant, la grande affaire reste celle des Lords.

En février, le cabinet présente de nouveau à la Chambre des Communes son projet de réforme constitutionnelle que la dissolution du Parlement a rendu caduc. Il est, le 15 mai 1911, adopté par trois cent soixante-deux voix contre deux cent quarante et un et est aussitôt transmis à la Chambre des Lords.

Suit un bref répit à l'occasion du couronnement du roi qui a lieu le 22 juin au milieu de la pompe traditionnelle. Aussitôt après, la lutte politique reprend. Le 20 juillet, Asquith rend publique la promesse secrète qu'il a reçue de George V à l'automne précédent et selon laquelle le souverain s'est engagé à créer un nombre suffisant de pairs pour assurer le vote de la réforme.

« Un nombre suffisant » : cela signifie en fait quelque cinq cents nouveaux pairs héréditaires. Autant dire que la pairie « tomberait dans la confection » et serait ridiculisée.

Devant cette menace, les Lords hésitent. Beaucoup d'entre eux veulent braver le risque et maintenir jusqu'au bout leur opposition. Mais un plus grand nombre se reconnaissent battus. Finalement, dans la nuit du 11 août, au milieu d'une atmosphère surchauffée, les Lords capitulent et, par une majorité de dix-sept voix, se résignent à adopter le texte que leur ont envoyé les Communes. Désormais, la Chambre haute britannique, qui fut longtemps l'élément essentiel du Parlement, ne sera plus qu'une « Chambre de réflexion ».

* * *

Si âpre qu'elle se soit révélée, la querelle constitutionnelle n'a été qu'une des manifestations du trouble qui secoue la Grande-Bretagne au début de la seconde décennie du siècle.

L'expansion industrielle et commerciale des Etats-Unis comme de l'Allemagne, l'implantation aussi de manufactures dans des pays qui, jusque-là, importaient de l'étranger les produits fabriqués qui leur étaient nécessaires, enfin la substitution commençante, comme source d'énergie, de l'électricité au charbon, tout cela a déterminé un certain malaise économique en Grande-Bretagne.

Sans doute celle-ci reste-t-elle, de beaucoup, le premier banquier, le premier affréteur, le premier assureur du monde, sans doute aussi sa production charbonnière augmente-t-elle, sans doute enfin la valeur globale de son commerce extérieur est-elle en accroissement et l'équilibre de sa balance des comptes est-il assuré. Il n'en est pas moins vrai que nombre d'industries sont en difficulté, que le chômage augmente et que, tandis que, depuis dix ans, le coût de la vie a haussé de 10 pour cent, les salaires n'ont pas bougé.

D'où un vif mécontentement au sein de la classe ouvrière, particulièrement au sein de ces nouveaux syndicats de travailleurs non qualifiés dont l'agitation contraste avec le calme traditionnel des vieilles *Trade Unions*. D'où un nombre croissant de grèves. Déjà, à la fin de 1910, l'une d'elles, déclenchée chez les mineurs gallois, a été accompagnée de violences. En 1911, l'effervescence grandit et, au mois d'avril, une grève générale est proclamée dans l'ensemble des houillères. Elle ne dure que trois jours, mais le gouvernement a été fort alarmé et, à George V qui lui avait écrit pour lui demander s'il garantissait le maintien de l'ordre, Churchill a répondu :

« La difficulté n'est pas d'assurer l'ordre, c'est de le faire sans effusion de sang. »

Pendant l'été, ce ne sont pas moins de huit cent soixante-quatre grèves qui sont déclarées, intéressant un million d'ouvriers (dans le même temps, des secousses du même genre agitent la France). Churchill, en tant que ministre de l'Intérieur, fait face aux événements avec son énergie coutumière et n'hésite pas à provoquer l'intervention de la troupe. Mais, en même temps, il collabore, avec Lloyd George, à l'élaboration de mesures tendant à remédier, dans ses sources, au malaise social.

La plus importante est la loi dite « d'Assurance nationale », établissant, au profit de quinze millions de travailleurs, un système obligatoire d'assurances-maladie alimenté par des contributions ouvrières, des contributions patronales et une subvention de l'Etat. Un embryon d'assurance-chômage est en même temps institué. L'Angleterre libérale entre résolument dans la voie tracée par l'Allemagne autoritaire : c'est la première pierre du vaste édifice de Sécurité sociale qui se dressera plus tard outre-Manche.

Autre grande innovation : le mandat législatif était jusque-là gratuit ; le gouvernement fait voter une loi attribuant aux députés une indemnité annuelle de quatre cents livres sterling. Une fortune personnelle ou, à défaut, une subvention de syndicat ne seront plus nécessaires à qui voudra désormais briguer un siège au Parlement.

Quelque importance qu'il attache aux questions sociales, Winston se sent cependant de plus en plus attiré par les grands problèmes de politique extérieure et de défense nationale que pose une situation internationale qui va s'assombrissant.

Non seulement l'Allemagne ne relâche en rien, bien au contraire, son effort naval, non seulement l'agitation se poursuit dans les Balkans, mais encore les relations franco-allemandes se tendent jusqu'à faire pressentir une guerre continentale.

C'est encore le Maroc qui sert de prétexte au gouvernement de Berlin pour manifester ses vues hégémoniques

L'empire chérifien est toujours en état d'anarchie. En janvier 1911, le sultan Abd-el-Aziz s'est vu bloquer dans Fès par des tribus rebelles et il a fait appel au gouvernement français. Celui-ci, justement inquiet au sujet du sort des Européens résidant dans la ville, a dépêché dans la direction de celle-ci une colonne expéditionnaire. Berlin a aussitôt protesté : le secrétaire d'Etat allemand aux Affaires étrangères a signifié à notre ambassadeur Jules Cambon que, si Fès était occupé par les troupes françaises, l'Allemagne considérerait l'Acte d'Algésiras comme déchiré et « reprendrait sa liberté d'action ».

Comme en 1905, il s'agit moins de partager le gâteau marocain que d'intimider la France, de l'amener à distendre les liens qui l'attachent à la Russie et à la Grande-Bretagne, d'obtenir d'elle enfin des compensations coloniales. Quelques membres influents du Grand Etat-major vont plus loin et désirent la guerre.

Le gouvernement français ne cédant pas et l'empereur Guillaume II ayant ramené d'un voyage à Londres l'impression que l'Angleterre resterait passive, un croiseur allemand, la *Panther*, jette l'ancre, en juillet, en rade d'Agadir, sur la côte méridionale du Maroc.

Ce « coup de majesté » détermine en Europe une émotion intense. Bien que le président du Conseil Joseph Caillaux soit personnellement enclin à la conciliation, l'opinion française se raidit. De son côté, le secrétaire d'Etat allemand déclare à Jules Cambon que si, en échange du Maroc, la France ne cédait pas toute sa colonie du Congo à l'Allemagne, celle-ci envisagerait de recourir à des « mesures extrêmes ».

Le gouvernement britannique est profondément pacifique, nombre de ses membres sont même pacifistes. Mais ils demeurent tous inébranlablement attachés à la tradition selon laquelle l'Angleterre ne saurait souffrir qu'une puissance quelconque parvienne à l'hégémonie continentale. C'est le plus avancé et, croit-on, le plus pacifiste, des ministres, c'est Lloyd George, qui se charge de signifier à l'Allemagne le *non possumus* britannique.

Prenant occasion d'un banquet donné par le Lord-maire au *Guild Hall* de Londres, le chancelier de l'Echiquier s'écrie :

« Si des circonstances venaient à être créées telles que la paix ne pût être sauvée que par l'abandon de la grande position que l'Angleterre s'est acquise au prix d'un héroïsme plusieurs fois séculaire et qu'on dût permettre qu'elle fût traitée comme quantité négligeable... alors, je le dis avec force, cette paix à tout prix constituerait une humiliation qu'un grand pays comme le nôtre ne saurait souffrir. »

Ces paroles retentissent en tonnerre. Churchill, que Lloyd George a prévenu et qui, pour la première fois depuis longtemps, sent l'odeur de la bataille, y applaudit de tout son cœur.

Elles font réfléchir le gouvernement allemand qui accepte d'entrer en négociation avec la France. Négociation pénible dans laquelle, passant par-dessus la tête de son ministre des Affaires étrangères, le président du Conseil Caillaux intervient personnellement. Pendant trois mois, on peut craindre une rupture. Enfin, le 4 novembre, un arrangement est conclu : l'Allemagne laisse la France libre d'établir son protectorat sur le Maroc : en compensation, elle reçoit, non point la totalité de la colonie française du Congo comme elle le demandait d'abord, mais une bande de territoire allant de l'Atlantique au fleuve Congo.

Arrangement raisonnable qui n'en suscite pas moins, de part et d'autre du Rhin, un concert de protestations : le secrétaire d'Etat allemand aux Colonies donne bruyamment sa démission tandis que Caillaux se voit contraint de remettre la sienne à la suite d'une offensive menée contre lui par Poincaré et Clemenceau. Malgré tout, l'accord sera ratifié et la paix sera, pour un temps, sauvée.

Pendant la crise, Churchill s'est montré très actif et il a en particulier participé aux délibérations du Comité de Défense impériale chargé de coordonner les plans de l'Armée avec ceux de la Flotte. Il s'est aperçu que cette coordination n'existait guère et il a, sur le sujet, rédigé plusieurs notes remarquables.

Si remarquables, qu'au début d'octobre, le premier ministre, au cours d'un *week-end* et à l'issue d'une partie de golf, lui propose soudainement d'échanger le portefeuille de l'Intérieur contre celui de la Marine.

Il accepte avec empressement et, le soir, il lit, dans une Bible ouverte au hasard, un passage du Deutéronome qui le confirme dans sa conviction d'être l'homme de la situation.

Quelques jours après, le roi signe les lettres patentes nommant le Très Honorable Winston Churchill premier Lord de l'Amirauté.

Le politicien radical disparaît. Le grand animateur va se révéler.

CHAPITRE III

LE PREMIER LORD DE L'AMIRAUTÉ

ÉMOTION SUSCITÉE, DANS LES MILIEUX MARITIMES, PAR L'ARRIVÉE DE
CHURCHILL À L'AMIRAUTÉ. — CONSEILLÉ PAR L'AMIRAL FISHER, IL RÉ-
FORME PROFONDÉMENT L'INSTITUTION NAVALE. — VAINES TENTATIVES
DU GOUVERNEMENT DE LONDRES POUR SE RAPPROCHER DE L'ALLEMA-
GNE. — LA COURSE AUX ARMEMENTS CONTINUE ET CHURCHILL ENTEND
QUE LA MARINE BRITANNIQUE N'Y SOIT PAS DISTANCÉE. — IL S'ÉLOIGNE
DES RADICAUX PACIFISTES. — L'ATTENTION DU PUBLIC BRITANNIQUE
CONCENTRÉE SUR L'IRLANDE OÙ LE REFUS DE L'ULSTER DE SE LAISSER
ENGLOBER DANS LE *HOME RULE* MENACE DE DÉCLENCHER UNE GUERRE
CIVILE. — CHURCHILL PREND ARDEMMENT PARTI CONTRE LES ULSTÉ-
RIENS. — LES DERNIÈRES TENTATIVES DE CONCILIATION VIENNENT D'É-
CHOUER QUAND, EN JUILLET 1914, ON APPREND QUE L'AUTRICHE-HONGRIE
A ADRESSÉ UN ULTIMATUM À LA SERBIE. — LE PUBLIC ANGLAIS TRÈS PEU
PRÉPARÉ À UNE GUERRE. — ÉVOLUTION SOCIALE, MORALE ET INTELLEC-
TUELLE DE LA GRANDE-BRETAGNE DEPUIS L'AVÈNEMENT DE GEORGE V.
— CONSCIENT DE LA GRAVITÉ DE LA SITUATION INTERNATIONALE, CHUR-
CHILL MET LES FORCES NAVALES BRITANNIQUES EN ÉTAT VIRTUEL DE
MOBILISATION. — EFFORTS DE SIR EDWARD GREY POUR PRÉSERVER LA
PAIX. — À LA SUITE DE LA DÉCLARATION DE GUERRE DE L'ALLEMAGNE
À LA RUSSIE, IL DÉCLARE POURTANT QUE L'ANGLETERRE NE PERMETTRA
PAS QUE LA FLOTTE ALLEMANDE ATTAQUE LES CÔTES FRANÇAISES. — LA
VIOLATION DE LA NEUTRALITÉ BELGE DÉTERMINE UN REVIREMENT DE
L'OPINION BRITANNIQUE. — LA GRANDE-BRETAGNE EN GUERRE CONTRE
L'ALLEMAGNE. — DÉMISSION DE DEUX MINISTRES. — GRÂCE À CHURCHILL,
LA FLOTTE EST PRÊTE.

Voici donc, en octobre 1911, Winston Churchill placé à la
tête de la plus fameuse marine du globe, de cette marine invain-
cue qui constitue non seulement l'indispensable rempart des Iles
Britanniques, mais la base flottante sur laquelle reposent la cohésion, la puissance et la majesté de l'Empire. C'est en quelque
sorte le trident d'Albion qui vient d'être confié à ses mains nerveu-
ses.

On comprend son exaltation. Aussi la surprise, voire l'inquiétude, qui accueillent sa promotion.

Le public a oublié le Churchill des années de formation, frémissant de volupté au bruit des armes, inventif, bouillonnant d'idées stratégiques et tactiques. Il ne connaît plus que le radical adversaire des Lords, que le pacifiste qui, simple député, prêchait le repliement de l'Angleterre sur elle-même et qui, devenu ministre, combattait le programme de constructions navales élaboré par l'Amirauté, le déclarant trop coûteux et affirmant que les réformes sociales devaient avoir le pas sur l'extension de la flotte.

On ne sait pas que ce Churchill-là n'était pas le vrai et que son attitude du moment provenait surtout de l'influence qu'exerçait sur lui Lloyd George. On ne connaît pas non plus, dans toute leur étendue, sa puissance d'imagination, sa faculté d'adaptation. Bref, on ignore l'homme.

C'est naturellement au sein de l'Amirauté que les appréhensions se manifestent avec le plus de vivacité.

Le Conseil d'Amirauté (exactement « Conseil des Lords commissaires chargés de remplir les fonctions du Grand Amiral du Royaume-Uni ») se compose de six membres, les six « Lords »[1]. Le « premier Lord » est toujours un parlementaire : faisant partie du gouvernement, responsable devant la Couronne et devant le Parlement, il est le véritable ministre. Mais, à côté de lui, le « premier Lord maritime », obligatoirement un amiral, représente la tradition, la technique, la permanence et jouit d'une autorité considérable. Trois autres membres du Conseil sont également des « Lords maritimes », et chacun d'eux dirige un des grands services du ministère. Le dernier Lord est un civil. A leur nouveau chef, ces professionnels font grise mine, non seulement en raison de sa personnalité, mais à cause de ses projets de réformes. Churchill, en effet, d'accord avec Asquith et avec le ministre de la Guerre Haldane, entend créer un Etat-major général de la Marine, corps jusque là inconnu à l'Amirauté ; il entend aussi établir une liaison étroite entre la flotte et l'armée de terre, liaison ayant pour principal objet de préparer un débarquement éventuel sur le continent.

Or, comme toutes les antiques institutions, l'Amirauté répugne aux innovations. Elle s'est jusque là passé d'un Etat-major général.

---

1. Il est bien entendu que le mot « Lord » ne fait ici que souligner la dignité de la fonction et ne signifie nullement que le titulaire soit pair du royaume. De même, parle-t-on des « Lords de la Trésorerie » et du « lord-maire de Londres ».

Pourquoi en constituer un ? D'autre part, elle est persuadée que sa seule mission est d'assurer à la Grande-Bretagne la complète maîtrise des mers. N'ayant que dédain pour l'armée, elle doute que celle-ci soit, la guerre survenant, en état de jouer un rôle efficace sur le continent et elle juge dangereux de mettre à son service une fraction importante de la flotte.

Churchill est résolu à briser toutes les résistances. Cependant, comme en dépit de son aplomb il se rend compte de son insuffisance technique, il demande les conseils de l'amiral Lord Fisher, naguère premier Lord maritime et depuis peu à la retraite.

Fisher est un loup de mer impétueux, ombrageux, volcanique et quelque peu génial. C'est à lui qu'on doit la mise en chantier des premiers cuirassés du type *Dreadnought*, qu'on doit aussi le développement de l'arme sous-marine. Entre le vieil amiral et le jeune ministre jaillit une sympathie spontanée. Le premier bombarde le second de lettres quasi quotidiennes, imagées, remplies de saillies humoristiques comme d'avis judicieux et qui commencent par : « Mon Winston bien-aimé », pour se terminer par : « A vous jusqu'à ce que l'enfer gèle », ou « A vous jusqu'à ce que le charbon fleurisse ».

Epaulé par Fisher, Churchill tient tête aux Lords maritimes et, dès le mois de novembre, ces derniers, sauf un, doivent quitter la place. Churchill reconstitue le Conseil d'Amirauté avec des hommes plus dociles. Désormais, il est le maître.

C'est avec passion qu'il se donne à ses nouvelles fonctions. Travaillant quinze heures par jour, il préside à l'organisation d'un Etat-major général, établit d'étroits contacts avec le ministère de la Guerre, remanie de fond en comble les plans d'opérations, fait mettre en chantier de nouvelles unités, prépare la substitution, à bord des cuirassés, de canons de quinze pouces aux canons d'un calibre plus réduit jusque là en service. Il noue aussi avec la Compagnie pétrolière *Anglo-Persian* une négociation qui aboutira d'abord à la prise, par l'Amirauté, d'une participation importante dans le capital de la compagnie, ensuite au remplacement progressif, dans les chaudières de la flotte, du charbon par le mazout. Enfin il établit entre le nouvel Etat-major naval britannique et l'Etat-major naval français des contacts analogues à ceux qui, depuis 1906, existent entre les Etats-majors militaires de Londres et de Paris ; le résultat en est un regroupement des escadres : celles de la Grande-Bretagne évacuent la Méditerranée, n'y laissant que quelques croiseurs et destroyers ; celles de la France, au contraire, s'y concentrent. Ce serait, en cas de guerre, une véritable « division du travail » sur mer.

Quand Churchill n'est point à son bureau, on le trouve à bord du yacht de l'Amirauté, l'*Enchantress*, inspectant les défenses portuaires, visitant tous les navires de quelque importance, conférant avec leurs commandants, interrogeant leurs équipages, faisant exécuter des manœuvres sous ses yeux. Sa compétence ne tarde pas à stupéfier les moins indulgents.

Son activité, toutefois, coûte terriblement cher à la Trésorerie et ses collègues du ministère commencent à s'effrayer. Maintenant que la crise d'Agadir a été surmontée, la majorité libérale se demande si on n'a pas exagéré les intentions offensives de l'Allemagne et si on ne pourrait pas parvenir à conclure avec elle un accord limitant les armements.

L'horizon diplomatique ne s'est pourtant guère éclairci et, à la fin de 1911, le débarquement italien en Tripolitaine et Cyrénaïque, provinces turques, a suscité de nouveaux nuages. Néanmoins, le cabinet britannique croit possible, en février 1912, d'envoyer à Berlin un de ses membres, Lord Haldane, avec mission de négocier un arrangement. En échange d'un abandon par l'Allemagne de son programme naval, la Grande-Bretagne envisagerait de lui consentir des compensations coloniales (lesdites compensations devant d'ailleurs plutôt être recherchées du côté des colonies portugaises que de celui des colonies anglaises).

Comme ministre de la Guerre, Haldane a très utilement amorcé une réorganisation de l'armée britannique ; il a, en particulier, constitué un corps de six divisions d'infanterie et d'une de cavalerie, pouvant être instantanément mobilisées et expédiées sur le continent ; il a aussi organisé une petite armée territoriale composée de volontaires faisant chaque année quelques périodes d'entraînement. Mais cet excellent administrateur est en outre un philosophe nourri d'hégélianisme et grand admirateur de la culture germanique. Guillaume II et son chancelier Bethmann-Hollweg lui font un chaleureux accueil, mais ne lui consentent rien de positif. Bien plus, ils lui communiquent, comme définitivement arrêté, un plan de constructions navales destiné à accroître, dans une formidable proportion, la puissance de la flotte allemande.

Le plénipotentiaire rentre à Londres les mains vides. Le Grand-Amiral allemand de Tirpitz s'en réjouit bruyamment et Winston Churchill n'est, de son côté, pas moins satisfait : la négociation engagée par Haldane ne lui a jamais dit rien qui vaille et, tandis qu'elle se poursuivait, il a prononcé à Glasgow un discours dans lequel il traitait la marine allemande de marine « de luxe », expression qui déchaîna chez les pangermanistes un tonnerre d'imprécations.

Dès le 18 mars, il présente à la Chambre des Communes un projet de budget naval comportant la mise en chantier de deux unités pour chaque unité dont l'Allemagne entreprendrait la construction. Ce projet est adopté. Deux mois plus tard, le Reichstag allemand vote de son côté le programme communiqué par Guillaume II à Haldane. La course aux armements continue, plus ardente que jamais. La majorité des membres du Cabinet britannique s'y résignent, mais les ministres les plus avancés protestent.

Aussi bien, tous sont-ils d'accord pour ne rien négliger de ce qui pourrait éviter à l'Angleterre d'être entraînée dans une guerre européenne. Le 22 novembre, Sir Edward Grey, dans une lettre adressée à notre ambassadeur, déclare que, si la paix venait à être menacée, le gouvernement britannique « se concerterait avec le gouvernement français ». Mais il ajoute que cette promesse ne saurait en rien affecter la liberté de chacun des deux gouvernements « de décider, le cas échéant, s'il devrait ou non prêter à l'autre l'appui de ses forces armées ». Il est très spécialement précisé que le regroupement des escadres anglaises et françaises (les premières se chargeant de l'Océan et de la Manche, les secondes de la Méditerranée) « ne saurait impliquer un engagement de coopérer en cas de guerre ».

Un mois après, le gouvernement britannique réunit à Londres une Conférence des grands Etats européens, ayant pour objet de mettre fin à la guerre que la Serbie, la Bulgarie et la Grèce, encouragées par la Russie, ont déclarée à la Turquie. Cette Conférence se prolongera quand les Balkaniques vainqueurs se disputeront les provinces arrachées à la Turquie vaincue ; au cours des négociations, la diplomatie britannique s'attachera à heurter le moins possible la diplomatie austro-allemande et cela la mettra quelquefois en opposition avec la Russie, voire avec la France. Un peu plus tard, le roi George V et la reine Mary feront à Berlin, dans une intention d'apaisement, une visite officielle.

Peu conciliant par tempérament et de plus en plus conscient du péril germanique, Churchill poursuit sa politique personnelle ; il élabore le plus formidable budget naval qu'ait jamais connu la Grande-Bretagne — cinquante millions de livres sterling — et, en attendant qu'il soit voté, il engage, sans crédits, des dépenses importantes. Cette fois, Lloyd George, qui a oublié son discours du *Guild Hall*, s'indigne.

« Winston va trop loin », s'écrie-t-il, « la vérité est qu'il n'est pas un vrai libéral. Il ne comprend point les réactions libérales. » (Plus tard, Edouard Herriot parlera en France, dans le même esprit, de la « *tripe républicaine* ».)

En janvier 1913, le bouillant Gallois va jusqu'à offrir sa démission de chancelier de l'Echiquier. Le premier ministre le calme et négocie une transaction. L'amitié personnelle de Churchill et de Lloyd George subsiste, mais, politiquement, les deux hommes s'éloignent l'un de l'autre.

En ce début de 1913, les milieux dirigeants et l'opinion publique de Grande-Bretagne ont d'ailleurs leur attention concentrée sur une question qui leur paraît l'emporter de beaucoup en importance sur toute autre : la question d'Irlande.

Pendant tout le XIXe siècle, les Irlandais catholiques, exploités sans vergogne par les grands propriétaires anglais, n'ont cessé de s'agiter. Beaucoup, chassés par la misère, ont émigré outre-Atlantique ; les autres ont fomenté complots sur complots. Parvenu à la tête du gouvernement britannique, le grand homme d'Etat libéral Gladstone s'est efforcé d'amener l'apaisement en faisant décider le « désétablissement » de l'Eglise anglicane d'Irlande, en faisant aussi adopter une série de lois agraires favorables aux petits fermiers irlandais.

Concessions insuffisantes : ce qu'exigeaient les Irlandais catholiques (les « nationalistes », comme on les nommait), c'était le *Home Rule*, l'autonomie interne, et, comme ils étaient largement représentés à la Chambre des Communes, leurs revendications ne pouvaient être ignorées. Après diverses péripéties, Gladstone se décida à leur donner satisfaction et, à deux reprises, il soumit au Parlement un *bill* de *Home Rule*. Mais, à cette occasion, une fraction importante du parti libéral se détacha de lui et le *bill* fut, les deux fois, repoussé. Peu après, les conservateurs, adversaires déterminés de l'autonomie irlandaise, revinrent au pouvoir.

Néanmoins, le *Home Rule* continua de figurer au programme du parti libéral. Pour des raisons d'opportunité politique, il n'en fut pas beaucoup question lors des élections législatives de 1906. Mais celles de mars et de décembre 1910 mirent derechef l'affaire au premier plan.

On a vu qu'à la suite de ces élections, le ministère Asquith se trouva, pour survivre, avoir absolument besoin du concours des députés nationalistes irlandais. Or, ceux-ci posèrent immédiatement, comme condition expresse de ce concours, le dépôt d'un nouveau projet de *Home Rule*.

Après de laborieuses négociations, le gouvernement s'exécuta en avril 1912. Son initiative suscita aussitôt des tempêtes chez les protestants peuplant l'Ulster, c'est-à-dire le nord de l'Irlande.

Ces protestants sont les descendants des presbytériens anglais et écossais qui, au XVIIe siècle, ont colonisé la région. Moins nombreux que les catholiques du sud et du centre, moins poètes, ils sont aussi plus industrieux et ont fait de l'Ulster un pays florissant. Redoutant avant tout la domination « papiste », ils tiennent à conserver intacts les liens qui les unissent à la Grande-Bretagne. En revanche, comme l'Ulster est la partie la plus riche de l'île, le reste des Irlandais n'admet pas qu'il lui soit fait sort à part.

Le ministère a adopté le point de vue des catholiques. Mais, en septembre 1912, les Ulstériens, qu'encourage le parti conservateur anglais, ont conclu un *Covenant* solennel par lequel ils se sont engagés à s'opposer, au besoin les armes à la main, à leur inclusion dans une Irlande autonome. Ce n'est en perspective rien de moins qu'une guerre civile.

Churchill est trop combatif pour ne pas prendre activement parti. C'est naturellement en faveur du projet gouvernemental qu'il se prononce, mais il le fait avec une véhémence inattendue : il semble que, s'étant mis en froid avec l'aile gauche du parti libéral à propos du budget naval, il veuille, par compensation, lui donner des gages à propos de l'affaire irlandaise.

Pendant toute l'année 1913, les controverses font rage. Des scènes violentes se succèdent au Parlement, les journaux sont déchaînés. Cependant les Ulstériens, sous la direction de l'énergique Sir Edward Carson, créent une véritable petite armée de volontaires et constituent des dépôts d'armes.

Pressé par les nationalistes, indispensable appoint de sa majorité, le gouvernement fait cependant passer, en mars 1914, son projet de *Home Rule* à la Chambre des Communes. Mais avant même que les Lords n'en aient délibéré il présente un texte complémentaire qui permettrait, au moins pendant quelque temps, à l'Ulster de demeurer en dehors de l'Irlande autonome. Cette concession paraît insuffisante aux Ulstériens comme aux conser-

vateurs anglais et la situation est plus tendue que jamais. L'armée
ulstérienne compte maintenant quatre-vingt-quatre mille hommes
qui ne cessent de s'entraîner. En face, les nationalistes commencent
eux aussi à s'organiser militairement. L'Irlandais est naturellement batailleur et c'est dans une sorte d'allégresse que les deux
partis se préparent à en venir aux mains.

Au cours d'un discours qu'il prononce à Bradford, Churchill
s'exclame :

« Il y a des choses pires que l'effusion du sang... Nous n'ac-
ceptons pas que le Royaume-Uni soit ravalé au rang de la République mexicaine. »

Et, d'accord avec le colonel Seely, qui a succédé à Haldane
au ministère de la Guerre, il dresse un plan d'occupation militaire
de l'Irlande du Sud.

Ce projet transpire et, plutôt que de s'exposer à combattre
les Ulstériens, nombre d'officiers anglais cantonnés dans l'île
offrent leur démission. L'armée britannique va-t-elle être désor-
ganisée ?

C'est en vain qu'Asquith nie, en termes d'ailleurs embar-
rassés, que le gouvernement ait l'intention d'avoir recours à la
force armée : il s'attire la colère des catholiques d'Irlande sans
convaincre les protestants. En mars 1914, quarante mille fusils
de guerre — d'origine allemande — et un million de cartouches
sont distribués dans l'Ulster. Vu de l'étranger, c'est tout l'édifice
britannique qui semble menacé de dislocation. « Il n'est point
surprenant », écrira Churchill, « que le gouvernement de Berlin
ait cru alors que l'Angleterre glissait à la guerre civile et qu'elle
pouvait être tenue pour un facteur international négligeable. »

Devant la gravité de la situation, le roi George V, dont l'autorité
a grandi depuis son avènement, intervient personnellement. Déjà,
en septembre 1913, il a remis au premier ministre un long mémorandum l'invitant à rechercher une solution transactionnelle. En
avril 1914, il adresse aux deux camps un appel pressant ; ce n'est
toutefois qu'en juillet qu'il parvient à décider leurs chefs à se
réunir en Conférence. Quelques jours auparavant, dans la petite
ville bosniaque de Sarajevo, l'archiduc François-Ferdinand, héritier du trône austro-hongrois, et son épouse morganatique, la
duchesse de Hohenberg, ont été assassinés par deux fanatiques,
sujets autrichiens, mais d'origine serbe. Les grenades trouvées
sur eux portaient la marque d'un arsenal serbe ; le gouverne-

ment de Vienne en a aussitôt conclu à la complicité de celui de Belgrade.

Au sein du désarroi politique l'incident passe presque inaperçu du public britannique. Il n'a d'yeux que pour la Conférence provoquée par le roi.

Celle-ci s'ouvre le 21 juillet au Palais de Buckingham, sous la présidence du *Speaker* de la Chambre des Communes. Asquith et Lloyd George représentent le gouvernement ; la délégation conservatrice est composée de Lord Lansdowne et de Andrew Bonar Law, un presbytérien de naissance canadienne qui, en 1911, a succédé, comme *leader* de l'opposition, à Arthur Balfour, jugé malchanceux. John Redmond, chef des nationalistes irlandais, et Edward Carson, chef des Ulstériens, sont également présents. Quatre séances sont tenues sans qu'on parvienne à un accord. Le gouvernement et les catholiques irlandais acceptent que l'Ulster soit exclu de l'Irlande, mais ils veulent que ce soit un Ulster réduit aux quatre comtés où les protestants sont en écrasante majorité. L'opposition, au contraire, exige que les deux comtés mixtes de Fermanagh et de Tyrone soient considérés comme ulstériens.

Alors que la dernière réunion vient de se clore, des télégrammes de presse font savoir que, la nuit précédente, le gouvernement austro-hongrois a signifié un ultimatum au gouvernement serbe : celui-ci est requis d'éliminer de l'armée et de l'administration toute personne qui lui aura été désignée par Vienne ; il devra arrêter les sujets serbes soupçonnés d'être compromis dans l'attentat de Serajevo ; enfin et surtout, il lui faudra accepter la participation d'agents austro-hongrois à l'enquête qui sera ouverte, en territoire serbe, au sujet de l'affaire. Réponse affirmative devra être donnée, sur tous les points, dans les quarante-huit heures ; à défaut, l'Autriche-Hongrie déclarera la guerre à la Serbie.

L'orage, depuis si longtemps menaçant, est maintenant sur le point d'éclater ; la guerre est imminente ; la Grande-Bretagne y sera-t-elle entraînée ?

* * *

En 1905, lors de la première crise marocaine, l'opinion britannique, angoissée par les progrès de la marine et du commerce allemands, avait paru, dans sa majorité, assez disposée à voir l'Angleterre se ranger aux côtés de la France. En 1911 encore, lors du « coup d'Agadir », cette tendance pouvait sembler prévaloir encore.

Mais depuis, la même opinion a été amenée à ne porter son attention que sur les événements intérieurs. Crise constitutionnelle, agitation des « suffragettes », séries ininterrompues de grèves souvent accompagnées de troubles, menaces de guerre civile en Irlande : depuis bien longtemps le Royaume-Uni n'a pas été secoué par une telle tourmente, depuis bien longtemps ses citoyens n'ont pas été aussi violemment dressés les uns contre les autres. Comment s'étonner que quelques hommes particulièrement lucides — tels Grey et Churchill — mis à part, les Britanniques n'aient pas su voir les nuages qui s'amoncelaient à l'horizon diplomatique ?

De plus, en dix ans, la Grande-Bretagne a subi de profonds changements. Ce qui subsistait d'esprit impérialiste au temps d'Edouard VII a complètement disparu et, à la place, on a vu apparaître, dans les classes les plus nombreuses de la population, un esprit âprement revendicatif. Les questions sociales, si longtemps négligées, sont passées au premier plan. Un parti travailliste est apparu qui en a fait l'essentiel de son programme tandis que le parti libéral renouvelait le sien dans le même sens. Les réformes dont Lloyd George, secondé par Churchill, a été le promoteur ont marqué la fin du « laisser-faire ». Sans doute les travailleurs n'ont-ils bénéficié que d'une faible hausse de leur salaire réel, mais des garanties nouvelles leur ont été assurées : pensions de vieillesse et, dans certains cas, salaire minimum. (C'est Churchill qui a fait adopter une loi instituant des commissions paritaires chargées de déterminer ce salaire minimum.) En même temps, les vieux milieux dirigeants ont perdu quelque chose de leur prestige tandis qu'apparaissaient des équipes politiques d'origine très différente.

Les mœurs même ont évolué : jeunes gens et femmes ont affirmé leur indépendance et cessé de respecter les *tabous* du siècle précédent. Les divorces sont devenus plus fréquents et les gens divorcés ont cessé d'être frappés d'une réprobation totale. Les femmes, après avoir obtenu la pleine égalité civile avec les hommes, exigent maintenant la pleine égalité politique. Déjà électrices et éligibles aux assemblées locales, elles veulent désormais l'être au Parlement. La reine Victoria, parlant d'une dame de sa Cour qui réclamait pour son sexe le droit de suffrage, disait qu'elle

méritait d'être « fessée ». Maintenant les « suffragettes », grâce
à des moyens souvent brutaux, ont conquis l'attention des pouvoirs
publics et les sympathies d'une grande partie de l'opinion. On
s'indigne contre les traitements infligés à celles d'entre elles qui,
emprisonnées, font la grève de la faim et il apparaît déjà que
satisfaction finira par leur être accordée.

La bicyclette et l'automobile ont donné le goût et l'habitude
des déplacements fréquents ; dans la bourgeoisie la pratique du
week-end s'est généralisée tandis que les classes populaires fréquen-
tent de plus en plus assidûment hippodromes, terrains de *football*
et *rings* de boxe. La pratique religieuse fléchit, et sauf en Ecosse,
l'absolu repos dominical est observé avec moins d'austérité que
naguère. Le besoin de distractions a augmenté et l'ardeur au
travail a quelque peu décru : beaucoup de grèves n'ont pas pour
objet une hausse des salaires, mais un accroissement des loisirs.

Dans l'ordre intellectuel aussi, tendances inédites. La diffusion de l'instruction primaire et secondaire consécutive à la réforme de 1902 a favorisé les progrès de la lecture. Quotidiens et
hebdomadaires « à sensation » connaissent des tirages toujours
grandissants (Harmsworth, devenu Lord Northcliffe, reste le tout-
puissant magnat de cette presse, mais déjà un concurrent sérieux
lui apparaît : c'est Max Aitken — le futur Lord Beaverbrook —
qui, fils d'un pauvre pasteur méthodiste canadien, a acquis, tout
jeune encore, une énorme fortune et achète en 1913 le *Daily
Express* dont le tirage finira par l'emporter sur celui du *Daily
Mail* de Lord Northcliffe).

On lit aussi beaucoup de romans ; ceux traduits du russe
jouissent d'une vogue immense et les auteurs qui se piquent
d'intellectualisme s'inspirent volontiers de leurs thèmes : Bernard
Shaw, Galsworthy, H. G. Wells et Compton Mackenzie raillent
de plus en plus cruellement l'égoïsme et l'étroitesse d'esprit des
classes riches. A côté, l'influence du naturalisme français apparaît
dans les romans provinciaux d'Arnold Bennett et dans les récits
exotiques de Joseph Conrad.

C'est peut-être dans la jeune poésie que se manifeste le plus
d'originalité ; très différente de celle de Swinburne comme de
celle de Kipling, elle est d'une simplicité savante, aspire à un
retour à la nature et fuit toute grandiloquence. Du nom du souverain régnant, on appelle « géorgiens » les poètes de cette école
dont les plus connus sont John Masefield, Walter de la Mare
et Rupert Brooke.

L'art aussi connaît un renouvellement. L'académisme est (sauf dans le portrait) en déclin marqué et les post-impressionnistes français commencent à être admirés. En 1910, une exposition a révélé au public londonien Cézanne, Matisse et Picasso. Toutefois, ce sont les ballets russes, avec leurs orgies de couleurs et de mouvement, qui exercent une influence prépondérante sur les peintres et les décorateurs. D'autre part, la musique, si négligée outre-Manche depuis le XVIIIe siècle, retrouve de larges audiences ; si les compositeurs britanniques de talent restent rares, les salles de concerts sont de plus en plus fréquentées.

Peut-être convient-il de ne pas exagérer l'ampleur des secousses qui, à la veille de la guerre de 1914, ébranlent l'ordre traditionnel. Sous les agitations de surface, les vieilles structures restent solides. Pour s'en convaincre, il n'est que de parcourir la collection du *Punch*, l'hebdomadaire satirique cher aux classes moyennes.

Il n'en est pas moins vrai que, de même que la France, la Grande-Bretagne de l'époque éprouve un besoin de changement. Des aspirations se manifestent, des promesses surgissent. La catastrophe va venir qui, ruinant certaines d'entre elles, précipitera en revanche la réalisation de plusieurs autres.

* * *

24 juillet 1914. Dans la bibliothèque du numéro 10, Downing Street, résidence du premier ministre — peintures claires, boiseries d'acajou, fauteuils de cuir, rien de pompeusement officiel —, les ministres de Sa Majesté sont réunis en Conseil.

Asquith porte à la connaissance de ses collègues l'échec de la Conférence réunie pour tenter de régler l'affaire irlandaise. Une longue discussion s'engage, sans conclusion. On est sur le point de se séparer quand Sir Edward Grey, le secrétaire d'Etat aux Affaires étrangères, prend la parole et donne lecture de l'ultimatum qui vient d'être adressé au gouvernement serbe par le gouvernement austro-hongrois.

De tous les ministres, Churchill est, grâce à sa puissance d'imagination, celui qui se rend le plus clairement compte de la gravité de l'événement. En hâte, il regagne l'Amirauté, convoque le premier Lord maritime, amiral prince Louis de Battenberg, et, d'accord avec lui, donne des ordres pour que les forces navales britanniques soient parées à toute éventualité.

Les circonstances le servent. Le mois précédent, il a été décidé, par mesure d'économie, que la Grande Flotte ne ferait pas, en

1914, sa manœuvre annuelle accoutumée en mer du Nord, mais qu'à la place elle procéderait à un exercice de mobilisation auquel s'associeraient les deux flottes de réserve. Cela a été exécuté au milieu de juillet et, le 24, la marine royale est encore virtuellement mobilisée.

Normalement, une grande partie des équipages devrait maintenant être envoyée en congé. Churchill décide de surseoir à cette dispersion. Les jours suivants, la situation internationale se tendant sans cesse davantage, il accélère les mesures de précaution et, le 27, il adresse à toutes les escadres un télégramme leur enjoignant de se tenir prêtes à entrer instantanément en action.

Toutefois, comme la Grande Flotte est ancrée à Portland, sur le rivage de la Manche, la côte de la mer du Nord, c'est-à-dire celle où pourrait se produire une attaque allemande brusquée, se trouve à peu près dégarnie. Quand, le 28, on apprend qu'en dépit de l'acceptation presque complète de son ultimatum, l'Autriche-Hongrie vient de déclarer la guerre à la Serbie, Churchill, après avoir obtenu l'agrément d'Asquith, décide de faire franchir le Pas-de-Calais par la Grande Flotte qui s'en ira ensuite mouiller, en disposition de combat, dans la rade de Scapa Flow, au nord de l'Ecosse.

Le mouvement a lieu dans la nuit du 29 au 30 juillet. Dans son ouvrage sur *La Crise mondiale*, Churchill décrira avec couleur ce mouvement :

« Nous pouvons nous représenter cette Grande Flotte, flanquée de ses torpilleurs et de ses croiseurs, sortant lentement de Portland, escadre par escadre, les gigantesques forteresses d'acier se frayant chemin sur la mer brillante, tels des géants plongés dans des pensées anxieuses. Nous pouvons ensuite nous peindre cette même Flotte, s'étendant sur une longueur de dix-huit milles et traversant, à grande vitesse, tous feux éteints, le Pas-de-Calais pour aller assurer, dans les eaux septentrionales, la défense d'intérêts primordiaux... Nous étions désormais en situation, quoi qu'il arrivât, de faire face aux événements... Les navires du roi tenaient la mer. »

Cependant, le Conseil de Cabinet s'est réuni quotidiennement et Churchill n'a cessé de participer à ses délibérations anxieuses. La grande majorité des ministres se refuse à admettre que l'Angleterre puisse être entraînée dans une guerre continentale et plusieurs d'entre eux dénoncent avec vivacité les accords d'Etat-major passés avec la France, accords qui, sans lier formellement les gouvernements, n'en constituent pas moins une sorte d'engagement moral. Au dehors l'opinion est divisée et, si les conservateurs se prononcent en faveur d'une politique de fermeté, la plupart des libéraux demandent que la Grande-Bretagne laisse, sans intervenir, ces « damnés étrangers » vider entre eux leurs querelles. Sortant de son ton habituel, le grand journal libéral *Manchester Guardian* se fait remarquer par l'ardeur de sa campagne isolationniste.

Sir Edward Grey a conservé tout son sang-froid. Fidèle à son instinct de conciliateur, il a proposé la réunion d'une Conférence européenne semblable à celle qui, deux ans auparavant, a fini par éteindre l'incendie allumé dans les Balkans. Mais les circonstances ne sont plus les mêmes : le gouvernement austro-hongrois est maintenant décidé à briser cette Serbie qui attire invinciblement les Slaves méridionaux de la double monarchie ; en Allemagne, le parti militaire exerce une pression croissante sur l'irrésolu Guillaume II ; en Russie, Nicolas II, autre velléitaire, est l'objet d'une pression analogue de la part de la *camarilla* réactionnaire qui l'entoure ; en France même, une fraction influente de l'opinion incline à penser que le moment est venu d'en finir, fût-ce au prix d'une guerre, avec l'insupportable menace allemande. Bref, le projet de Conférence n'aboutit pas : à la déclaration de guerre lancée par l'Autriche-Hongrie à la Serbie et aux bombardements de Belgrade succèdent, le 30 juillet, la mobilisation partielle de l'armée russe, le 31 juillet, la mobilisation générale de l'armée austro-hongroise, la proclamation en Allemagne de « l'état de danger de guerre » et l'envoi d'un ultimatum allemand à la Russie, le 1er août enfin, la mobilisation générale des armées française et allemande. Les dés sont jetés. Le cercle infernal se ferme.

La majorité des ministres britanniques ne se décide pourtant pas à prendre ouvertement parti et Churchill est le seul à demander qu'il soit solennellement déclaré que, si l'Allemagne attaquait la France, la Grande-Bretagne se rangerait aux côtés de celle-ci. « Winston », écrira Asquith dans ses *Mémoires*, « était très belliqueux et exigeait la mobilisation immédiate. »

Mais ses collègues ne le suivent pas. Déjà, le 31, quand Poincaré, président de la République française, a fait tenir au roi George V une lettre autographe adjurant l'Angleterre de se prononcer, le Cabinet a soumis à la signature du souverain une réponse évasive... C'est en vain que le Quai d'Orsay bombarde notre ambassade de télégrammes angoissés et que Cambon assiège le *Foreign Office :* Grey n'est en mesure de lui donner aucune assurance formelle. L'opinion britannique n'est point prête et le gouvernement libéral n'ose la brusquer.

La déclaration réclamée par Churchill et par Poincaré eût-elle d'ailleurs suffi à prévenir la catastrophe ? Rien n'est moins sûr : l'Etat-major allemand était persuadé que l'armée française serait écrasée avant que la Grande-Bretagne ait eu le temps d'intervenir efficacement.

Le 1er août au soir, le premier Lord de l'Amirauté achève, dans son cabinet, un dîner solitaire quand lui parvient un message du *Foreign Office :* « L'Allemagne vient de déclarer la guerre à la Russie. » Concentré, résolu, la mâchoire serrée, il se rend chez le premier ministre et lui déclare qu'il va, de sa propre autorité, décider la mobilisation officielle des forces navales et l'appel des réservistes. Asquith ne répond rien, mais son attitude montre qu'il est consentant. Winston retourne précipitamment à l'Amirauté pour donner ses ordres. Sir Edward Grey, qui a assisté, témoin muet, à la scène, le rattrape en chemin et lui murmure :

« Il faut que vous sachiez que je viens de faire une chose importante : j'ai dit à Cambon que nous ne permettrions pas à la flotte allemande de déboucher dans la Manche. »

Déclaration d'importance cardinale. En vertu des accords navals de 1912, la flotte française s'est presque entièrement repliée en Méditerranée, laissant découvertes les côtes de la Manche et de l'Océan. La Grande-Bretagne ne s'est pas formellement engagée à les défendre ; toutefois, si elle ne le faisait point, ce serait pour elle, en même temps que la naissance d'un formidable danger, une faillite morale.

Grey n'a pas la pugnacité de Churchill, mais est Anglais de vieille roche et *gentleman* dans les moelles. Or, ni un véritable Anglais ne saurait admettre que la suprématie britannique sur la Manche soit menacée, ni un *gentleman* se résigner à une faillite morale.

Le lendemain matin, 2 août, le Cabinet se réunit ; les ministres, la mort dans l'âme, ratifient les décisions prises par le premier Lord de l'Amirauté et par le secrétaire d'Etat aux Affaires étrangères. Plusieurs, pourtant, laissent entendre qu'ils se démettront plutôt que de s'associer à une déclaration de guerre. Churchill n'en convoque pas moins l'attaché naval français, comte de Saint-Seine, et arrête avec lui les mesures immédiates à prendre pour assurer une étroite collaboration entre les marines des deux pays. Il est entendu que, le conflit éclatant, la direction suprême des opérations sur mer incomberait à la Grande-Bretagne.

Le doigt est dans l'engrenage. Reste à convaincre l'opinion publique. L'Allemagne va s'en charger.

*   *   *

Le 2 août au soir, le ministre du Reich à Bruxelles remet au gouvernement belge un ultimatum : si la Belgique ne laisse pas librement passer les troupes allemandes à travers son territoire, elle sera traitée en ennemie. Le roi Albert Ier convoque un Conseil de la Couronne qui, à l'unanimité, se prononce pour la résistance et décide qu'un appel immédiat sera fait aux puissances garantes de la neutralité belge établie internationalement en 1839.

De cet appel, le Cabinet britannique est saisi le 3 août au matin. Aussitôt, un vent nouveau traverse la salle des délibérations.

Sans doute connaissait-on déjà à Londres les grandes lignes du plan allemand d'opérations et pensait-on que la Belgique serait envahie. Mais on croyait qu'elle se bornerait à une simple protestation de forme. Or, la voici résolue à se défendre les armes à la main et qui somme l'Angleterre de tenir ses engagements. Admiration pour l'énergie d'un petit peuple menacé, respect de la parole donnée, attachement à la tradition qui veut que la Grande-Bretagne ne puisse tolérer l'installation d'une grande puissance sur les bouches de l'Escaut : tout se conjugue pour réveiller la somnolence du lion britannique et lui faire pousser un rugissement.

Déjà, les journaux du matin ont pris un tout autre ton que ceux de la veille ; déjà, on peut deviner le coup de sang qui, dans les circonstances graves, monte au visage du flegmatique John Bull et détermine chez lui des réflexes aussi violents qu'inattendus. Devinant l'ampleur du revirement et s'y associant pour la plupart, les ministres laissent pratiquement carte blanche à Asquith, à Churchill et à Grey.

A la fin de l'après-midi, ce dernier fait à la Chambre des Communes une déclaration modérée dans la forme, mais lourde de conséquences : la Grande-Bretagne, liée par le traité de 1839, se portera avec toutes ses forces au secours de la Belgique ; elle prêtera de plus l'appui de sa flotte à la France au cas où les côtes septentrionales ou occidentales de celle-ci seraient menacées par l'Allemagne. En conclusion, le secrétaire d'Etat aux Affaires étrangères donne lecture des documents prévoyant la coopération des Etats-majors français et britannique.

Constitutionnellement, le Parlement n'a pas à se prononcer sur la paix ou la guerre, car c'est là — n'oublions point que le service militaire obligatoire n'existe pas alors en Grande-Bretagne — un domaine réservé à la Couronne. Aucun vote donc n'intervient, mais, sauf sur les bancs travaillistes et quelques bancs libéraux, le discours de Grey est accueilli avec chaleur. Comme on le prévoyait, Bonar Law, au nom des conservateurs, déclare que le gouvernement de Sa Majesté peut compter sur l'entier concours de l'opposition. Chose plus inattendue, John Redmond, *leader* des nationalistes irlandais, fait au nom de son parti une déclaration analogue. Enfin les télégrammes arrivant des Dominions montrent l'Empire prêt à se ranger tout entier derrière la mère-patrie. C'est, sans le mot, « l'Union sacrée », cette Union sacrée que le lendemain Poincaré va proclamer en France.

A l'issue de la séance, Churchill dit à Grey :

« Et maintenant ? »

Le secrétaire d'Etat aux Affaires étrangères répond :

« Maintenant, nous allons envoyer à l'Allemagne un ultimatum lui enjoignant d'arrêter dans les vingt-quatre heures l'invasion de la Belgique. »

Au même moment, l'Allemagne, sous un prétexte mensonger, déclare la guerre à la France. Dans la nuit, l'ambassadeur anglais à Berlin signifie au chancelier de Bethmann-Hollweg l'ultimatum du gouvernement de Londres. Bethmann-Hollweg, fonctionnaire borné et entièrement dépassé par les événements, a un mot terriblement malheureux : parlant du traité de 1839, il s'étonne que la Grande-Bretagne puisse attacher une telle importance à un « *chiffon de papier* ».

L'ultimatum, expédié sans que le Cabinet en ait délibéré, doit expirer le 4 août à minuit. Dans la journée, les ministres se réunissent encore et prennent connaissance d'une nouvelle lettre de Poincaré à George V, lettre sollicitant l'aide, non seulement des forces navales, mais des forces terrestres britanniques. Cette aide, en fait, n'est pas douteuse car tous les plans anglais — ces plans auxquels Churchill a travaillé si activement — prévoient le transport immédiat d'au moins quatre divisions sur le continent. Pourtant deux ministres ne se résignent pas à l'inévitable : le doctrinaire radical Lord Morley et le vieux *leader* syndicaliste

John Burns donnent l'un et l'autre leur démission. Lloyd George, après avoir balancé, demeure. Le premier Lord de l'Amirauté est le seul qui sorte du Conseil le sourire aux lèvres.

L'écrasante machine est en mouvement ; rien ne saurait plus l'arrêter. Dans la soirée, Churchill reçoit un officier général de la marine française dépêché par Paris pour régler les détails des opérations en Méditerranée. Il lui déclare :

« Servez-vous de Malte comme si c'était Toulon. »

Puis, dans la chaude nuit d'été, il attend l'instant où l'ultimatum expirera. Homme politique dans l'âme, il écrira plus tard :

« C'était comme l'attente des résultats d'une élection. Le scrutin était clos, on comptait les votes. »

Enfin Big Ben, l'horloge de la Tour du Parlement, sonne onze heures du soir — onze heures à Londres, minuit à Berlin. Au onzième coup, la foule massée dans Whitehall entonne le *God Save the King.* Churchill fait un signe. Un télégramme part aussitôt à destination de tous les navires de guerre britanniques se trouvant en n'importe quel point du globe :

« *Commencez les hostilités contre l'Allemagne.* »

Puis Winston, conscient d'avoir fait tout son devoir, conscient de ne s'être pas trompé dans ses prévisions, son goût de la bataille réapparu, se rend d'un pas allègre au numéro 10, Downing Street où le Cabinet entre en séance, ce Cabinet de pacifistes dont une fatalité plus forte que toute volonté humaine vient de submerger les convictions.

Dix mois après, le maréchal Lord Kitchener, devenu dans l'intervalle ministre de la Guerre, dira à son ancien subordonné, le peu discipliné lieutenant-journaliste de l'expédition soudanaise :

« Il y a au moins une chose qui sera toujours portée à votre crédit : la Flotte était prête. »

CHAPITRE IV

DES FLANDRES À GALLIPOLI

CHURCHILL PRÉSIDE AU TRANSPORT EN FRANCE DU CORPS EXPÉDITION-
NAIRE BRITANNIQUE. — CELUI-CI, AUSSITÔT ENGAGÉ AUTOUR DE MONS,
SE VOIT CONTRAINT À LA RETRAITE. — ACTIVITÉ DE CHURCHILL. — ELLE
N'EMPÊCHE PAS LE *GOEBEN* ET LE *BRESLAU* DE VENIR MOUILLER DEVANT
CONSTANTINOPLE. — LA VICTOIRE DE LA MARNE. — LA « COURSE À LA
MER ». — MENACE ALLEMANDE SUR LA CÔTE FRANÇAISE DE LA MANCHE.
— LES BELGES ENVISAGENT D'ÉVACUER ANVERS. — CHURCHILL SE JETTE
DANS LA VILLE ET EN PROLONGE LA RÉSISTANCE PENDANT CINQ JOURS.
— LES PORTS DE LA MANCHE SAUVÉS. — LE FRONT OCCIDENTAL SE STA-
BILISE. — L'ANGLETERRE S'INSTALLE DANS LA GUERRE. — ENGAGEMENTS
VOLONTAIRES MASSIFS. — CONCOURS DES DOMINIONS. — LA TÂCHE DE
L'AMIRAUTÉ. — ÉCHEC NAVAL DE CORONEL. — VICTOIRE DES FALKLAND.
— L'ENTRÉE DE LA TURQUIE DANS LA LUTTE AUX CÔTÉS DES EMPIRES
CENTRAUX ISOLE LA RUSSIE DE SES ALLIÉS DE L'OUEST. — AU DÉBUT DE
1915 LA GUERRE SEMBLE DANS UNE IMPASSE. — POUR L'EN FAIRE SORTIR,
CHURCHILL PRÉCONISE LE FORCEMENT DES DARDANELLES. — L'OPÉRA-
TION, DÉCIDÉE, DOIT ÊTRE AU DÉBUT PUREMENT NAVALE. — LES PERTES
SUBIES DÉTERMINENT, MALGRÉ CHURCHILL, L'AJOURNEMENT DE L'EN-
TREPRISE. — ON TENTE DE LA REPRENDRE AVEC DES FORCES TERRESTRES,
— DÉBARQUEMENT SANGLANT À GALLIPOLI. — CHURCHILL RENDU, À TORT,
RESPONSABLE DES DÉBOIRES. — DANS LE CABINET DE COALITION QUI EST
FORMÉ, IL N'EST PLUS PREMIER LORD DE L'AMIRAUTÉ.

C'est un Churchill rajeuni, un Churchill ayant retrouvé
l'ardeur belliqueuse de ses années de formation qui, maintenant
que les destins sont accomplis, se jette à corps perdu dans la
besogne qui va désormais être la sienne.

Placé à la tête de la Marine royale, il est, comme tel, responsable de la protection des côtes britanniques, du maintien des
libres communications entre la métropole et l'ensemble de l'Empire, du transport sur le continent du corps expéditionnaire.
Membre influent du cabinet, il a en même temps le droit, comme
le devoir, de participer à la direction générale de la guerre, aussi

bien sur le plan militaire que sur les plans diplomatique et économique. Un autre pourrait être effrayé ; lui, au contraire, se sent
exalté et, loin de se cantonner dans l'indispensable, il ne va pas
cesser de chercher de nouveaux terrains où déployer sa fougue,
où manifester sa bouillonnante activité.

Dès le lendemain de l'ouverture des hostilités, Asquith convoque à Downing Street un Conseil extraordinaire de Guerre
auquel participent, à côté des principaux ministres, les grands
chefs des forces navales et terrestres.

Une décision est prise : ce ne sera pas seulement sur mer que
le Royaume-Uni fera la guerre, mais aussi sur terre aux côtés de
la France et de la Belgique.

Cela arrêté, une question se pose : quels seront les effectifs
qui seront immédiatement envoyés sur le continent ?

L'armée régulière britannique stationnée dans la métropole,
telle qu'elle a été réorganisée par Haldane, se compose de sept
divisions : six d'infanterie, une de cavalerie. Il avait été projeté
d'en expédier cinq et d'en conserver deux dans le Royaume-Uni
pour en assurer la défense. Winston déclare que la Marine est
en mesure de se charger seule de cette défense. Après discussion,
il est résolu de transporter immédiatement toutes les divisions
actives, sauf une qu'on maintiendra en Irlande.

Où, sur le continent, aura lieu la concentration ? Le vieux
maréchal Lord Roberts voudrait que ce fût autour d'Anvers, en
liaison avec les forces belges. Mais le maréchal Lord Kitchener et
le maréchal Sir John French, commandant en chef désigné, in-
sistent pour que ce soit, conformément aux plans arrêtés d'accord
avec Paris, à la gauche immédiate de l'armée française. Churchill
se range à cette opinion qui, finalement, l'emporte.

Entre le 8 et le 22 août, la totalité du corps expéditionnaire
passe en France, les principaux ports de débarquement étant
Dunkerque, Boulogne et Le Havre. L'opération se voit protégée
par une ligne de croiseurs, de destroyers et de torpilleurs. En
même temps, la Grande Flotte, sous les ordres de l'amiral Sir
John Jellicoe, sillonne la mer du Nord offrant le combat à un
adversaire qui, conscient de son infériorité, ne se présente pas et
reste tapi en rade de Kiel. Dès le 21, une patrouille de cavalerie
anglaise prend, en Belgique, contact avec l'armée allemande.
Deux jours plus tard, le corps expéditionnaire presque entier est
engagé dans une bataille sanglante.

En dépit d'avertissements multipliés, l'Etat-major français, responsable de l'ensemble du plan allié d'opérations, n'a pas cru que l'armée allemande disposât d'effectifs suffisants pour opérer à l'ouest de la Meuse et à travers la Belgique un gigantesque mouvement enveloppant. Aussi, en vertu du plan XVII, notre dispositif était-il uniquement orienté vers l'Est et le Nord-Est. La chute soudaine de la place forte belge de Liège et le franchissement de la Meuse par les forces du Reich ont montré l'étendue de l'erreur commise. En vain a-t-on tardivement opéré une conversion vers le Nord et tenté d'enfoncer les Allemands entre la Sambre et la Meuse. Le 23 août, l'aile gauche des forces françaises est écrasée à Charleroi et se voit contrainte de se replier sur une ligne Givet-Maubeuge-Valenciennes.

Plus à l'est, la petite armée britannique s'est, le même jour, battue avec courage autour de Mons (bien que les *Tommies* soient peu mystiques de nature, certains d'entre eux, l'esprit troublé par l'intensité du feu, ont cru voir des anges qui les guidaient hors d'un encerclement menaçant). Mais, composée uniquement de soldats de métier que commandent des *gentlemen*, c'est presque encore une armée du XVIIIe siècle. Conformément à une vieille tradition, ses chefs estiment que, le devoir une fois accompli et la fortune des armes se révélant contraire, il est tout à fait inutile de se faire massacrer sur place et que le mieux est de se replier en bon ordre sans trop se soucier du reste.

Sir John French, le général en chef, n'a pas été explicitement placé sous les ordres de Joffre ; d'autre part, il y a entre lui et Lanrezac, commandant de l'armée française qui le flanque à sa droite, une incompatibilité complète de tempérament. Le 24 au matin, Kitchener communique à Churchill un télégramme de Sir John laissant présager le repli sur le Havre du contingent britannique.

Pourtant, le 26, celui-ci, serré de près par les Allemands, mène encore de très rudes combats autour du Cateau. Ensuite, il bat en retraite, à marches accélérées, en direction, non du Havre, mais de Paris. French écrit à Kitchener que son intention est de franchir la Seine et il ajoute :

« Ma confiance dans la capacité des chefs de l'armée française à poursuivre cette campagne avec succès décroît rapidement et c'est là la véritable raison qui m'a fait prendre la décision de retirer si loin les forces britanniques. »

Ce ne serait rien de moins qu'une défection. Il faut que Kitchener se rende précipitamment à Paris où il a convoqué French pour que celui-ci accepte de coordonner le mouvement de ses divisions avec celui des armées françaises. Tout cela ne va pas sans marches et contre-marches épuisantes, ni sans pertes extrêmement lourdes.

Loin d'abattre Churchill, la nouvelle de la défaite exalte son ardeur. Pour relever le moral de ses collègues du ministère, il leur communique un mémorandum qu'il a rédigé dès 1913 et dans lequel il prévoyait qu'une guerre débuterait par des échecs, mais que la victoire se dessinerait vers le quarantième jour. Il soumet à Kitchener, secrétaire d'Etat à la Guerre depuis le 6 août, des projets successifs que le blond géant accueille avec une courtoisie glacée. Il bouillonne d'idées : tantôt, il suggère la constitution au Canada d'une division d'élite qui serait composée de volontaires américains ; tantôt, il demande qu'on obtienne du gouvernement de Pétersbourg l'envoi en Angleterre, par Arkhangelsk, d'un corps expéditionnaire sibérien (sans doute a-t-il un pouvoir hypnotique, car, quelques jours plus tard, des milliers d'Anglais s'imaginent avoir vu de leurs yeux défiler ces renforts russes) ; tantôt enfin, il fait mettre en construction, dans les chantiers de l'Aéronautique navale, des automobiles blindées capables de franchir de petites tranchées et qui seront les embryons des futurs *tanks*.

Ces activités parallèles ne lui font pas négliger ses devoirs de premier Lord de l'Amirauté. A peine terminé le transport en France du corps expéditionnaire, il lui a fallu, par mesure de précaution, transférer du Havre à Saint-Nazaire la base de ce corps ; puis, pour créer une diversion morale, il a organisé un *raid* sur l'île allemande d'Héligoland, en mer du Nord, *raid* au cours duquel plusieurs bâtiments légers du Reich ont été coulés sans qu'aucun navire britannique ait été sérieusement endommagé. Le voici maintenant qui assure le passage des forces militaires ramenées des Indes, qui prépare la partie navale d'une expédition anglo-française dirigée contre le Cameroun et d'une expédition indienne ayant pour objectif l'Est africain allemand, qui enfin préside à la transformation de nombreux paquebots en croiseurs auxiliaires. Le sentiment qu'il donne que l'Angleterre est résolue à partout conserver la maîtrise des mers n'est sans doute pas étranger à la décision prise par le Japon de déclarer la guerre à l'Allemagne.

Sur un seul point, l'activité de l'Amirauté et de son chef ont été en défaut. Mais ce point est névralgique : on n'a réussi à couler ni le *Goeben*, ni le *Breslau*.

Le *Goeben*, croiseur de bataille, et le *Breslau*, croiseur léger, sont deux navires allemands de type très moderne qui, à l'ouverture des hostilités, se trouvaient dans la mer Adriatique. La guerre déclarée, il eût fallu les attaquer sur-le-champ. Mais la flotte française, chargée en principe d'assurer la sécurité de la Méditerranée, était alors en quasi-totalité occupée à protéger le transport dans la métropole du corps d'armée d'Algérie. Quant aux neuf croiseurs britanniques maintenus à l'est de Gibraltar, une suite de malentendus (dans lesquels les ordres obscurs émanés de l'Amirauté eurent leur part) les empêcha de rejoindre à temps l'adversaire. Bref, le 10 août, le *Goeben* et le *Breslau* réussirent à franchir les Dardanelles et à mouiller devant Constantinople. Faute d'instructions, ni les Anglais ni les Français n'osèrent les y poursuivre.

Conformément à la loi internationale, le gouvernement turc eût dû désarmer les deux navires allemands. Mais il était tombé depuis plusieurs années sous l'influence de Berlin et, intimidé, il se contenta d'acheter fictivement le *Goeben* et le *Breslau* tout en leur conservant leurs équipages allemands. Premier geste d'hostilité qui, le 1er novembre, sera suivi par le ralliement formel de la Turquie aux Empires centraux (dès le mois d'août l'Autriche-Hongrie a proclamé sa solidarité avec l'Allemagne et a déclaré la guerre à l'Angleterre comme à la France).

L'épisode aura des conséquences : la Turquie ennemie va couper définitivement la Russie de ses Alliés de l'Ouest et cette coupure ne sera étrangère ni à la prolongation de la guerre pendant quatre années, ni à la révolution bolchevique. Churchill devine aussitôt la gravité de l'évasion du *Goeben* et du *Breslau* : son désir de prendre une revanche sera une des raisons qui le conduiront, l'année suivante, à se faire le promoteur de l'expédition des Dardanelles.

* * *

Septembre 1914. Les armées françaises, dans lesquelles la petite armée britannique est maintenant encastrée, ont poursuivi, au centre et à gauche, leur mouvement de repli. L'Aisne a été franchie, puis la Marne. Le 3, le gouvernement a quitté Paris devant lequel l'armée allemande du général de Kluck paraissait sur le point d'arriver. Déjà, des uhlans étaient apparus à Senlis quand le haut commandement a donné l'ordre à l'armée Kluck d'obliquer vers le sud-est de manière à participer à l'attaque menée, entre la capitale et Verdun, contre le centre des forces françaises. Le général Gallieni, gouverneur de Paris, a signalé cet infléchissement au général Joffre en lui indiquant que les Allemands pouvaient désormais être attaqués de flanc. Le 6 septembre, Joffre a donné l'ordre d'arrêter la retraite, de faire face à l'ennemi et, pour reprendre l'expression dont se servira Churchill, de lui « sauter à la gorge ». La bataille de la Marne a commencé.

La veille, les gouvernements britannique, français et russe, ont signé à Londres une déclaration par laquelle ils se sont engagés à ne point conclure de paix séparée.

Les forces allemandes sont un peu plus nombreuses que celles des Alliés, mais elles se trouvent maintenant loin de leurs bases et leurs lignes d'étapes sont dangereusement étirées. D'autre part, des prélèvements ont dû être opérés sur elles au profit du front oriental où les Russes ont déclenché une offensive de grande envergure. Enfin, Français comme Britanniques, en dépit de terribles pertes, ont conservé leur moral intact et font preuve d'un admirable mordant.

« L'âme de la nation française », écrira encore Churchill, « triompha dans cette lutte mortelle. Ses armées attaquèrent et combattirent avec une glorieuse ténacité. »

Les divisions britanniques, concentrées à l'ouest immédiat de Paris, ne témoignent pas de moins de vaillance. Le 11 septembre, la bataille est gagnée et c'est désormais aux Allemands de reculer. Joffre, grâce à son sang-froid et son coup d'œil, a racheté ses erreurs initiales. Mais au prix de combien de sang !

Suivent les semaines dites de la « course à la mer ». Les Alliés espèrent qu'ils vont pouvoir à leur tour déborder l'adversaire et ils s'efforcent d'atteindre avant lui le voisinage des côtes belges. Mais les Allemands, devinant la manœuvre, se hâtent dans la même direction. Course épuisante entremêlée de multiples engagements et que ralentit l'extrême fatigue des troupes.

Cependant, la côte française du Pas de Calais reste à peu près dégarnie. A la demande du gouvernement français, Churchill fait débarquer une brigade de fusiliers-marins à Dunkerque et, pour lui donner plus de mobilité, il réquisitionne cinquante autobus londoniens qui, pendant un mois, promèneront les fusiliers entre Ypres et Boulogne, créant ainsi l'apparence d'une force nombreuse. Les adversaires du premier Lord de l'Amirauté raillent ce « cirque » qui n'en produit pas moins l'effet moral attendu.

Beaucoup, cependant, dépend de la résistance qu'offrira Anvers à la poussée allemande. Anvers est une place de premier ordre que protège une triple ligne de forts ; la quasi-totalité de l'armée belge y est retranchée ; le gouvernement du roi Albert s'y est replié. Si Anvers parvient à retenir pendant assez longtemps une fraction importante des forces allemandes loin de la bataille principale, les chances de voir celle-ci tourner à l'avantage des Alliés seront fortement augmentées.

Malheureusement, le 28 septembre, les Allemands qui, jusqu'ici, se sont contentés d'investir la place, déclenchent contre ses défenses extérieures, avec des obusiers de 430, un bombardement d'une extrême violence. Le 1er octobre, plusieurs forts importants tombent, d'autres sont sur le point d'être pris ; le moral de la garnison est très atteint.

Le 2 au soir, on apprend à Londres que le roi des Belges, le gouvernement et l'armée de campagne vont évacuer Anvers et se replier en direction de Gand. Autant dire qu'Anvers est quasiment perdu.

Anvers ! Ce nom qui revient si souvent dans l'histoire militaire et navale de la Grande-Bretagne a, outre-Manche, une résonance magique. Les Allemands vont donc s'installer à Anvers ! Anvers va donc redevenir ce « pistolet braqué au cœur de l'Angleterre » qu'il a été longtemps. A cette idée, Churchill bondit. Il obtient de Kitchener et de Sir Edward Grey qu'un télégramme soit adressé au gouvernement belge l'adjurant de prolonger sa résistance et lui promettant l'assistance prochaine de renforts britanniques et français.

Mais un télégramme ne saurait suffire ; il faudrait la parole, le magnétisme verbal. Churchill se propose, ses collègues acceptent et, sur-le-champ, il part pour Anvers.

Il y arrive le lendemain à trois heures de l'après-midi et fait à l'Hôtel de Ville, où le gouvernement belge siège en permanence, une entrée spectaculaire. Il a revêtu l'uniforme de « Frère aîné de la Maison de la Trinité » qui ressemble à celui d'amiral[1] ; son verbe est haut, son geste entraînant, son ardeur communicative. Il précise que neuf mille fusiliers marins britanniques vont être le jour même jetés dans la place, que deux divisions anglaises suivront et que le gouvernement français a promis une division

---

1. La « Maison de la Trinité » est une institution anglaise d'origine religieuse qui est devenue, en fait, le service des phares et balises. Quelques hommes politiques en vue reçoivent traditionnellement le titre honorifique de « Frère aîné » de la maison.

territoriale. Il prie, supplie, commande, menace presque. Bref, les ministres belges se laissent convaincre ; l'évacuation d'Anvers est suspendue et il est convenu qu'elle ne sera reprise que si, dans les trois jours, des renforts alliés suffisants ne sont pas arrivés.

Le 4 et le 5 octobre, ces renforts commencent à débarquer. De sa propre autorité, Churchill, comme premier Lord de l'Amirauté, les a grossis d'une brigade de réservistes de la Marine, d'ailleurs mal équipés et peu entraînés. Lui-même se multiplie, secouant la mollesse des autorités belges, examinant les plans de défense avec les généraux, parcourant, sous le bombardement, les premières lignes, plaisantant avec leurs défenseurs, irradiant de toutes parts l'allégresse combative qui l'emplit : « Il se comportait », écrira un officier anglais présent, « comme s'il était Napoléon et que les fusiliers-marins fussent sa vieille Garde ! »

Il a retrouvé — mais combien amplifiée ! — la griserie jadis ressentie sur les champs de bataille soudanais et sud-africains. Son rôle ministériel, pourtant si considérable, lui paraît fade auprès de cette griserie et il fait, par télégramme adressé au premier ministre, une proposition étonnante : que le gouvernement de Sa Majesté le nomme général, que le commandement des forces alliées à Anvers lui soit confié, et il se démettra de ses fonctions de premier Lord de l'Amirauté.

Asquith et Kitchener n'accueillent pas sans un sourire ce message de leur collègue : Winston n'a jamais été que lieutenant d'active. Comment en faire d'emblée un général ? Et puis, il est fort utile à la tête de l'Amirauté. Enfin, il est bien impulsif et peut-être est-il prudent de le garder sous les yeux. Bref, réponse négative.

Le 6 octobre, la ligne de défense établie sur la rivière Nèthe est forcée et le centre d'Anvers tombe sous le feu de l'ennemi. Au cours d'un Conseil de guerre présidé par le roi Albert, l'évacuation est de nouveau décidée. La mort dans l'âme, Churchill donne son acquiescement et, dans la nuit, il reprend le chemin de l'Angleterre.

Le 7 et le 8, l'armée belge de campagne et les forces anglaises effectuent leur repli sur Gand et Ostende. Le 10, le dernier fort capitule ; les Allemands sont maîtres d'Anvers.

L'épisode n'a pas grandi Churchill aux yeux de l'opinion britannique qui a jugé le premier Lord de l'Amirauté bien aventureux et bien théâtral. Etait-il opportun de déplacer tant d'air, de faire tant de bruit pour arriver à un résultat nul ? Le sens de la mesure des Anglais, leur goût pour l'*understatement* se trouvent choqués.

Critiques non fondées. Sans doute Churchill n'est pas parvenu à sauver Anvers — la puissance de l'artillerie lourde allemande ne permettait pas ce sauvetage —, mais il a prolongé de cinq jours la résistance. Cinq jours précieux pendant lesquels de très importantes forces allemandes ont été empêchées de se porter sur la côte du Pas de Calais et qui ont permis aux forces alliées d'y parvenir avant elles. Sans ce retard, le rivage français, de Dunkerque à Boulogne, sinon jusqu'à Dieppe, eût été occupé par l'ennemi ; les communications de l'Angleterre avec la France eussent été entravées d'autant et l'issue de la guerre n'eût peut-être pas été la même.

Quoi qu'il en soit, au début de novembre et à la suite de sanglants combats menés dans la boue autour d'Ypres, de Dixmude et de Nieuport, le front se stabilise. Seul, un infime canton du territoire belge échappe à l'occupation allemande ; mais la côte française tout entière reste libre et les ports de la Manche sont indemnes.

De part et d'autre, on ne cesse d'améliorer la première ligne de tranchées hâtivement construite, de la doubler d'une seconde ligne, de la couvrir par des barbelés, de l'étayer par une artillerie toujours plus massive. Le mécanisme des relèves se monte. On s'installe dans la guerre et l'espoir s'évanouit de la voir terminée à très brève échéance. Des spécialistes bien intentionnés s'évertuent à démontrer, chiffres à l'appui, que dans quatre mois les effectifs allemands auront diminué de moitié et que l'Allemagne sera totalement affamée. On ne les écoute qu'avec un scepticisme grandissant et, dans les ports de débarquement, le commandement britannique fait construire des installations en « dur ».

* * *

Les Anglais ont d'ailleurs été moins longs que les Français à se résigner à une guerre très longue. Dès sa prise de possession du *War Office*, le 6 août, Kitchener a déclaré qu'il convenait de se préparer à mettre en ligne une armée de plus de deux millions d'hommes et à l'entretenir pendant des années. Affirmation écoutée d'abord avec surprise, mais à laquelle on s'est assez vite rallié. Le peuple britannique, qui n'a pas beaucoup de nerfs, est long à se décider, mais, sa décision une fois prise, il n'en démord pas. *Damn the consequences !* Au diable les conséquences !

Aussi bien, le territoire national n'est-il pas envahi, la maîtrise des mers paraît assurée et « l'homme de la rue » ne peut s'empêcher de considérer la lutte qui se poursuit sur le continent un peu comme une expédition coloniale d'exceptionnelle ampleur.

Churchill a, un instant, pensé à demander l'institution du service militaire obligatoire. Mais ni ses collègues ni l'opinion ne sont préparés à une telle révolution. Kitchener d'ailleurs, soldat de la vieille école, préfère de beaucoup les volontaires aux conscrits et il s'est contenté de monter une vaste campagne de propagande en faveur des engagements.

Campagne qui connaît aussitôt un prodigieux succès. L'Anglais n'est pas belliqueux par nature, mais il est, jusqu'au tuf, patriote, sentimental et sportif.

Patriote, il résiste mal à un appel lancé au nom « du roi et du pays ». Sentimental, il a été profondément ému par l'attentat commis contre la petite Belgique et ce qu'on lui raconte des « atrocités » qu'y commet la soldatesque allemande le bouleverse. Sportif enfin, il est tenté par une aventure dont il ne mesure d'ailleurs bien ni les conditions ni les risques. Aussi est-ce en foule compacte que les jeunes hommes se pressent aux bureaux de recrutement ; les célibataires qui ne peuvent prouver qu'ils ont fait au moins une tentative pour être enrôlés sont montrés du doigt et les anciennes « suffragettes », qui s'y entendent en matière d'intimidation, participent au pourchas avec une alacrité toute particulière. Dans le seul mois d'octobre 1914, trois cent mille volontaires ont été recrutés. Ce n'est que l'insuffisance des casernements et celle des équipements qui obligent à opérer un tri physique très sévère et à décourager provisoirement beaucoup de bonnes volontés.

Les nouvelles reçues des Dominions montrent leurs jeunes hommes presque aussi ardents que ceux de la mère patrie. Si les Canadiens français restent assez réticents, les Canadiens anglais, les Australiens, les Néo-Zélandais font preuve d'un vif enthousiasme. En Afrique du Sud, il est vrai, quelques Boers non ralliés esquissent une insurrection, mais la majorité de leurs compatriotes s'associent aux habitants d'origine britannique pour demander à servir. Le général Botha, l'ancien chef de l'armée boer, devenu Sir Louis Botha, est en correspondance suivie avec Churchill au sujet de l'organisation d'une campagne contre le Sud-Ouest africain allemand. Le libéralisme dont a fait preuve la Grande-Bretagne trouve sa récompense. Il n'est pas jusqu'aux rajahs des Indes qui ne se piquent tous de lever un contingent : les troupes hindoues qui seront débarquées en France y apporteront un élément pittoresque, mais ne résisteront pas longtemps au froid et à la boue.

A la foule des recrues, il faut des instructeurs. On les trouve parmi les officiers et sous-officiers retraités de l'armée régulière, parmi ceux aussi des milices territoriales et de la *yeomanry*. On manque souvent de fusils, mais on apprend le pas de parade et les savantes évolutions imitées de l'armée prussienne du Grand Frédéric. Quant aux futurs cadres, c'est sur les jeunes *gentlemen* que l'on compte pour les constituer. Tout ancien élève d'une « bonne » *public school*, tout étudiant d'Oxford ou de Cambridge a accès de droit à un peloton d'élèves officiers. Il en sort, quelques semaines après, sous-lieutenant, la poitrine barrée du baudrier de cuir bien astiqué, la badine sous le bras et il rend, d'un air protecteur, leur salut à des sergents ayant vingt ans de service. En dépit de Lloyd George et de ses réformes sociales, le vieux précepte n'est pas tout à fait oublié : « Si un homme est un *gentleman*, il en saura toujours assez ; s'il n'est pas un *gentleman*, tout ce qu'il pourra apprendre ne sera que mauvais pour lui. »

Telle quelle, en dépit des bévues, des retards et des enfantillages, bataillon par bataillon, brigade par brigade, division par division, « l'armée Kitchener » se constitue. Son moral est excellent, son équipement parfait et, si l'entraînement lui manque, l'expérience des tranchées la lui fera vite acquérir, souvent, il est vrai, à un prix très haut. Dès le mois de novembre, les premières unités constituées de cette armée sont débarquées en France où elles viennent grossir ce que Guillaume II a appelé, bien à tort, « les méprisables petites forces du maréchal French ».

Avant de partir, chaque soldat a reçu un papier imprimé lui rappelant les devoirs qu'il aura à remplir et les précautions qu'il aura à prendre.

Le dernier paragraphe est ainsi rédigé :

« Souvenez-vous que votre devoir ne peut être accompli qu'en conservant votre santé intacte ; c'est pourquoi vous devez vous garder soigneusement de tout excès. Dans cette expérience nouvelle pour vous, vous serez sujets à deux tentations : le vin et les femmes. Vous devez résister à toutes deux. Tout en traitant les femmes avec la plus parfaite courtoisie, vous devez éviter avec elles toute intimité. — Faites bravement votre devoir. — Craignez Dieu. — Honorez le roi. »

Il n'est pas prouvé que tous les soldats de l'armée Kitchener aient scrupuleusement évité « l'intimité » avec les femmes françaises ou belges ; au moins, est-il certain qu'ils ont tous fait bravement leur devoir.

* * *

Winston Churchill, cependant, a oublié ses velléités de quitter le ministère pour, comme son grand ancêtre, « s'en aller-t-en guerre » sur le continent et il se donne tout entier à sa tâche de premier Lord de l'Amirauté.

Tâche écrasante : il ne doit pas seulement assurer l'entretien et le ravitaillement de la flotte, presser la construction d'unités nouvelles, recruter les équipages, assurer la transformation la plus rapide possible de navires de commerce en navires de guerre, organiser les défenses anti-sous-marines ; il lui faut encore veiller aux transports de troupes et à la liberté des communications maritimes, surveiller les évolutions des bâtiments du roi en n'importe quel point du globe, deviner les mouvements de tous les croiseurs et sous-marins allemands qui rôdent dans les mers lointaines, savoir tout, réagir immédiatement, donner sur-le-champ des ordres précis. Et par-dessus cela, force lui est encore de participer aux réunions presque quotidiennes du Cabinet et de répondre, à la Chambre des Communes, aux questions indiscrètes que lui posent les députés.

Il est puissamment aidé par le premier Lord maritime, amiral prince Louis de Battenberg, dans lequel il a toute confiance. Le prince Louis est un marin expérimenté, loyal et profondément patriote. Mais il est d'origine allemande et cela suffit pour que, dans la presse comme dans les clubs et les couloirs du Parlement, des murmures s'élèvent contre lui. Quand, au milieu de l'automne, la menace sous-marine se précise, et que le beau cuirassé l'*Audacious* est coulé par une torpille en vue des côtes écossaises, ces murmures s'amplifient et des attaques très vives sont dirigées contre l'Amirauté. Le prince Louis offre sa démission ; Churchill craignant, s'il la refusait, d'être emporté par le remous, l'accepte[1] et il désigne comme premier Lord maritime

---

1. Battenberg changera un peu plus tard son nom contre celui, moins germanique, de Mountbatten. Il est le père de Lord Mountbatten, un des héros de la deuxième guerre mondiale, et le grand-père du prince Philippe, duc d'Edimbourg, époux de la reine Elizabeth II.

son vieux conseiller, l'amiral en retraite Lord Fisher, qui a déjà autrefois rempli les mêmes fonctions. Entre les deux hommes l'entente sera, au début, parfaite, mais la similitude même de leurs tempéraments finira par les dresser l'un contre l'autre.

Parmi les préoccupations qui assaillent l'Amirauté ainsi reconstituée une des plus pressantes est celle née de la présence dans le Pacifique sud d'une division de croiseurs rapides allemands commandée par l'amiral de Spee. Au début de novembre, cette division apparaît brusquement au large des côtes chiliennes, en vue de Coronel, et elle y envoie au fond de l'eau deux croiseurs protégés anglais, de type d'ailleurs ancien, le *Good Hope* et le *Monmouth*.

Cet exploit accompli, qui a en Angleterre le plus pénible retentissement, les navires allemands s'évanouissent. Mais, le 6 décembre, on signale à l'Amirauté de Londres qu'ils viennent de franchir le détroit de Magellan et sont en vue des îles Falkland. Churchill et Fisher ont groupé dans les parages de puissantes unités. La bataille s'engage. Battus par une artillerie très supérieure à la leur, tous les navires allemands sont successivement coulés. Churchill respire : la victoire des Falkland a vengé la défaite de Coronel.

La principale flotte allemande est cependant toujours abritée en rade de Kiel. Les marins britanniques espèrent passionnément qu'elle en sortira et qu'il leur sera donné de l'affronter. Le 14 décembre, émotion : les postes radiogoniométriques récemment installés signalent la présence, au large des côtes anglaises de la mer du Nord, de plusieurs croiseurs de bataille et destroyers ennemis. Serait-ce une avant-garde ? La Grande Flotte est aussitôt alertée et se met à la recherche des navires allemands. Mais ceux-ci parviennent à s'échapper, non sans avoir bombardé les villes ouvertes de Scarborough et de Hartlepool, sur les rivages du Yorkshire. L'incident suscite, dans la presse britannique, de vives critiques contre l'Amirauté.

Churchill devine bien que sa situation est ébranlée, mais il n'en a cure. Entièrement absorbé par la guerre, il en considère la carte et roule dans sa tête de vastes projets stratégiques.

Au début de 1916, le front occidental paraît décidément stabilisé. Les attaques allemandes menées sur l'Yser en direction des ports de la Manche et l'offensive française en Champagne ont également échoué. Le froid, la pluie, la boue, joints à l'insuffisance des munitions, s'opposent à toute opération d'envergure.

Les adversaires se contentent de renforcer leurs positions et d'esquisser des opérations de « grignotage » coûteuses en hommes, mais sans portée utile.

A l'Est, l'offensive russe du mois d'août a été brisée à Tannenberg et aux lacs de Mazurie par le maréchal de Hindenburg ; les Russes, plus nombreux, mais moins bien commandés et armés que leurs adversaires, ont reflué en désordre derrière le Niemen ; les succès que les armées du tsar ont ensuite remportés en Galicie contre les Austro-Hongrois n'ont pas compensé cette défaite.

Dans le Proche-Orient, la Turquie est, depuis le 1er novembre, entrée dans la guerre aux côtés des Empires centraux, et elle menace le canal de Suez. Pour parer au péril, l'Angleterre vient de déposer le khédive d'Egypte, suspect de germanophilie ; elle a établi officiellement son protectorat sur la terre des Pharaons et y a envoyé une division australienne. En même temps, les forces turques sont, dans le Caucase, aux prises avec les forces russes, sans qu'aucun résultat décisif soit en vue.

Dans les Balkans, l'invasion de la Serbie par les Austro-Hongrois a été refoulée et Belgrade, un moment prise, a été libérée ; mais la menace reste pressante. Plus à l'Ouest, l'Italie qui, dès le début des hostilités, a proclamé sa neutralité, attend, pour en sortir, de savoir lequel des deux camps lui paiera plus cher sa belligérance.

En Afrique noire, si le Togo a été occupé par des forces anglo-françaises, le Cameroun résiste. En Extrême-Orient, le Japon, allié de la Grande-Bretagne, s'est borné à une opération limitée contre l'établissement allemand de Tsin-Tao sur la côte chinoise. En Océanie, l'occupation de Samoa et des îles Salomon par les Australiens et les Néo-Zélandais ne peut en rien influer sur l'issue de la lutte.

Sur mer enfin, si les navires allemands qui croisaient au loin ont été presque tous détruits, si le blocus de l'Allemagne se resserre et si les Alliés conservent la liberté de leurs communications maritimes, en revanche, le gros de la flotte allemande reste intact dans la Baltique (une division de croiseurs a fait, au milieu de janvier, une sortie en mer du Nord ; la flotte britannique l'a prise en chasse, mais, à l'exception d'une unité, elle est parvenue à s'échapper). Situation un peu humiliante pour l'Allemagne qui avait fondé tant d'espoir sur sa marine, mais agaçante pour les Anglais qui s'étaient imaginés que, dès le début des hostilités, cette présomptueuse marine serait envoyée au fond de l'eau.

Partout donc, équilibre au moins relatif, impasse au moins apparente, presque point mort.

* * *

Churchill n'est pas homme à se résigner à ce statisme. Il lui faut du dynamisme. Et il cherche où le susciter.

Il part d'une idée juste : aucune décision ne saurait avant longtemps intervenir sur le front occidental ; c'est donc dans le Nord ou dans le Sud-Est qu'il faut la provoquer. En d'autres termes, on doit s'efforcer de donner la main à la Russie.

Les armées russes, à la suite des grandes batailles qu'elles ont livrées en 1914, sont en assez mauvais point. Leurs pertes humaines, si considérables qu'elles aient été, peuvent être comblées ; mais elles sont terriblement à court de canons, de munitions et même de fusils. Les Alliés de l'Ouest ne peuvent les ravitailler, car, d'une part, la flotte allemande tient la Baltique et, de l'autre, les Turcs ont verrouillé les Dardanelles.

Il s'agit donc, soit de déboucher dans la Baltique et d'obliger la flotte allemande à y livrer un combat inégal, soit de forcer les Dardanelles et de s'emparer de Constantinople. La première opération amènerait probablement les Pays-Bas et les Etats scandinaves à sortir de leur neutralité ; la seconde conduirait sûrement la Grèce et la Bulgarie à le faire. En tout cas, de nouveaux et gigantesques champs de manœuvre seraient ouverts.

Au début, Churchill incline en faveur de l'opération en mer Baltique et son principal collaborateur, l'amiral Fisher, est du même sentiment. Aussi bien, l'idée d'attaquer la flotte allemande dans son repaire ne peut-elle que tenter l'Amirauté britannique... Mais voici qu'on reçoit de Russie un appel pressant demandant qu'une forte diversion soit tentée du côté de la Turquie pour amener celle-ci à diminuer la pression qu'elle exerce sur le Caucase. Le Comité de guerre du Cabinet se prononce en principe pour l'opération sur les Dardanelles et Churchill s'y rallie.

A ce moment — milieu de janvier 1915 — on envisage plutôt une attaque effectuée par des forces terrestres, la marine se contentant de les appuyer. Mais les autorités militaires font savoir qu'il leur est, pour le moment, impossible de distraire une seule division du front français. De son côté, interrogé par Churchill, l'amiral commandant l'escadre britannique de la mer Egée répond qu'il est très possible à des navires convenablement armés de détruire les forts turcs gardant les Dardanelles et de se frayer un chemin jusqu'à Constantinople. Finalement, il est décidé que la marine sera seule chargée de l'opération.

Avec sa fougue accoutumée, Churchill se lance dans la préparation. Il est médiocrement secondé par Fisher qui persiste à regretter le projet de la Baltique. Aussi assume-t-il seul les responsabilités : il désigne les navires — navires de type ancien, mais dotés d'une artillerie puissante — qui participeront à l'affaire ; il obtient de la Marine française le concours d'une division navale placée sous les ordres du contre-amiral Guépratte ; il fixe enfin la date du début de l'aventure.

Le 19 février, l'escadre alliée commence à bombarder les quatre forts turcs constituant la défense extérieure des Dardanelles. L'attaque est ensuite interrompue par le mauvais temps ; elle reprend à la fin du mois ; le 2 mars, les quatre forts ne sont plus que des monceaux de ruines ; aucun navire allié n'a été endommagé.

Reste cependant le plus difficile à accomplir : détruire les défenses intermédiaires et intérieures, se frayer un chemin à travers les champs de mines.

Il faudrait poursuivre énergiquement l'offensive. Mais beaucoup de temps est perdu parce que le dragage des mines se révèle plus laborieux qu'on ne l'avait cru et aussi parce qu'à Londres, Kitchener s'est, après force tergiversations, décidé à promettre l'appui de forces terrestres. Churchill bout d'impatience, mais, sur place, le commandement anglais est hésitant.

Enfin, le 18 mars, le grand assaut est donné et toute la flotte alliée se porte à l'attaque de la passe de Tchanak ; elle se compose de quatorze navires de ligne anglais et quatre français ; ce sont ces derniers qui occupent la position la plus exposée.

Malheureusement, les Turcs ont eu, depuis quinze jours, le temps d'amener beaucoup d'artillerie sur les deux rivages ; d'autre part, une importante rangée de mines a échappé à l'attention des dragueurs ; aussi, tandis que des rafales d'obus s'abattent sur la flotte assaillante, trois de ses unités heurtent des mines et explosent. C'est le cuirassé français *Bouvet* qui est le premier coulé, suivi par les *battleships* britanniques *Irresistible* et *Ocean*. Le soir, le commandant en chef anglais, amiral de Robeck, donne l'ordre de rompre le combat.

Les forts turcs ont, de leur côté, été terriblement endommagés. On pourrait, après de nouvelles opérations de dragage, reprendre rapidement l'attaque. C'est l'avis du contre-amiral Guépratte, commandant la division française. Mais Robeck, sachant que d'importantes forces terrestres britanniques et françaises sont maintenant en route vers la mer Egée, préfère les attendre pour combiner avec elles les opérations. Churchill veut télégraphier à l'amiral d'agir sur-le-champ, mais Fisher s'y oppose et Asquith, saisi du différend, lui donne raison contre son ministre. L'offensive navale ne sera jamais reprise.

Cependant les forces terrestres qui doivent participer à l'opération arrivent successivement dans l'archipel. Elles comptent quatre-vingt mille hommes dont vingt-huit mille Anglais, trente-cinq mille Australiens et Néo-Zélandais et dix-sept mille Français. Elles sont placées sous les ordres du général anglais Sir Ian Hamilton, le contingent français étant commandé par le général d'Amade. Ce dernier voudrait que l'on débarquât sur la côte d'Asie, où on trouverait un vaste terrain de manœuvre pour menacer directement Constantinople. Mais le commandement britannique préfère l'étroite presqu'île de Gallipoli, prolongement de la côte d'Europe.

Le débarquement commence le 15 avril, sous un feu intense. Les Turcs ont eu le temps d'amener des renforts massifs et de construire de solides fortifications de campagne. En dépit de prodiges de valeur (les divisions austral-néo-zélandaises se font remarquer par leur mordant), les assaillants ne parviennent pas à dépasser de beaucoup les plages. Leur avance arrêtée, il leur faut s'enterrer dans des tranchées.

Le grand rêve de Churchill est dissipé : à l'Est, la Russie, mal gouvernée, mal armée, en proie à une crise aussi morale que matérielle, restera condamnée à l'isolement, à la défaite et à la révolution ; à l'Ouest, la guerre se prolongera pendant trois ans et demi, semant toujours plus de ruines, coûtant toujours plus de sang.

* * *

Dès que la suspension des opérations navales a été connue en Grande-Bretagne, elle y a suscité une vive émotion. L'opinion britannique considérait la marine du roi comme invincible et il paraît incroyable qu'elle ait dû s'incliner devant des canons turcs. On cherche un responsable. N'est-il pas naturellement désigné ? N'est-ce pas le premier Lord de l'Amirauté, ce civil de quarante ans qui croit en savoir plus long que les vieux loups de mer, cet aristocrate démagogue, ce politicien assoiffé de réclame ? Dans les milieux politiques, les conservateurs, qui n'ont jamais pardonné à Churchill d'avoir quitté leur camp, montrent une animosité particulière.

L'effervescence se calmerait peut-être si, simultanément, on n'apprenait que, sur le front de l'Ouest, l'armée britannique manque dangereusement de munitions. Les sanglantes et stériles offensives auxquelles elle vient de participer en Artois ont épuisé ses réserves. Faute de canons, faute de fusils, on ne peut envoyer sur le continent toutes les divisions de volontaires qui ont été constituées sur le sol britannique. La presse s'émeut, les députés conservateurs réclament un changement profond dans la conduite de la guerre ; au sein même du ministère, Lloyd George, dont les antennes sont très sensibles, déclare que les choses ne peuvent continuer ainsi. Un mouvement se dessine en faveur de la constitution d'un gouvernement de coalition.

Sur ces entrefaites, la mésentente qui, depuis le début de l'affaire des Dardanelles, est apparue entre Churchill et l'amiral Fisher, premier Lord maritime, prend un tour aigu. L'Italie, après avoir obtenu des Alliés, par un traité secret signé à Londres le 26 avril, la promesse de grands avantages, s'est décidée à dénoncer la Triple Alliance et elle est sur le point de déclarer la guerre à l'Autriche-Hongrie. A la demande du gouvernement de Rome, Churchill fait passer quelques unités de la flotte britannique en Adriatique. Mécontent de n'avoir pas été consulté, Fisher, le 15 mai, donne brutalement sa démission.

L'irascible amiral jouit d'une grande popularité et sa décision précipite la crise. Bonar Law, *leader* du parti conservateur, déclare publiquement qu'il est indispensable de remanier le Cabinet et ajoute en privé qu'il faut en profiter pour enlever Churchill de l'Amirauté.

Le 17 mai, pressé par Lloyd George, le premier ministre se rallie à l'idée de former un ministère d'union nationale et en informe le roi.

Le 26, la liste des nouveaux ministres est publiée : sur vingt et un membres que compte le nouveau Cabinet, douze sont des libéraux, huit des conservateurs, un est travailliste. Asquith demeure à la tête du gouvernement, mais Bonar Law reçoit le portefeuille des Colonies ; Lloyd George quitte la chancellerie de l'Echiquier et prend le ministère des Munitions créé pour lui ; Reginald Mac Kenna lui succède à la tête de la Trésorerie ; Sir

Edward Carson, naguère chef des rebelles ulstériens, est nommé attorney général ; Kitchener, dont il a été un moment question de se défaire, reste à la Guerre ; Arthur Balfour, l'ancien premier ministre conservateur, devient premier Lord de l'Amirauté à la place de Winston Churchill.

Au cours des négociations Asquith a dit à ce dernier :

« Voulez-vous un emploi dans le nouveau ministère ou préférez-vous un commandement en France ? »

Winston, après avoir hésité, a fini par accepter la charge purement honorifique de chancelier du duché de Lancastre, à condition de continuer à siéger dans le Cabinet et de faire partie du Comité de guerre. Mais ce n'est pas sans un serrement de cœur qu'il quitte cette Amirauté à laquelle il a donné tant de son intelligence et de son énergie. Il n'y rentrera qu'en 1939.

Les critiques amères dont il fut l'objet à propos de l'affaire des Dardanelles étaient-elles fondées ? Au moins, ont-elles été fort exagérées.

Sans doute une certaine légèreté, une certaine précipitation, envers et ses qualités d'animateur et d'homme d'action, doivent-elles être reprochées au premier Lord de l'Amirauté. Il eût, en particulier, mieux agi en insistant, dès le début, pour que des forces terrestres coopérassent avec les forces navales et en se refusant à risquer l'entreprise tant que Kitchener n'aurait pas cédé. Reste qu'il avait raison quand il affirmait que le forcement des Dardanelles constituait le meilleur moyen de « dégeler » la guerre et de hâter sa fin victorieuse. Il avait également raison quand il voulait ordonner à l'amiral de Robeck de persévérer dans l'offensive : des documents tardivement connus ont revélé que, le 18 mars au soir, tous les forts des Dardanelles étaient dangereusement endommagés, que les trois quarts de leurs munitions avaient été dépensés, que les soldats turcs étaient démoralisés, que le sultan se préparait à quitter Constantinople et que les officiers instructeurs allemands eux-mêmes s'attendaient au pire.

Cela toutefois, au printemps de 1915, on ne le savait pas en Grande-Bretagne. L'opinion, déçue, réclamait un bouc émissaire. Churchill fut choisi.

Injustice... Mais tout homme d'Etat doit s'attendre à l'injustice. N'est-elle pas la rançon de l'encens ?

CHAPITRE V

ARMAGEDDON[1]

RÉDUIT AUX FONCTIONS DE MINISTRE SANS PORTEFEUILLE, CHURCHILL SOUFFRE DE SA SEMI-INACTIVITÉ. — IL TROUVE UN DÉRIVATIF DANS LA PEINTURE. — LA GUERRE À LA FIN DE 1915. — CHURCHILL, LASSÉ, QUITTE LE MINISTÈRE ET PART POUR LE FRONT FRANÇAIS COMME OFFICIER D'IN-FANTERIE. — SON ACTIVITÉ COMME TEL. — LA MAUVAISE TOURNURE PRISE PAR LA GUERRE LE DÉTERMINE À REPRENDRE SA PLACE À LA CHAMBRE DES COMMUNES. — PRÉVENTIONS DONT IL RESTE L'OBJET. — BATAILLE NAVALE DU JUTLAND ET BATAILLE DE LA SOMME. — CHURCHILL CONTRE LES EFFUSIONS INUTILES DE SANG. — L'OPPOSITION DES CONSERVATEURS L'EMPÊCHE DE FAIRE PARTIE DU MINISTÈRE LLOYD GEORGE QUI SUCCÈDE AU MINISTÈRE ASQUITH. — ACTIVITÉ CONJOINTE DES BRITANNIQUES ET DES ARABES DANS LE PROCHE-ORIENT. — L'ACCORD SYKES-PICOT. — LA GUERRE SOUS-MARINE, ENTRÉE DES ÉTATS-UNIS DANS LE CONFLIT, RÉVO-LUTION RUSSE. — ÉCHEC D'UNE OFFENSIVE ALLIÉE SUR LE FRONT DE L'OUEST. — CHURCHILL, ENFIN IMPOSÉ PAR LLOYD GEORGE, EST NOMMÉ MINISTRE DES MUNITIONS. — SON ŒUVRE, IMPULSION QU'IL DONNE À LA FABRICATION DES *TANKS*. — AVORTEMENT DE TENTATIVES DE PAIX ES-QUISSÉES EN 1917. — L'ÉCHEC DE LA GUERRE SOUS-MARINE ET L'ARRIVÉE MASSIVE DES AMÉRICAINS DÉTERMINENT L'ALLEMAGNE À TENTER UN EFFORT SUPRÊME. — LES JOURS NOIRS DU PRINTEMPS DE 1918. — FOCH, COMMANDANT EN CHEF DES ARMÉES ALLIÉES. — LA VICTOIRE CHANGE DE CAMP. — DÉFAITE ET EFFONDREMENT DE L'ALLEMAGNE ET DE SES ALLIÉS. — L'ARMISTICE DU 11 NOVEMBRE. — LE SOIR MÊME, CHURCHILL ET LLOYD GEORGE S'INTERROGENT SUR LE MONDE NOUVEAU.

Chancelier du duché de Lancastre, titre désuet, presque ridi-cule, rien de plus que ministre sans portefeuille : quelle chute pour un homme d'Etat qui, depuis près de quatre ans, régnait sur le plus important des départements ministériels, sur celui dont dépend la sécurité de l'Empire !

---

1. Affirmation, expression de l'Apocalypse qui signifie le conflit suprême entre les nations, suscité par la venue de l'Antéchrist. Les Anglais, nourris de la Bible, emploient fréquemment, à partir de 1916, ce terme pour désigner la guerre mondiale.

Non seulement Churchill souffre de la quasi-inactivité à laquelle il est réduit, mais il se sent atteint dans sa dignité, presque dans son honneur par les critiques dont, au Parlement comme dans la presse, sa gestion à la tête de l'Amirauté ne cesse d'être l'objet. En dépit de la tendre sollicitude dont l'entoure sa femme, il traverse, lui, l'indomptable optimiste, une période d'abattement.

Heureusement, il trouve un dérivatif à sa neurasthénie naissante : au cours d'un *week-end*, il a par hasard mis la main sur une boîte d'aquarelle appartenant à un enfant ; s'en emparant, il s'est amusé à dessiner, puis à colorier un paysage. Cet essai l'a passionné. Il a acheté d'abord un matériel d'aquarelliste, ensuite un coûteux matériel de peintre à l'huile. Et le voici maintenant qui, aidé par son naturel sens artistique, s'applique avec alacrité à ce jeu nouveau : dans les moments difficiles que connaîtra encore, à nombre de reprises, sa carrière, la peinture lui offrira la plus efficace des consolations.

Eté et automne 1915. Les perspectives de victoire s'éloignent de plus en plus. A l'Ouest, les offensives lancées en Champagne par les Français, en Artois par les Anglo-Français, se voient successivement brisées, non sans avoir entraîné de terribles pertes (la seule attaque menée le 25 septembre au voisinage de Béthune coûte à la Ire armée britannique deux mille quatre cents officiers et cinquante-huit mille hommes pour une avance inférieure à cinq kilomètres). A l'Est, les armées russes, après avoir été forcées d'évacuer la Galicie, sont écrasées en Lithuanie et en Courlande par les troupes allemandes du maréchal de Hindenburg ; à court de munitions, à court d'armements, elles refluent en désordre et ne sont sauvées de la destruction que par l'épuisement de leurs adversaires. Dans les Balkans, les Austro-Allemands, auxquels se joignent maintenant les Bulgares, reprennent l'offensive contre la Serbie dont l'armée, dirigée par le vieux roi Pierre Ier, se voit contrainte, pour éviter un enveloppement, de se jeter dans les montagnes d'Albanie.

A Gallipoli, c'est en vain que Britanniques et Français ont envoyé de très importants renforts ; sur l'étroite bande de terre conquise, le corps expéditionnaire se maintient péniblement pendant huit mois, exposé à un continuel bombardement, difficilement ravitaillé, en proie à la fièvre et à la dysenterie ; en décembre, force lui sera de se rembarquer, laissant d'innombrables tombes sur ces plages maudites. Il sera alors partiellement transporté à Salonique, en territoire grec, d'où, grossi de nouvelles troupes françaises, et sous le commandement du général Sarrail, il s'efforcera de donner la main aux Serbes en retraite ; mais il arrivera trop tard et les débris de l'armée du roi Pierre ne seront sauvés que par les navires alliés qui les recueilleront sur les côtes de l'Adriatique. L'armée Sarrail devra alors se replier sur Salonique où la germanophilie du roi Constantin de Grèce lui suscitera de sérieuses difficultés.

Sur mer enfin, un péril nouveau a surgi : dès le début des hostilités, le gouvernement de Londres, d'accord avec celui de Paris, a proclamé l'Allemagne en état de blocus et a déclaré, contrairement aux règles du droit international alors en vigueur, que même les denrées alimentaires et les textiles transportés par des navires neutres à destination de ports allemands seraient considérés comme contrebande de guerre. Cette déclaration a suscité de vives protestations de la part des neutres, spécialement des Etats-Unis, et elle a déterminé l'Allemagne à inaugurer, à partir de février 1915, une guerre sous-marine qui, faite aux navires de commerce, viole plus ouvertement encore le droit des gens, mais qui commence à entraver le ravitaillement des Iles Britanniques. À la fin de 1915, le tonnage coulé est encore négligeable ; il ne cessera toutefois d'aller grandissant.

Bref, cette guerre dans laquelle on est entré en août 1914 n'est pas, comme beaucoup le croyaient alors, une expédition coloniale d'une ampleur exceptionnelle ; c'est la guerre totale, c'est le conflit suprême entre les nations, c'est *Armageddon*.

Ses exercices de peinture n'absorbent pas tellement Churchill qu'ils l'empêchent de manifester une irritation extrême en présence des erreurs dont, selon lui, se rendent coupables ceux qui ont la responsabilité de la conduite des hostilités. C'est avec une particulière véhémence qu'il tente, en octobre, de s'opposer à la décision d'évacuer la presqu'île de Gallipoli et de renoncer du même coup à mettre la main sur Constantinople.

Peu écouté, en continuelle opposition avec le premier ministre, il se décide, le 13 novembre, à donner sa démission de chancelier du duché de Lancastre et de membre du Cabinet. Deux jours après, il prononce à la Chambre des Communes, de son banc de simple député, un discours qu'il commence en annonçant son intention « de servir maintenant le pays d'une manière qui ne saurait porter ombrage à personne » — en d'autres termes, son intention de partir pour le front. Il continue en justifiant, point par point, son activité à la tête de l'Amirauté, insistant sur l'épisode d'Anvers et celui des Dardanelles. Il conclut en affirmant sa foi dans la victoire finale.

L'accueil de la Chambre est assez froid et Asquith se contente d'adresser à son « brillant collègue » quelques paroles où, sous la courtoisie, perce le soulagement. Enfin, on va être débarrassé de cet excité, de ce présomptueux, de ce touche-à-tout, de cet empêcheur de s'endormir en rond ! A peu près seuls, Lloyd George et Edward Carson témoignent des regrets sincères.

Dès le 18 novembre, Churchill a revêtu la tenue khaki, ceint le baudrier de cuir fauve, chaussé de lourdes bottes. A son flanc gauche, l'épée ; au ceinturon, le revolver ; sur la patte d'épaule, la couronne miniature insigne du grade de major qui vient de lui être conféré. Sa cantine est prête et si sa mère, Lady Randolph Churchill, fond en larmes, sa femme retient les siennes et, pour ne pas s'attendrir, brusque les adieux.

Le surlendemain, le nouveau major est en France, au Quartier général de Sir John French. Le commandant en chef de l'armée britannique, élégant cavalier, mais médiocre stratège, et qui n'a jamais réussi à bien s'entendre avec le commandement français, est sur le point d'être disgracié. Il le sait, mais ne s'en montre pas moins fort aimable avec Churchill et lui propose de lui confier une brigade. L'autre représente qu'il lui faut d'abord prendre contact avec les tranchées et il se fait détacher en surnombre dans un bataillon de grenadiers de la Garde, troupe d'élite.

La réception qu'il y reçoit est tout à fait dépourvue d'enthousiasme et le lieutenant-colonel commandant le bataillon se contente d'abord de murmurer :

« Je crois devoir vous dire que nous n'avons pas été consultés du tout au sujet de votre intention de vous joindre à nous. »

Cependant, la chaleur communicative de Churchill ne tarde pas à produire son habituel effet. Bientôt, ses camarades sont devant lui en admiration et, au bout de quelques semaines, il reçoit un certificat très élogieux le reconnaissant entièrement apte à exercer un commandement. Il retourne alors au Quartier général comptant y recevoir la brigade déjà offerte par French. Mais ce dernier est maintenant remplacé par le général Sir Douglas Haig, et Haig a été invité par Asquith à se montrer réservé. Aussi Winston doit-il se contenter d'une promotion au grade de lieutenant-colonel et du commandement du 6e bataillon de fusiliers écossais[1].

Il en conçoit un instant quelque amertume, mais il se reprend vite et c'est avec une sincère belle humeur qu'il déclare qu'il va s'employer à faire de cette unité sans prestige « le bataillon le mieux stylé de l'armée ».

Il tient parole et, dans le petit secteur de tranchées qu'ils occupent au voisinage d'Hazebrouck, les fusiliers écossais s'aperçoivent vite du dynamisme de leur nouveau chef. Exercices d'alerte, établissements de postes d'observation, creusement de sapes, coups de main répétés effectués sur les tranchées d'en face : les hommes ne connaissent guère de repos. Le trépidant lieutenant-colonel n'en est pas moins populaire parmi eux, car il s'occupe avec sollicitude du ravitaillement, a volontiers le mot pour rire et se porte toujours à l'endroit le plus exposé. Son grand secret est qu'il aime la vie et que, pour lui, la guerre est une forme de la vie.

*   *
*

Churchill va demeurer dans les tranchées flamandes jusqu'à la fin de mai 1916, sans que son bataillon prenne part à aucune opération majeure. Ce n'est donc que par les communiqués, par les journaux et par les lettres que ses amis lui écrivent de Londres qu'il est informé des événements.

Evénements peu satisfaisants. Le 2 février, les Allemands déclenchent en direction de Verdun une offensive d'une violence inouïe à laquelle les Français, d'abord surpris, opposent ensuite, sous les ordres de Pétain, une héroïque résistance ; mais l'assaillant redouble d'efforts ; de part et d'autre, divisions après divisions sont jetées dans la fournaise et on ne sait ni quand ni comment se terminera cette lutte de titans. Le 24 avril, une rébellion fomentée par l'Allemagne éclate à Dublin ; les insurgés, qui appartiennent au parti extrémiste du *Sinn Fein*, se rendent maîtres d'une partie de la ville et massacrent plusieurs soldats anglais. Au bout de quelques jours, l'ordre est rétabli, mais l'Irlande du Sud demeure frémissante. Le 29 avril, le corps expéditionnaire britannique de Mésopotamie, bloqué à Kut-el-Amara, est obligé de

1. Dans l'armée britannique en campagne, on ne connaît pas le régiment L'unité tactique est le bataillon, que commande un lieutenant-colonel. La brigade est constituée par trois ou quatre bataillons.

capituler. Le 15 mai, l'armée italienne, qui s'est avancée dans le Trentin et y est entrée en contact avec les Austro-Hongrois, subit, sur le plateau d'Asiago, une cuisante défaite.

D'autre part, les dirigeables allemands de type *Zeppelin* multiplient leurs raids au-dessus de l'Angleterre en même temps que la guerre sous-marine se fait plus intense. Enfin, le bel élan qui, au début des hostilités, a porté en Grande-Bretagne tant de volontaires vers les bureaux d'engagement est maintenant tombé et Kitchener a de la peine à recruter les soixante-dix divisions qu'il s'est engagé à mettre sur pied.

Au mois de janvier, une loi a été votée obligeant tous les hommes célibataires entre dix-huit et quarante et un ans à s'inscrire et à être prêts à répondre au premier appel ; les résultats s'étant révélés insuffisants, Asquith, sous la pression de Lloyd George et en dépit de l'opposition des *Trade Unions*, se décide à faire adopter un nouveau texte étendant la mesure aux hommes mariés. C'est, en pratique, le service militaire obligatoire, mais avec de très nombreuses exemptions. Le résultat n'apparaît que lentement et cependant l'Etat-major français, hanté par l'enfer de Verdun, ne cesse d'insister pour que les Britanniques occupent sans retard une portion plus étendue du front.

Ces faits jettent Churchill dans une nervosité extrême. Alors que tant de destins sont en jeu, alors que l'indécision semble régner à Londres, alors que le cabinet Asquith se montre si visiblement divisé, a-t-il le droit, lui l'homme fort, l'homme dont le cerveau bouillonne d'idées, a-t-il le droit de rester confiné dans un rôle subalterne, en un trou flamand où il ne se passe rien ?

« Non », se répond-il. Et il profite de ce qu'on annonce la fusion de son bataillon avec une autre unité pour demander à quitter le service actif. Satisfaction lui est donnée à condition qu'il s'engage à renoncer définitivement au port de l'uniforme. Dans les derniers jours de mai, il reprend, en civil, son siège à la Chambre des Communes. Malbrouk est revenu de guerre.

A peine est-il installé qu'une très grave nouvelle secoue l'opinion britannique : le 31 mai, la flotte allemande de haute mer, s'étant tout entière risquée en mer du Nord, a été jointe au large de la péninsule danoise du Jutland par les éclaireurs de la Grande Flotte anglaise, puis par cette dernière elle-même. Le combat a duré deux jours et a coûté à la Grande-Bretagne trois croiseurs de bataille, trois croiseurs légers, huit destroyers et six mille marins. Sans doute les Allemands, eux-mêmes fort atteints, ont-ils ensuite rompu le contact et ont-ils regagné à toute vapeur leurs abris. Il n'en est pas moins vrai que la Grande Flotte est maintenant affaiblie et que sa réputation d'invincibilité est au moins ébranlée... Winston ne peut s'empêcher de penser et de dire que, s'il avait été encore premier Lord de l'Amirauté, les choses se seraient passées autrement.

Peut-être a-t-il cru qu'il serait accueilli en sauveur. Il s'est, dans ce cas, étrangement trompé. Les préventions restent contre lui aussi fortes qu'avant son départ pour le front et, toutes les fois qu'au Parlement il ouvre la bouche, des murmures s'élèvent : « Anvers... Dardanelles ! »

C'est en vain qu'il se remet à son chevalet de peinture. A peine y trouve-t-il quelques instants l'oubli de la déception qui le ronge et il lui arrive de confier à un ami :

« Je suis un homme fini... Je suis définitivement banni de l'action. »

Son irritation s'augmente au spectacle de ce qu'il considère comme une suite de catastrophiques erreurs dans la conduite de la guerre.

Le 1er juillet, la grande offensive alliée réclamée par l'Etat-major français pour faire diversion à la bataille de Verdun a commencé de part et d'autre de la Somme. Cette fois, ce sont les Britanniques qui y jouent le rôle principal, puisqu'ils y ont vingt-six divisions engagées alors que les Français n'en ont que quatorze. Au milieu du mois, l'armée anglaise s'est emparée de la première position allemande. Mais elle est composée en majeure partie de recrues encore peu expérimentées et son demi-succès a entraîné des pertes effroyables sans que la percée ait pu être obtenue. (Kitchener, auquel le mérite revient d'avoir levé ces recrues, a péri en mer trois semaines plus tôt alors qu'il se rendait en Russie.)

D'accord avec Joffre, Haig, commandant en chef britannique, décide pourtant de continuer l'effort. La pensée du haut commandement allié est que le seul front où puisse se produire la décision est le front français, que cette décision ne saurait être enlevée que par des attaques massives et qu'il s'agit moins d'éviter des pertes que d'en infliger de supérieures à l'adversaire. C'est la « guerre d'usure ».

Conception à la fois brutale et simpliste qui heurte profondément Churchill. Il souhaiterait que l'on manœuvrât, que l'on ne renonçât pas à donner la main aux Russes, que l'on étudiât ce qui pourrait être fait en partant de Salonique, peut-être aussi en débarquant sur les rives de la Baltique. Il sait combien les positions allemandes sont fortes en France, il doute qu'on puisse les enlever de haute lutte et, s'il aime la guerre, il a horreur du sang inutile. Peut-être aussi songe-t-il à l'après-guerre et se dit-il qu'il ne faudrait pas que la Grande-Bretagne y arrivât trop affaiblie. Ce n'est pas le sol de sa patrie qui est envahi ; on ne saurait exiger qu'il attache une importance extrême à quelques hectares de terrain pris ou perdus.

Oubliant qu'il n'est plus ministre, il rédige un mémorandum qu'il fait tenir à tous les membres du Cabinet et au Grand Quartier général : « Du point de vue humain, l'offensive en cours se révèle désastreuse, du point de vue terrain, ses résultats sont presque nuls... A tous points de vue, elle constitue un échec complet... »

On hausse les épaules, on reprend l'affaire avec des objectifs modifiés et le sang continue de couler. En septembre, on gagne encore un peu de terrain et on peut rédiger des communiqués triomphants. Mais l'Allemand reste accroché à ses troisièmes lignes. A Thiepval, les Britanniques ont, pour la première fois, engagé des *tanks*, ces *tanks* dont Churchill a eu l'idée initiale et dont il a, depuis, suivi la mise au point avec un intérêt passionné. Leur effet a été utile, non foudroyant, et Winston regrette qu'on les ait révélés trop tôt.

En novembre, la bataille de la Somme s'enlise dans la boue, puis s'arrête, sans avoir entraîné de résultat décisif. Sans doute a-t-elle obligé les Allemands à relâcher leur effort devant Verdun et à y céder du terrain. Mais quelque deux cent cinquante mille cadavres gisent autour de la Somme, quatre cent mille dans la zone de Verdun. Ils pèseront bien longtemps sur les destinées de l'Europe. Winston n'avait pas tort quand il s'effrayait des conséquences d'un tel massacre.

* * *

En décembre, il a un grand espoir. Un important remaniement ministériel est en vue. Comment imaginer que, dans l'équipe nouvelle, il n'aura pas sa place ?

Asquith, naguère chef du Cabinet libéral, maintenant à la tête du gouvernement de coalition, a, par ses hésitations et ses temporisations, irrité beaucoup de politiciens influents. Bonar Law et Lloyd George, en particulier, sont contre lui en révolte

presque ouverte. Mais comment déterminer une action commune
de ces deux hommes, le premier *leader* des conservateurs, le second
représentant du radicalisme avancé ? Max Aitken va s'en charger.

Curieuse figure de conquistador moderne que celle de cet
Aitken. Né au Nouveau-Brunswick, dans le *Far West* canadien,
d'un pauvre pasteur presbytérien, il a, très jeune, manifesté un
véritable génie des affaires et, ayant profité de la soudaine expansion économique du Canada, il s'est trouvé à moins de trente ans
à la tête d'une gigantesque fortune. Dévoré d'idées, jugeant que
rien n'était trop grand pour sa mesure, il est passé en Angleterre,
s'y est fait élire membre de la Chambre des Communes et s'y est
aussitôt affirmé champion d'un néo-impérialisme démocratique.

Court de taille, effervescent, tantôt sombre, tantôt hilare, sans
nulle prétention à l'élégance, plus soucieux des réalités du pouvoir
que de ses apparences, il manœuvre dans la coulisse et excelle
à rapprocher les hommes. Bientôt, il passera à la Chambre haute
avec le titre de Lord Beaverbrook et c'est sous ce nom qu'il
deviendra un des magnats de la presse britannique, son principal
journal, le *Daily Express*, battant tous les records de tirage. En
1916, il est intimement lié avec Bonar Law, comme lui Canadien
d'origine, mais il est en même temps attiré par la personnalité
de Lloyd George. Il réunit les deux personnages consulaires et,
avec eux, ourdit une intrigue de palais.

Conformément au plan arrêté entre les conjurés, Lloyd George
s'en vient trouver Asquith et lui déclare que, pour redresser la
situation, il est indispensable de constituer au sein du Cabinet un
comité étroit avec des pouvoirs quasi dictatoriaux. De ce comité,
lui, Lloyd George, devrait avoir la présidence.

Ce serait réduire le premier ministre à un rôle de figurant.
Asquith refuse. Le Gallois annonce alors son intention de quitter
le gouvernement et de s'adresser au pays. Aussitôt après, Bonar
Law et plusieurs ministres conservateurs déclarent qu'eux aussi
se démettent. Devant cette levée de boucliers, Asquith ne peut
que renoncer au pouvoir. Le roi George V invite alors Bonar
Law à constituer un ministère, mais le *leader* conservateur décline
cet honneur et suggère au souverain le nom de Lloyd George. Le
7 décembre 1916, ce dernier est nommé premier Lord de la Trésorerie et premier ministre.

Depuis près de quinze ans, lui et Churchill sont en relation
d'intimité ; aussi bien leurs deux tempéraments offrent-ils force
traits communs et sont-ils en complet accord quant à l'impulsion

qu'il convient de donner à la guerre. Winston se voit déjà replacé à la tête de l'Amirauté, en tout cas, pourvu d'un portefeuille d'importance égale.

Hélas ! les conservateurs n'ont pas désarmé et Bonar Law oppose un catégorique *veto* à l'inclusion de l'homme des Dardanelles dans le nouveau gouvernement. Lloyd George ne peut que s'incliner et quand, le 11 décembre, la liste ministérielle est publiée, le nom de Winston Churchill n'y figure pas.

Cette liste présente un caractère particulier : seuls, cinq des trente-trois ministres sont désignés comme devant faire partie du « Cabinet de guerre ». Outre Lloyd George, ce sont Lord Curzon, ancien vice-roi des Indes, Lord Milner, ancien proconsul en Afrique du Sud, Bonar Law, chef des conservateurs, enfin le *leader* travailliste Arthur Henderson. A ces cinq seulement appartiendra le privilège de prendre les grandes décisions, les autres ministres devant se cantonner dans leurs fonctions de chefs de Département. En outre, pour la première fois, un secrétariat du Cabinet est constitué, chargé d'établir les procès -verbaux.

Lloyd George n'est plus le démagogue mal tenu et véhément qu'on a connu, dix ans auparavant, invectivant contre les riches et les Lords. Son épaisse crinière, sa courte moustache sont maintenant d'argent et peignées avec soin ; son masque est devenu moins clownesque et plus léonin, son teint s'est fleuri, les vêtements clairs qu'il affectionne sont de bonne coupe, l'embonpoint le guette. Mais ses yeux pétillent toujours de malice, il est toujours jovial, toujours prompt à la riposte et il a conservé intact, en même temps que tout son talent d'improvisateur, tout son magnétisme persuasif. Autant que jamais, il est le « sorcier gallois » au charme duquel on ne résiste pas.

Retors, comédien dans l'âme, il n'en est pas moins resté religieux, sensible aux détresses humaines et capable d'élans. La déception de Winston lui fait peine et, pour tenter de l'adoucir, il promet à son vieil ami de lui confier un poste ministériel aussitôt que la commission instituée pour enquêter sur l'affaire des Dardanelles aura publié son rapport. Churchill, chapitré par Aitken, se laisse apaiser et promet son appui au gouvernement.

* * *

Aussi bien ce dernier, en accord avec la pensée churchillienne, paraît-il décidé à ne pas porter l'effort britannique sur le seul front occidental. Guidé par Lord Curzon, éminent spécialiste des questions du Proche-Orient, Lloyd George attache une importance particulière aux opérations menées, à partir de l'Egypte, contre l'Empire ottoman.

L'Angleterre s'est longtemps posée, contre la Russie, en protectrice de l'indépendance turque ; mais, maintenant que « l'homme malade » paraît décidément condamné à mort, elle entend avoir large part à sa succession. Cela d'autant plus que le pétrole prend une importance toute nouvelle et qu'on sait que certaines provinces asiatiques de l'Empire ottoman sont riches en gisements pétrolifères.

Dès 1915, le gouvernement de Londres a mis dans ses intérêts le Chérif Hussein, chef religieux de la Mecque, qui s'est déclaré indépendant du sultan de Constantinople. De concert avec lui, un curieux homme, le colonel Lawrence, actif agent de l'*Intelligence Service*, s'est employé à soulever le monde arabe contre la Turquie. En août 1916, le désastre de Kut-el-Amara a arrêté l'avance britannique en Mésopotamie, mais Lloyd George et Curzon sont maintenant résolus à reprendre l'offensive et de très importants renforts sont envoyés dans le Levant.

Toutefois, la Grande-Bretagne doit compter avec la France qui a des intérêts historiques en Palestine et en Syrie. Un accord est conclu — dit accord Sykes-Picot — convenant d'attribuer à la France, après la victoire, la Cilicie, la Syrie littorale et la région de Mossoul, la Palestine devant être internationalisée.

Cet accord ne satisfait ni le colonel Lawrence ni son fidèle acolyte, l'émir Fayçal, fils du Chérif Hussein. Déjà, une intrigue se noue ayant pour objet la constitution, aux dépens des aspirations françaises, d'un vaste empire arabe qui serait sous la protection de l'Angleterre. Elle est facilitée par le fait que la France, tout entière absorbée par la défense de son sol, ne peut expédier sur place qu'une force symbolique.

Cependant qu'à l'Ouest, Britanniques et Français continueront à lutter fraternellement côte à côte et se prêteront main-forte sans marchander, ce sera dans le Proche-Orient que se décèlera l'initiale fissure de leur alliance.

*   *   *

Les premiers mois de 1917 sont marqués par deux faits capitaux : la rupture entre les Etats-Unis et l'Allemagne, la Révolution russe.

Depuis l'ouverture des hostilités, le président des Etats-Unis, Woodrow Wilson, n'a cessé de protester contre les violations du droit international dont se sont, sur mer, rendus coupables les belligérants. Au début, ses protestations étaient surtout destinées à l'Angleterre ; après l'ouverture de la guerre sous-marine, elles visèrent presque uniquement l'Allemagne. Dès 1915, le torpillage, sans avertissement préalable, du paquebot *Lusitania*, chargé de nombreux passagers américains, suscita outre-Altantique une émotion intense et l'on crut un moment être au bord de la rupture. Mais Wilson n'était rien moins que belliqueux et, en novembre 1916, il se fit réélire Président avec le *slogan :* « Il nous a maintenus en dehors de la guerre ». Aussitôt après, il adressa aux belligérants une note les incitant à s'informer mutuellement de leurs conditions de paix. Les réponses furent de part et d'autre assez vagues et l'Allemagne redoubla l'intensité de son offensive sous-marine.

Cependant, la propagande anglaise a travaillé très habilement l'opinion américaine et quand, le 31 janvier 1917, le gouvernement du Reich fait savoir que dorénavant tout navire neutre rencontré dans les eaux britanniques s'exposera à être coulé sans avertissement, c'est aux Etats-Unis une explosion de colère. Le 3 février, les relations diplomatiques sont rompues entre Washington et Berlin. Wilson hésite à sauter le pas, mais la pression se fait de plus en plus forte et, le 2 avril, poussé par son principal conseiller, le colonel House, il se décide à demander au Congrès la proclamation de l'état de guerre : elle est votée le 6 avril, par trois cent soixante-quinze voix contre cinquante. L'armée américaine n'existe guère encore ; dès à présent, toutefois, les immenses ressources financières et économiques des Etats-Unis sont à la disposition des Alliés.

En Russie, depuis l'échec de l'offensive menée pendant l'été de 1916 par le général Broussilow contre le front autrichien, les choses ont été de mal en pis. Les armées sont désorganisées, mal équipées, privées de munitions, et la mutinerie y est menaçante. Le gouvernement est aux mains d'une *camarilla* corrompue et en partie germanophile qui a tout à fait chambré le faible tsar Nicolas II. Au début de 1917, on s'attend chaque jour à la révolution. Elle éclate le 8 mars, quand des émeutes provoquées par la disette se produisent à Petrograd et que les troupes de la Garde mettent la crosse en l'air. Le 15 mars, le tsar abdique et un gouvernement provisoire est constitué sous la présidence du prince Lwow.

La nouvelle suscite d'abord dans les pays alliés une vive satisfaction. On craignait que le gouvernement tsariste ne se laissât tenter par une paix séparée et on espère que le nouveau régime poursuivra la guerre avec une énergie accrue. A Londres, on a une raison supplémentaire de se montrer content : en 1915, la Grande-Bretagne s'est vue contrainte de signer, avec la France et la Russie un traité aux termes duquel Constantinople était, en cas de victoire, promise à cette dernière. L'empire russe maître des Détroits ! Quel démenti à la politique séculaire du *Foreign Office* !... Le gouvernement de Sa Majesté pense *in petto* qu'à la faveur du changement de régime l'engagement pris pourra sans doute être éludé. Aussi bien, son ambassadeur à Petrograd, Sir George Buchanan, semble-t-il n'avoir pas été entièrement étranger à l'explosion du 8 mars.

L'euphorie ne durera guère. Le 16 avril, Lenine, venant de Suisse où il était réfugié, arrive à Petrograd après avoir traversé l'Allemagne en wagon plombé. Aussitôt, le parti révolutionnaire extrémiste dit *bolchevik* commence à s'opposer avec violence au gouvernement provisoire. Un peu partout des Soviets d'ouvriers et de soldats se constituent. Au front, nombre d'unités se démobilisent elles-mêmes. C'est l'anarchie. Pourtant, ni à Londres ni à Paris, on ne mesure encore l'ampleur du drame et on espère toujours dans une Russie régénérée.

Cependant, le haut commandement allié persiste à essayer d'obtenir sur le front de l'Ouest une décision rapide. Le 9 avril, les armées anglaises ont engagé en Artois une bataille de diversion. Le 16, Nivelle, qui, en décembre précédent, a remplacé Joffre à la tête des armées françaises, lance sur l'Aisne et en direction des monts de Champagne l'offensive principale. Contrariée par le mauvais temps, elle coûte très cher en hommes et aboutit à un échec. Une grande crise morale s'ensuit et il faut tout le doigté de Pétain, successeur de Nivelle, pour apaiser les mutineries.

Churchill mesure la stérilité de ces nouveaux massacres. En mai, il prononce, en séance secrète, devant la Chambre des Communes, un long discours : la Grande-Bretagne et la France ne devraient pas user ce qui leur reste de forces en des offensives ruineuses et stériles ; ce qu'il faut, c'est attendre l'arrivée des armées américaines et, dans l'intervalle, tout mettre en œuvre pour juguler la guerre sous-marine et conserver la maîtrise des mers... Cette fois, l'orateur est écouté avec attention et, quand il se rassied, des *Hear ! Hear !* d'approbation se font entendre.

En juin une satisfaction partielle est donnée à la politique périphérique qu'il préconise : le Cabinet donne son approbation à l'envoi en Grèce de l'ancien gouverneur général de l'Algérie Jonnart, en qualité de haut-commissaire de France et de Grande-Bretagne ; Jonnart provoque l'abdication du roi Constantin et un gouvernement favorable à la cause des Alliés est installé à Athènes.

Sur ces entrefaites, le rapport de la commission d'enquête sur l'affaire des Dardanelles est publié : Churchill n'y apparaît pas dégagé de toute responsabilité, mais Asquith et Kitchener ont commis des erreurs au moins aussi lourdes que les siennes. Ce n'est qu'un demi-acquittement. Lloyd George juge toutefois qu'il lui est désormais possible de tenir la promesse que, lors de la constitution de son gouvernement, il a faite à Churchill : le 16 juillet, ce dernier, en dépit de l'opposition de plusieurs conservateurs de marque, est nommé ministre des Munitions.

Ces fonctions ne lui donnent pas entrée au Cabinet de guerre, mais elles lui confèrent la direction d'un département ministériel de première importance en temps de guerre. « Si je n'étais pas autorisé à faire les plans », écrira-t-il, « j'avais en revanche la charge de forger les armes ». Et c'est d'un cœur joyeux qu'il se met à la besogne.

De création récente, le ministère des Munitions est très vite devenu un gigantesque organisme groupant douze mille fonctionnaires répartis en cinquante services. Machine trop lourde : Winston la simplifie, l'allège et augmente d'autant son efficacité. Non content de cette réforme administrative, il s'attaque aux fabrications, accélérant leur rythme et surtout poussant la construction des *tanks*, ces enfants chéris de son esprit.

« Quand on considère », écrit-il le 21 octobre 1917, « ces grandes armées étirées sur des lignes longues de centaines de milles et organisées en profondeur seulement en de rares endroits, il est impossible de douter que, si un des camps mettait au point une méthode mécanique d'avancer de manière continue, ne fût-ce que sur un front limité, une défaite décisive serait infligée à l'autre camp. »

C'est en novembre que l'armée britannique utilise pour la première fois les *tanks* de manière massive. Le résultat dépasse les espérances et, en 1918, l'arme nouvelle jouera un rôle considérable. Mais ce ne sera qu'en 1940 que les divisions blindées allemandes rendront manifeste la révolution stratégique et tactique en puissance dans l'idée churchillienne.

Autre effort : les Etats-Unis ont décidé de lever et d'équiper quarante-huit divisions. Mais leurs usines ne sont pas outillées pour fabriquer rapidement des canons. Churchill se charge de constituer l'artillerie de moyen calibre nécessaire et elle est avec régularité livrée aux Américains au fur et à mesure de leur débarquement. C'est un réservoir d'hommes presque inépuisable qui s'ouvre au profit des Alliés occidentaux: ceux-ci peuvent désormais considérer sans trop d'angoisse le triomphe des bolcheviks en Russie et la très probable disparition du front oriental.

*   *   *

Désireux de ménager, dans toute la mesure du possible, le sang des combattants alliés, Churchill n'en est pas moins partisan de poursuivre implacablement la lutte jusqu'à complète victoire.

Au cours de l'année 1917, plusieurs tentatives ont été faites en faveur de la cessation, totale ou partielle, des hostilités : en février, prise de contact à Copenhague entre Sir Francis Hopwood, familier du roi George V, et le comte Mensdorff, ancien ambassadeur d'Autriche-Hongrie à Londres ; le même mois, double visite du prince Sixte de Bourbon-Parme, beau-frère du nouvel empereur d'Autriche Charles IV, au président de la République française Poincaré ; en juillet, vote par le Reichstag allemand d'une résolution demandant la conclusion d'une paix sans annexion ni indemnité ; en août, note du Saint-Siège apostolique d'inspiration analogue ; en novembre, entretien à Genève du général sud-africain Smuts avec le comte Mensdorff ; quelques jours après, publication par le *Daily Telegraph* d'une lettre de Lord Lansdowne, dans laquelle le vieux négociateur de l'Entente cordiale déclarait que « la prolongation de la guerre risquait d'entraîner la ruine du monde civilisé... ». Lloyd George a été quelquefois tenté de donner suite à ces suggestions. Mais Churchill s'y est déclaré nettement opposé : il est trop animal de combat pour accepter d'arrêter la lutte avant que l'adversaire ne soit à terre.

Aussi bien, toutes les velléités pacifiques sont-elles mises à néant par le refus de l'Italie d'envisager aucune transaction avec l'Autriche-Hongrie, par l'inébranlable volonté de Clemenceau de

« faire la guerre » jusqu'au bout et, plus généralement, par la répugnance des gouvernements à admettre que tant de sang répandu ait pu l'être sans résultat. Peut-être, en face des passions déchaînées, faut-il moins de courage à des hommes d'Etat pour poursuivre une guerre que pour l'arrêter...

Pourtant, le 8 janvier 1918, le président Wilson formule, en quatorze points, un programme de paix fondé sur le droit des peuples à disposer d'eux-mêmes, la restitution de l'Alsace-Lorraine à la France, l'autonomie des nationalités en Autriche-Hongrie, la liberté des mers et l'institution d'une Société des Nations. Ce programme, assez vague, ne satisfait pas complètement les gouvernements de Londres, de Paris et de Rome, et il est jugé inacceptable par les Empires centraux. Il n'en servira pas moins, ultérieurement, de base aux travaux de la Conférence de la paix. En attendant, la guerre continue à l'Ouest. En revanche, à l'Est, les Soviets vont, le 7 mars, conclure avec l'Allemagne, l'Autriche et la Turquie, une paix séparée. Mais l'événement n'ébranlera ni la France ni la Grande-Bretagne, noyé qu'il sera dans la vague d'espoir suscitée par le débarquement continu des troupes venues d'outre-Atlantique.

L'afflux des renforts américains consterne le commandement allemand, dont les réserves en hommes s'épuisent. D'autre part, la guerre sous-marine, qui avait obtenu son maximum de résultat au printemps de 1917 (875,000 tonnes coulées pendant le seul mois d'avril), a perdu beaucoup de son efficacité depuis que les Alliés ont inauguré la pratique des convois, depuis aussi qu'ont été inventés des appareils permettant de déceler à longue distance la présence de sous-marins : force est de renoncer à réduire la Grande-Bretagne par la famine et ce sont, au contraire, les peuples des Empires centraux qui éprouvent douloureusement les effets du blocus. Enfin, l'Autriche-Hongrie apparaît menacée de désintégration interne... Donc, pour l'Allemagne, un seul moyen de conjurer le spectre de la défaite : réussir, dans le plus bref délai possible, une offensive foudroyante sur le front de l'Ouest.

Hindenburg, commandant en chef, et son chef d'Etat-major Ludendorff choisissent de s'attaquer d'abord aux Britanniques. Le 21 mars 1918, à 4 h. 30 du matin, trois armées allemandes sont lancées à l'assaut des lignes tenues, entre Arras et l'Oise, par les généraux Byng et Gough. Les soldats de Byng résistent, maix ceux de Gough sont refoulés jusqu'à Péronne, quatre-vingt-dix mille d'entre eux étant faits prisonniers. Il semble un moment que la rupture soit accomplie entre les forces françaises et les forces britanniques et que ces dernières soient menacées de se voir acculées à la mer. « Nous sommes », écrit le 24 le général Wilson, chef d'Etat-major général au *War Office*, « à la veille d'un effondrement ».

L'extrémité du péril détermine une grande résolution : le 26 mars, Lord Milner, représentant du gouvernement anglais, a, à la mairie de Doullens, une conférence avec Poincaré et Clemenceau ; il y est décidé de charger le général Foch de coordonner l'action des armées britanniques et françaises sur le front occidental. Depuis déjà longtemps Lloyd George était partisan de la mesure, mais il s'était heurté à l'opposition de l'Etat-major britannique. Cette fois, c'est Haig lui-même qui a pris l'initiative. Deux jours après, le général Pershing, commandant le corps expéditionnaire américain, se met à la disposition de Foch. Un peu plus tard, celui-ci recevra le titre de commandant en chef des armées alliées.

Les Allemands sont enfin arrêtés. Mais, le 9 avril, ils portent un coup nouveau, chassent les Britanniques de Messines et arrivent au voisinage d'Hazebrouck. « Nous avons le dos au mur », écrit Haig dans un ordre du jour. « Chacun de nous doit combattre jusqu'au bout. »

Le pire parvient à être évité, mais à Londres l'émotion a été intense ; à la Chambre des Communes, Asquith attaque vivement le gouvernement et cent sept députés libéraux votent contre ce dernier : le parti libéral est coupé en deux ; c'est le début de son déclin.

Pendant ces journées tragiques, Churchill a conservé tout son sang-froid. Il a remonté le moral de l'impressionnable Lloyd George et celui-ci l'a prié de se rendre à Paris pour y voir Clemenceau et obtenir de lui un énergique appui français aux forces britanniques. L'accueil du « Tigre » a été chaleureux et les deux hommes se sont rendus ensemble au Quartier général de Foch. Winston a eu toute satisfaction. Il a ensuite accompagné Clemenceau aux premières lignes et il a constaté que le vieillard était, plus encore que lui, insouciant du danger.

Le 21 mai, l'offensive allemande reprend, lancée maintenant dans la vallée de l'Aisne contre les lignes françaises. L'armée Duchesne est contrainte de se replier derrière la Marne ; Compiègne est menacée et, au delà, Paris. « Il y a », écrit le général

Wilson, « possibilité et peut-être probabilité d'une complète défaite des forces françaises. »

Pourtant, le 9 juin, l'armée Mangin arrête l'assaillant en avant de Compiègne et l'espoir renaît. Le 15 juillet, c'est l'ultime coup de bélier. Hindenburg et Ludendorff le frappent en Champagne, l'empereur Guillaume étant présent. Il est amorti par la résistance élastique que lui oppose l'armée Gouraud. L'offensive piétine, puis s'arrête. Les Allemands ne sont pas passés ; ils ne passeront plus. La guerre a changé de signe. La victoire a changé de camp.

Dès le 18 juillet, une contre-offensive française oblige l'ennemi à se replier derrière l'Aisne et la Vesle. Le 24, Foch, admirablement secondé par son chef d'Etat-major Weygand, entame l'exécution d'un vaste plan d'attaque et, sur l'ensemble du front, il multiplie les poussées. Le 8 août, l'armée britannique entre dans la bataille et, précédée de quatre cent cinquante tanks réalise une avance de quinze kilomètres. Les Américains tiennent maintenant un front dans la région de Saint-Michel et leur armée ne cesse de grossir.

La débâcle de l'Allemagne se précise, puis s'accélère. Ses troupes, auxquelles Foch ne laisse aucun répit, sont maintenant démoralisées et n'offrent plus qu'une résistance désordonnée. Le prince Max de Bade, le « prince rouge », qui vient d'être nommé chancelier de l'Empire, tente en vain, le 5 octobre, de faire appel à la médiation du président Wilson. Vers la fin du mois, les troupes françaises, britanniques, américaines et belges ont repoussé leurs adversaires au delà d'une ligne s'étendant approximativement de Stenay à Bruges.

En même temps, les alliés du Reich s'effondrent successivement : le 19 septembre, la victoire anglo-arabe de Naplouse a sonné le glas de l'Empire ottoman ; le 29 septembre, la Bulgarie, envahie par l'armée de Salonique que commande maintenant Franchet d'Esperey, a sollicité un armistice ; le 23 octobre, la victoire italienne de Vittorio-Veneto a eu raison de la résistance autrichienne ; le 29 octobre, la République tchécoslovaque est proclamée ; le 30 octobre, la Turquie capitule ; le 3 novembre, l'Autriche-Hongrie est à genoux.

C'est la fin. A Kiel, une mutinerie s'est déclarée parmi les équipages de la flotte allemande ; le 7 novembre, les troupes alliées occupent Gand ; le 8, Hindenburg adresse un message à Foch lui demandant l'armistice ; le 9, le socialiste Ebert remplace à la chancellerie du Reich le prince Max de Bade ; le 10, l'empereur Guillaume s'enfuit en Hollande ; le 11 au matin, toutes les conditions posées par les Alliés ayant été acceptées, l'armistice est signé à Rethondes, dans la forêt de Compiègne. C'est l'amiral Wemyss qui représente la Grande-Bretagne, principale puissance maritime en cause, à la cérémonie.

La guerre, commencée le 4 août 1914, est terminée par la complète victoire des puissances de l'Ouest. Mais elle a semé, moralement aussi bien que matériellement, d'irréparables ruines.

* * *

Winston Churchill a vécu avec intensité les dramatiques et passionnantes journées de l'avance alliée. Sans se relâcher de sa besogne propre, travaillant quinze heures par jour, faisant produire aux usines britanniques toujours plus de canons, toujours plus de munitions, toujours plus de *tanks*, il a pris le temps de se rendre plusieurs fois en France en avion pour y conférer avec les services français de fabrications de guerre, pour inspecter les installations anglaises d'armement établies sur place et surtout pour s'y griser de l'odeur de la bataille.

Une de ses expéditions a failli lui coûter cher : pilotant lui-même, il volait au-dessus de l'aéroport de Croydon à une altitude de trente mètres, quand, soudain, l'appareil refusa de répondre aux commandes, tournoya sur lui-même et s'abattit au sol. Le choc fut terrifiant, mais, par miracle, Winston était indemne. Deux heures après, il prononçait un discours à un banquet de députés. Sa chance ne l'a pas surpris : il a la conviction intime d'être réservé encore à de grands destins.

Le 11 novembre, il est dans son bureau ministériel quand l'horloge de la Tour du Parlement sonne onze heures, instant prévu pour l'entrée en vigueur de l'armistice. Sa femme est auprès de lui, ils s'embrassent ; puis tous deux montent en automobile et, fendant une foule en délire, se rendent au numéro 10, Downing Street, demeure du premier ministre.

Cette visite, Churchill l'a faite parce qu'il tient à rendre hommage à son ami Lloyd George qu'il considère comme ayant été, en Grande-Bretagne, le grand artisan de la victoire. Et aussi parce que, toujours tendu vers l'avenir, il a hâte de discuter avec lui des conséquences de cette victoire et du parti à en tirer.

Lloyd George l'invite à dîner et, tard dans la nuit, tandis que Londres chavire de joie, les deux hommes s'interrogent sur le monde nouveau qui s'apprête à naître de l'*Armageddon*.

CHAPITRE VI

LA NATION BRITANNIQUE PENDANT
LA PREMIÈRE GUERRE MONDIALE

LA NATION BRITANNIQUE N'A PAS ÉCHAPPÉ À L'ÉBRANLEMENT GÉNÉRAL.
— PERTES EN HOMMES, PERTES EN MATÉRIEL. — ATTEINTES PORTÉES
AU COMMERCE EXTÉRIEUR, FONDEMENT DE LA PROSPÉRITÉ ANGLAISE.
— AU DÉBUT, RIEN DE CHANGÉ DANS LA VIE QUOTIDIENNE. — RESTRIC-
TIONS SUCCESSIVES À LA LIBERTÉ DES ÉCHANGES ET À CELLE DES PER-
SONNES. — LE SERVICE MILITAIRE OBLIGATOIRE. — DÉVELOPPEMENT DE
LA BUREAUCRATIE. — ABDICATION PARTIELLE DU PARLEMENT. — DIFFI-
CULTÉS SUSCITÉES PAR LES *TRADE UNIONS*. — LA GUERRE PROFITE AU
SYNDICALISME ET AU TRAVAILLISME. — INSTAURATION DU SUFFRAGE UNI-
VERSEL ET DU VOTE FÉMININ. — CHANGEMENTS DANS LES MŒURS. —
ÉCLIPSE DU PURITANISME. — RÉPUDIATION DES VALEURS VICTORIENNES.
— L'EMPIRE BRITANNIQUE PENDANT LA GUERRE. — LE LOYALISME DES
DOMINIONS NE LES EMPÊCHE PAS D'EXIGER UNE AUTONOMIE CROISSANTE.
— L'AGITATION IRLANDAISE. — PROMESSES FAITES À L'INDE. — DISTENSION
DES LIENS IMPÉRIAUX. — PRESTIGE ACCRU DE LA COURONNE. — GEORGE
V PENDANT LA GUERRE, SES VERTUS. — LA FAMILLE ROYALE DEVIENT,
AUX YEUX DES ANGLAIS, LA FAMILLE MODÈLE. — LA RELIGION MONAR-
CHIQUE EST DÉSORMAIS CELLE QUI RENCONTRE, OUTRE-MANCHE, LE
MOINS DE SCEPTIQUES.

Toute protégée qu'elle ait été par sa ceinture marine et par
la solidité de ses traditions, la Grande-Gretagne n'a pas échappé
à l'ébranlement général : sur le plan matériel comme sur le plan
moral, elle n'est plus, à la fin de 1918, tout à fait la même qu'au
printemps de 1914.

D'abord, elle est moins riche : moins riche en hommes, moins
riche en argent.

Sept cent quarante mille de ses meilleurs fils — le dixième de
sa population mâle active — sont tombés au combat pour ne plus
se relever. Sans doute, la saignée n'a-t-elle pas été aussi effroyable
que celle subie par la France laquelle, moins peuplée, a perdu un

million trois cent soixante-quatre mille de ses enfants. Elle a
pourtant été cruelle ; il faudra du temps avant qu'à l'intérieur
du corps britannique, l'équilibre se rétablisse pleinement entre
globules rouges et globules blancs.

D'autre part, le commerce extérieur, fondement de la prospérité nationale, a été durement atteint : tandis que, pour assurer
l'approvisionnement en matériel de guerre, il a fallu presque
doubler les importations, les exportations ont subi une baisse
verticale. Cela en raison de la fermeture des marchés d'Europe
centrale et orientale, en raison aussi des entraves que la guerre
sous-marine a apportées aux communications avec l'Inde, l'Extrême-Orient et l'Amérique du Sud.

D'où un déficit de la balance des comptes qui n'a pu être
comblé que par des exportations d'or, par la cession d'une partie
des avoirs que l'Angleterre possédait à l'étranger et surtout par
un appel massif aux crédits américains. La livre sterling a mal
résisté à la pression : à l'intérieur, elle a perdu un tiers de son
pouvoir d'achat, à l'extérieur, elle a été dépossédée par le dollar
de son rôle d'étalon international.

Ainsi, le Royaume-Uni a cessé d'être le principal exportateur,
le principal affréteur et le principal banquier du monde. De
grand créancier, il est devenu grand débiteur. Et les positions qui
lui ont été enlevées ne semblent devoir être, la paix revenue que
bien difficilement reconquises, car des concurrents — les Etats-
Unis surtout — s'y sont installés qui ne s'en laisseront pas déloger
de bonne grâce. Ajoutons que l'Inde, jusque-là principale cliente
de la métropole, a profité des années de guerre pour créer chez
elle une industrie textile qui la dispense désormais de faire appel
aux cotonnades fabriquées dans la métropole.

Situation d'autant plus inquiétante qu'en dépit de la transformation d'une fraction des pâturages en terres arables, le sol
de la Grande-Bretagne n'a pu, en 1918, nourrir ses habitants
que pendant cent cinquante-cinq jours, le surplus ayant dû être
importé. Peu de chances pour qu'une amélioration se produise
dans un avenir prochain. Certes, l'Allemagne n'est pas parvenue,
comme elle l'a un moment espéré, à affamer le peuple anglais,
mais la question « subsistance » reste pour celui-ci primordiale.
Comment, en effet, sinon vivre, au moins maintenir son *standard*
de vie, si l'on ne peut exporter assez d'objets manufacturés pour
payer l'importation des indispensables denrées alimentaires ?
Qui négligerait le problème ne saurait comprendre la politique

britannique après la première guerre mondiale — ni aussi bien après la seconde.

* * *

Ce n'est pas seulement l'équilibre financier et économique de la Grande-Bretagne qui, à la fin de 1918, se révèle touché ; c'est aussi, dans une certaine mesure, sa structure politique, sociale et morale.

Les Anglais sont entrés dans le conflit en gens de cœur et en sportifs. Pour l'homme de la rue, il s'agissait essentiellement de porter secours à la petite Belgique, envahie au mépris d'un traité solennel que le chancelier allemand avait eu l'audace de qualifier de « chiffon de papier ». Il s'agissait aussi d'une aventure excitante à laquelle les jeunes hommes sans charges de famille devaient tenir à honneur de participer, mais qu'on ne soupçonnait pas devoir bouleverser les conditions de la vie civile.

En fait, au début, rien que des engagements volontaires, point de rationnement, point d'entraves graves à la liberté économique. La devise était « *Business as usual*... les affaires comme d'habitude. » Il importait avant tout de conserver les marchés extérieurs et d'éviter le chômage. Commerçants et hommes d'affaires poursuivaient leurs activités accoutumées. Les syndicats ouvriers renonçaient à profiter des circonstances pour exiger des hausses de salaires. Le ministère ne se voyait modifié que par l'adjonction d'un technicien, Lord Kitchener. Le Parlement tenait ses séances selon les rites traditionnels. Les guichets de la Banque d'Angleterre délivraient toujours de l'or en échange des billets. La presse restait libre, le gouvernement se contentant de lui donner de temps à autre des « conseils ». La bonne société s'habillait toujours pour dîner ; habits noirs et robes décolletées voisinaient avec les uniformes. Le dimanche, les hommes coiffaient toujours le chapeau haut de forme pour se rendre au service religieux. Les gazons des parcs publics et privés, les *greens* des parcours de golf étaient aussi soigneusement tondus et roulés que jamais. Dans les campagnes, on courait encore le renard. Dans les villes, restaurants, théâtres, music-halls et dancings étaient pleins.

Assez vite pourtant, sous des apparences longtemps maintenues, des changements profonds se dessinèrent. Dès la fin de 1914, la *loi sur la Défense du royaume* a donné au gouvernement des pouvoirs tels qu'il n'en avait jamais eu depuis Cromwell et a suspendu l'*habeas corpus* ; la *loi sur la Banque d'Angleterre*, sans instituer explicitement le cours forcé des billets, a interdit les sorties d'or et rendu en pratique difficile la circulation intérieure du métal précieux ; un peu plus tard, un contrôle serré a été établi sur les transports maritimes ; les navires marchands ont été l'objet de réquisitions multipliées ; un système de licences et de prohibitions a été établi, freinant les importantions des articles de luxe et instaurant, pour la première fois depuis 1850, un protectionnisme de fait. A partir de 1917, et en présence du péril sous-marin grandissant, l'Etat s'est fait importateur, s'est arrogé le droit de répartir entre utilisateurs et consommateurs les produits ou denrées importés et a été jusqu'à imposer des cartes de rationnement.

Il s'est fait aussi manufacturier, a créé de nouvelles usines d'armement, a placé sous son étroite surveillance les usines déjà existantes et a fixé les prix de vente par voie d'autorité. Quant à la fiscalité, elle n'a cessé de se faire plus lourde et le taux de l'*income tax*, qui était de 5,8 pour cent en 1914, a été progressivement accru jusqu'à atteindre 30 pour cent en 1918. Cela sans préjudice de la surtaxe frappant les revenus importants.

Ce ne sont pas seulement la liberté des échanges et les patrimoines qui ont été atteints, mais la liberté des personnes. L'exemption de tout service militaire obligatoire avait longtemps été considérée comme un des droits imprescriptibles de l'Anglais et, même aux pires heures des guerres napoléoniennes, il n'avait jamais été question d'y porter atteinte. Toutefois, quand, à partir de septembre 1915, tomba l'enthousiasme qui, en treize mois, avait porté près de dix-neuf cent mille volontaires aux bureaux de recrutement, l'Etat-major réclama avec insistance l'instauration de la conscription.

La conscription, mot abominable aux Anglais ! Le Cabinet Asquith résista d'abord, puis, en présence des appels réitérés du commandement britannique et du gouvernement français, se vit obligé de céder. Le 2 janvier 1916, il fit voter, non sans résistance, une première loi imposant le service militaire pour la durée de la guerre à tous les célibataires mâles âgés de dix-huit à quarante-cinq ans ; en mai de la même année, une seconde loi étendit l'obligation aux hommes mariés.

Les sursis d'appel furent d'ailleurs nombreux, s'appliquant à tous les ouvriers ou employés jugés « indispensables » et les garçons coiffeurs eux-mêmes en bénéficiant. Le principe de la conscription n'en était pas moins posé et rarement coup aussi rude fut porté à tradition aussi solidement établie. L'armée britannique qui, au début des hostilités, n'était forte que d'environ cent cinquante mille hommes en présente, à la fin, plus de trois millions et demi.

Contrôle des transports maritimes et du ravitaillement, développement massif des fabrications de guerre, surveillance des échanges, organisation de la conscription : tout cela a rendu nécessaire la création d'administrations nouvelles qu'ont remplies, en nombre sans cesse croissant, des fonctionnaires occasionnels recrutés parmi les citoyens que leur âge, leur état de santé ou, d'aventure, leur instinct de conservation éloignaient du service actif. Une pesante bureaucratie s'est rapidement constituée, contraire elle aussi aux traditions britanniques. Il a été dit plus haut que, lorsqu'en juillet 1917, Churchill prit la tête du ministère des Munitions, ce « ministère-champignon » ne comptait pas moins de douze mille agents.

Le Parlement lui-même, asile sacro-saint des libertés britanniques, a perdu quelque chose de son indépendance. Dès le début des hostilités, l'opposition conservatrice s'est soumise à une discipline volontaire, imitée en cela par le groupe irlandais et par la majorité du groupe travailliste (une minorité, dirigée par l'Ecossais Ramsay MacDonald et opposée au principe même de la guerre, a fait, il est vrai, sécession). Il a été admis que le gouvernement serait entièrement maître de l'ordre du jour des assemblées et que ses propositions seraient votées avec le minimum de discussions. Ce n'est guère qu'en séances secrètes que des critiques se sont fait entendre, et aussi au sein du Cabinet.

On sait comment ces critiques déterminèrent, en mai 1915, la transformation du ministère Asquith en ministère de coalition, puis, en décembre 1916, l'élimination d'Asquith au profit de Lloyd George. Ce dernier, beaucoup moins attaché aux usages que son prédécesseur, traita le Parlement avec quelque désinvolture. Son prestige, son autorité et l'évidence de ses qualités de chef empêchèrent toute révolte : dans les derniers mois de la guerre, il exerçait une véritable dictature.

* * *

Les Anglais sont disciplinés, n'ont pas le sens critique très développé et sont profondément patriotes. Convaincus que les limitations apportées à l'exercice de leurs libertés étaient nécessaires à la victoire, la grande majorité d'entre eux les acceptèrent avec bonne humeur. Aussi bien, dans toute la mesure du possible, les pouvoirs publics agirent-ils plutôt par persuasion que par contrainte. On grommela parfois, on railla le *red tape* — la paperasserie administrative — mais, dans l'ensemble, on fut docile.

De la part des milieux syndicalistes pourtant, le gouvernement se heurta parfois à de sérieuses résistances.

En août 1914, les *Trade Unions* s'étaient engagés à ne pas réclamer, pendant la guerre, d'augmentation de salaires. Mais, au milieu de 1915, ils revinrent sur cette promesse et force fut d'instituer des tribunaux spéciaux qui, à plusieurs reprises, accordèrent des augmentations substantielles.

D'autre part, les *Trade Unions* refusèrent absolument de renoncer au droit de grève. Une première cessation concertée de travail eut lieu en 1915 dans les mines de charbon du Pays de Galles, d'autres se produisirent en 1917 et 1918 dans les usines d'armement. Celle qui atteignit les ateliers d'aviation fut particulièrement sérieuse. Pour la briser, il fallut que Churchill, alors ministre des Munitions, déclarât que les ouvriers qui ne reprendraient pas le travail verraient leur sursis d'appel supprimé et seraient envoyés au front.

Dans l'ensemble, la guerre a favorisé le syndicalisme. Sans doute, les augmentations de salaires ont-elles été un peu moins que proportionnelles à la hausse du coût de l'existence, mais la différence entre la condition de l'ouvrier qualifié et celle de l'ouvrier non qualifié, différence si marquée avant la guerre, s'est fort atténuée. D'autre part, les femmes ont obtenu, au moins dans les industries de guerre et à travail égal, le même salaire que les hommes. Enfin, les effectifs des syndicats se sont considérablement accrus : cinq millions et demi de syndiqués en 1918 contre trois millions deux cent mille seulement en 1914. Les *Trade Unions* sont en liaison étroite avec le parti travailliste et celui-ci va profiter de cet accroissement. La dénonciation des gros bénéfices encaissés par beaucoup d'industriels lui sera un très efficace thème de propagande.

A remarquer pourtant que l'agitation ouvrière n'a eu à aucun moment de la guerre un caractère subversif et qu'elle n'a été déterminée que par des motifs professionnels. Autant que les autres sujets britanniques, les travailleurs de l'industrie se piquaient d'être « loyaux au roi et à la patrie ». Ils entendaient défendre leurs droits, non ébranler l'ordre social et, les eût-on pressés, qu'ils auraient probablement admis que la haute politique devait rester une affaire de *gentlemen*. Ce n'est que tout à fait à la fin et sous l'influence des idées venues de Russie qu'une tendance révolutionnaire a commencé à poindre dans quelques milieux syndicalistes.

Toutefois, comme, pour plaire à l'opinion américaine, la propagande britannique a proclamé, à partir de 1917, que le grand objet de la guerre était « d'assurer dans le monde la sécurité de la démocratie », il était inévitable qu'une poussée démocratique se produisît en Grande-Bretagne. En février 1918, le gouvernement de Sa Majesté — Lloyd George, son chef, n'est pas tout à fait un *gentleman* — a fait voter une loi instituant le suffrage universel : désormais, tous les sujets mâles âgés de vingt et un ans au moins et non frappés d'incapacité légale (ce qui exclut les condamnés à une peine infamante, les aliénés et les pairs du royaume) jouiront du droit de vote, militaires compris ; les femmes, elles aussi, seront électrices — les « suffragettes », enfin, l'emportent! — mais seulement à partir de l'âge de trente ans.[1] Du coup, le corps électoral se trouve porté de huit millions et demi à vingt et un millions et demi de membres, dont 40 pour cent du sexe faible. Partout ailleurs qu'en Angleterre, ce serait un saut dans l'inconnu. Mais il existe chez son peuple une unité morale qui atténue le risque des expériences politiques les plus hardies.

* * *

Le changement apporté à nombre d'habitudes s'est répercuté sur les mœurs. Jetée dans un conflit mondial, la nation britannique a vu son horizon s'élargir et a perdu quelque chose de son insularité. Les hommes qui ont été envoyés combattre sur le continent y ont vu beaucoup de choses que, jusque là, ils ne soupçonnaient guère et ont cessé de considérer comme vérités absolues quelques-uns des articles du *credo* dans lequel ils avaient été élevés. Quand la mort menace, au diable les conventions ! Les permissionnaires ont affiché une liberté d'allure qui a d'abord étonné, mais à laquelle on s'est vite habitué et que les civils n'ont pas tardé à imiter.

Simultanément, l'indépendance féminine s'est affirmée. Disparition définitive du corset, jupes plus courtes, parfois pantalons.

---

1. Quelques années plus tard, l'âge électoral féminin sera abaissé à vingt et un ans, la complète égalité avec les hommes étant ainsi établie.

Les jeunes filles et les femmes sont entrées en foule dans les hôpitaux, dans les cantines, dans les services auxiliaires, dans les usines d'armement, dans les exploitations agricoles, dans les administrations. Elles y ont rendu des services qui leur ont mérité d'être traitées sur un pied de parfaite égalité. Des types nouveaux sont apparus : la « chefesse » de bureau, compétente, efficace, imbue de son autorité et de sa dignité ; la *nurse* militaire, tantôt dévouée jusqu'à l'héroïsme, tantôt un peu vainement agitée ; l'hôtesse avide de surprendre des secrets d'Etat et empressée à établir des contacts entre gens importants ; l'ouvrière qualifiée ; l'adolescente délurée et volontiers provocante (la *flapper*).

Le travail en commun des hommes et des femmes a entraîné des conséquences prévisibles. Comment la camaraderie de bureau, de salle de garde ou d'atelier ne glisserait-elle pas souvent à la tendresse, ou simplement au désir ? Comment empêcher que les salles obscures de cinéma, de plus en plus fréquentées, ne favorisent d'intimes rapprochements ? Comment reprocher à des créatures sensibles de s'employer, âme et corps, à encourager ou consoler des héros d'hier ou de demain ? Les *flirtations* poussées se sont multipliées et avec elles le nombre des naissances illégitimes. Celui des divorces s'est aussi fortement accru. Une indulgence nouvelle a couvert des écarts qu'excusaient les circonstances.

Dans les livres, dans les journaux, au théâtre, le « sexe », si longtemps banni, a fait une apparition d'abord discrète, puis hardie. De petites feuilles ont paru, inspirées de la *Vie Parisienne* et remplies de dessins gaillards. Au *music-hall*, les déshabillages sont devenus osés. Dans les milieux avertis, on s'est mis à beaucoup parler des théories psychanalytiques de Freud, importées d'Autriche à travers les Etats-Unis, et d'aimables matrones ont discuté sans rougir de la *libido*. Comme les valeurs du libéralisme, les valeurs du puritanisme ont subi une forte baisse.

Samuel Butler, Bernard Shaw, Wells, Galsworthy avaient déjà moqué les préjugés de l'âge victorien. Maintenant, c'est aux figures les plus représentatives de cet âge qu'on s'attaque. En 1918, un essayiste de rare talent, Lytton Stratchey, publie un petit livre, *Eminent Victorians*, dans lequel, avec une ironie courtoisement perfide, imitée d'Anatole France, il « démolit » quelques-unes des réputations, jusque-là les plus révérées, du siècle précédent. L'ouvrage connaît aussitôt un large succès : c'est presque l'acte de décès d'une certaine Angleterre, un peu hypocrite sans doute, mais sûre d'elle-même, solide et puissamment agissante. Elle ne ressuscitera jamais tout à fait.

* * *

La Grande-Bretagne n'est que le centre de l'Empire. Comment, pendant la guerre, la périphérie s'est-elle comportée ?

Dans l'ensemble, avec un loyalisme qui a étonné les Anglais eux-mêmes. L'impérialisme était passé de mode depuis plus de deux lustres : l'Empire ne s'en est pas moins révélé aussi uni que jamais.

Les Dominions de race blanche, y compris le jeune Dominion sud-africain, ont rivalisé à qui recruterait le plus de volontaires : ensemble, ils en ont instruit près d'un million. L'Inde — Inde directement soumise à la puissance anglaise et Inde des rajahs — en a armé autant. Dans les colonies de la Couronne, la levée de contingents indigènes s'est opérée sans difficultés. Quant à l'Irlande, encore en théorie partie intégrante du Royaume-Uni, mais à laquelle le *Home Rule* a été promis, ses fils, poussés par leur tempérament batailleur, se sont enrôlés en masse.

Çà et là, quelques notes discordantes. En septembre 1914, une rébellion a éclaté dans certains districts du Transvaal et de l'Orange, aisément matée d'ailleurs par les compatriotes des rebelles. Au Canada, les habitants de langue française ont manifesté quelque répugnance à servir dans des unités où les commandements étaient donnés en anglais. Aux Indes, des frémissements ont parcouru les milieux intellectuels et un avocat réputé, formé aux écoles anglaises, Gandhi, a pris la tête d'un mouvement de résistance passive. Enfin, en Irlande, une insurrection, fomentée par l'Allemagne, a éclaté le jour de Pâques 1916 ; localisée à Dublin, elle a été vite jugulée, mais sa répression a laissé une amertume durable.

Tout cela, sur le moment, a pu paraître superficiel et on peut dire que, pendant les quatre années de guerre, l'Empire a apporté à la Grande-Bretagne un concours inappréciable sans lui causer de soucis majeurs.

Toutefois, l'ampleur même de ce concours a obligé le gouvernement de Londres à tenir large compte des aspirations de ceux qui le prêtaient.

Aspirations de plus en plus affirmées. L'effort de guerre fourni par les Dominions du Canada, d'Australie, de Nouvelle-Zélande et d'Afrique du Sud les ont amenés à prendre conscience d'eux-mêmes en tant qu'entités nationales. Non satisfaits de leur autonomie interne, ils ont réclamé une participation à la direction de la haute politique de l'Empire.

Les hommes d'Etat anglais savent céder à temps. Dès 1915, des représentants des Dominions furent invités à s'établir à Londres et s'y virent associés aux plus importantes délibérations gouvernementales. L'un d'eux, le général boer Jan-Christian Smuts fut même admis à siéger au Cabinet de guerre, cet étroit et tout-puissant sanhédrin institué par Lloyd George.

Ce n'est pas seulement au présent, mais aussi à l'avenir que songeaient les Dominions et ils entendaient qu'à la paix leur statut fût débarrassé de ce qu'il présentait encore de colonial. Ici encore, le gouvernement anglais s'inclina et donna en 1917 son approbation à une résolution stipulant que les Dominions seraient reconnus « comme nations autonomes dans un *Commonwealth* impérial ». *Commonwealth :* c'est la première fois que le terme apparaissait officiellement ! il ne devait pas tarder à remplacer celui d'Empire. D'ores et déjà, il a été convenu qu'à la future Conférence de la paix chaque Dominion serait représenté par une délégation distincte de celle de la Grande-Bretagne.

L'Inde elle-même, plus étroitement subordonnée à la Couronne britannique, a reçu des promesses : la même année 1917, le secrétaire d'Etat chargé de ses affaires a solennellement déclaré devant la Chambre des Communes que le peuple indien serait progressivement associé à l'administration de son pays, le but étant de le faire parvenir à la pleine autonomie. « Progressivement », toutefois, peut être interprété dans plusieurs sens : c'est à propos du rythme de cette progression que se livreront les batailles qui aboutiront finalement, après la deuxième guerre mondiale, à l'indépendance de l'Inde.

L'Irlande, elle, a été moins bien traitée. La loi lui octroyant l'autonomie interne, votée en principe au début de 1914, a vu son application ajournée à la fin des hostilités. Les Ulstériens ont d'ailleurs maintenu leur opposition au *Home Rule* et les conférences réunies pour tenter de les rapprocher des Irlandais catholiques sont demeurées sans résultat. La question est restée à l'état aigu et l'activité du parti extrémiste *Sinn Fein* donne à craindre qu'elle ne puisse être pacifiquement résolue.

Donc, quand prend fin la guerre mondiale, non seulement la Grande-Bretagne a vu s'altérer quelques-unes de ses plus solides traditions, non seulement elle a subi une terrible hémorragie, non seulement elle s'est dangereusement appauvrie, mais encore les liens politiques qui unissaient à elle son Empire se sont, malgré des apparences contraires, beaucoup détendus. Des problèmes angoissants se posent devant elle : le sens politique et le souple empirisme de ses hommes d'Etat, appuyés sur l'esprit civique de son peuple, lui éviteront le pire ; jamais pourtant, elle ne retrouvera la force et la majesté qui étaient encore les siennes en juillet 1914.

* * *

Au milieu de la tourmente un point est resté fixe et est par là devenu, pour la nation britannique, une sorte de phare : la Couronne.

Son titulaire est ce George V, sans intelligence bien vive et, jusqu'à la guerre, sans prestige bien assuré, mais rempli de bon sens et pénétré de ses devoirs.

Son rôle de souverain au nom de qui tout se fait, mais qui ne peut rien décider lui-même était, en temps de crise majeure, singulièrement difficile. Il l'a rempli avec un tact parfait, se réservant, conseillant sans jamais imposer, conciliant sans jamais prendre ouvertement parti, pansant les amours-propres blessés, encourageant les hésitants, ne désespérant jamais et surtout faisant en toute circonstance exactement ce que la masse de ses sujets attendait de lui.

Chef suprême des forces navales et militaires, la tradition constitutionnelle lui interdisait de s'immiscer dans leur direction. Mais à nombre de reprises, il s'est rendu sur le front, il a aussi inspecté la flotte et il a su trouver, pour s'adresser aux combattants, des paroles qui ont porté parce qu'elles partaient du cœur.

Chef aussi, au moins en théorie, de toute l'administration du royaume, il a multiplié les visites aux quartiers pauvres, aux usines d'armement et aux districts miniers. Ici encore, les propos qu'il a tenus ont toujours été parfaitement justes et parfaitement bien accueillis.

Le rôle politique qu'il a joué dans la coulisse, notamment lors de la constitution du premier Cabinet d'union nationale, est resté ignoré du grand public, mais deux gestes lui ont valu la sympathie de ce public qui est, outre-Manche, aisément sentimental.

En mars 1915, l'alcoolisme faisait, dans les milieux ouvriers, des progrès qui inquiétaient le gouvernement. Alerté par Lloyd

George, le roi décida qu'à titre d'exemple lui, sa famille et sa Cour, s'abstiendraient jusqu'au terme des hostilités de toute boisson fermentée. Décision qui lui coûta, car il était loin d'être hostile à la bouteille, mais qui enchanta l'opinion. Les loyaux sujets continuèrent à boire autant : ils n'en furent pas moins reconnaissants au monarque de s'être imposé une privation dont ils mesuraient la dureté.

En juillet 1917, la mauvaise tournure prise par les événements avait suscité une crise d' « espionnite » en même temps qu'un redoublement d'animosité à l'égard de tout ce qui, de près ou de loin, fleurait l'Allemagne. George V résolut de changer le nom de sa dynastie — la dynastie de Hanovre — et de lui faire prendre celui, typiquement anglais, de « Windsor ». Il suggéra aussi à ceux de ses cousins qui portaient un patronyme germanique, de le troquer contre un autre de consonance anglaise : les Battenberg devinrent Mountbatten. Cette fois encore, la note exacte avait été trouvée, à l'exact moment où il le fallait. « Vive à jamais la Maison de Windsor ! » le cri poussé par la foule ébranla les fenêtres du palais de Buckingham.

Digne compagne de cet homme digne, plus majestueuse et aussi plus raide que lui, la reine Mary sut admirablement le seconder. Et, dans la mesure même où il se laissait aller à une certaine liberté de mœurs, le peuple britannique respecta davantage un couple si uni.

Quant aux enfants royaux, il n'était guère de foyer britannique qui ne les considérât un peu comme les siens. Les deux aînés servaient : le premier, le prince de Galles (futur Edouard VIII), dans l'armée, le second, le prince Albert-George (futur George VI), dans la marine. Bien entendu, il n'était pas question de leur faire affronter de trop grands périls : le sang de la dynastie, indispensable au royaume, devait être ménagé. Mais qu'ils portassent l'uniforme et qu'ils fussent parfois exposés à recevoir un éclat d'obus, voilà qui a suffi à attendrir la nation.

Bien des choses ont pu changer, changeront encore : la Couronne demeure, palladium de l'Etat, symbole de l'unité comme de la continuité de l'Empire. Et ce n'est pas pure abstraction : à la fin de la guerre, George V et les siens apparaissent, aux yeux du public, comme des êtres très vivants, comme les plus Anglais des Anglais, les modèles des meilleures qualités de la race ; ceux mêmes des sujets qui ne se soucient pas de pratiquer les vertus traditionnelles apaisent leur conscience en chargeant, en quelque manière par procuration, la famille royale d'être vertueuse à leur place.

(Confiance qui, pour cette famille, n'ira pas sans quelques inconvénients : Edouard VIII les éprouvera quand il voudra épouser Mrs. Simpson ; et, plus tard, la princesse Margaret quand elle souhaitera s'unir au colonel Townsend.)

Cette dévotion populaire à la monarchie est tout à fait distincte du snobisme mondain, entièrement compatible avec des sentiments démocratiques et pratiquée aussi bien par les travaillistes que par les *tories*. En 1918, elle peut paraître assez nouvelle. Edouard VII, trop international, n'en avait jamais été l'objet et la reine Victoria elle-même n'en avait bénéficié qu'à la fin de son règne. Mérites personnels de George V, éclipse du rationalisme, diffusion de la presse illustrée, besoin, au sein de l'instabilité générale, de s'accrocher à quelque chose de solide : tout cela a contribué à propager une religion qui va désormais être celle qui, en Angleterre, rencontrera le moins de sceptiques.

Dans l'après-midi et la soirée de l'armistice, la foule parisienne acclame Clemenceau et oublie Poincaré. La foule londonienne, elle, néglige ce No 10, Dowing Street où Lloyd George et Churchill, sans se laisser griser par une victoire à laquelle ils ont pourtant efficacement contribué, scrutent anxieusement l'avenir. C'est vers le palais de Buckingham que cette foule se porte et pendant de longues heures, tandis que la famille royale vient de temps à autre saluer au balcon, elle chante sans se lasser le *God Save the King*

CHAPITRE VII

LA PAIX DIFFICILE

CHURCHILL DÉNONCE LE PÉRIL QUE LA RÉVOLUTION RUSSE FAIT COURIR
À LA CIVILISATION OCCIDENTALE. — SES INVECTIVES CONTRE LE BOLCHE-
VISME. — SON INDULGENCE À L'ÉGARD DE L'ALLEMAGNE. — LES ÉLEC-
TIONS BRITANNIQUES DE DÉCEMBRE 1918 SONT UN TRIOMPHE POUR LA
COALITION. — CHURCHILL MINISTRE DE LA GUERRE. — IL PRÉSIDE À LA
DÉMOBILISATION. — IL INSISTE POUR QUE SECOURS SOIT PORTÉ AUX
FORCES BLANCHES RUSSES. — LA CONFÉRENCE DE LA PAIX, CONTRADIC-
TIONS AU MILIEU DESQUELLES ELLE SE DÉBAT. — EN DÉPIT DES EFFORTS
DE CHURCHILL, LE RÉGIME SOVIÉTIQUE SE CONSOLIDE. — CHURCHILL
EXERCE D'ABORD DANS LE PROCHE-ORIENT, PUIS AUPRÈS DES IRLANDAIS
INSURGÉS, UNE ACTION DE CONCILIATION. — EN REVANCHE, IL LE PREND,
DANS LES AFFAIRES DE TURQUIE, UNE ATTITUDE BELLIQUEUSE. — LE
COMMUNIQUÉ QU'IL PUBLIE À CETTE OCCASION HÂTE LA DISLOCATION
DU MINISTÈRE LLOYD GEORGE. — DIFFICULTÉS AUXQUELLES CE MINISTÈRE
S'EST, DEPUIS 1910, HEURTÉ. — CRISE ÉCONOMIQUE ET SOCIALE, APPARI-
TION D'UN CHÔMAGE MASSIF. — PROBLÈMES FINANCIERS. — TENSION
FRANCO-BRITANNIQUE À PROPOS DES RÉPARATIONS. — AUTORITARISME
CROISSANT DE LLOYD GEORGE, INIMITIÉS QU'IL LUI A VALUES. — LES CON-
SERVATEURS PROVOQUENT L'ÉCLATEMENT DE LA COALITION. — LLOYD
GEORGE REMPLACÉ PAR BONAR LAW. — CHURCHILL EXCLU DU MINIS-
TÈRE PUREMENT CONSERVATEUR FORMÉ PAR CELUI-CI. — ÉLECTIONS
GÉNÉRALES D'OCTOBRE 1922. — CHURCHILL EST BATTU.

Les vues de Churchill sont simples, mais elles sont nettes.
A peine l'encre a-t-elle séché sur la convention d'armistice que le
ministre des Munitions se rend clairement compte du double
danger qui menace la civilisation à laquelle il est par toutes ses
fibres attaché : danger de désintégration de l'Europe centrale,
danger communiste.

L'Allemagne, que quatre années de blocus ont réduite à la
famine, semble glisser vers l'anarchie. Son armée défaite, ses prin-
ces en fuite ou se cachant, privée des cadres qui faisaient sa solidité, elle tourbillonne dans le vide et se laisse happer par des for-

ces centrifuges. Partout des émeutes, partout des comités d'ouvriers et de soldats, partout des mouvements séparatistes. Les Alsaciens et les Lorrains ouvrent grands leurs bras aux troupes françaises ; la Rhénanie s'agite, les Posnaniens envoient des messages d'adhésion au gouvernement polonais qui se forme à Varsovie ; à Berlin, les communistes du parti *Spartakus* sont maîtres de la rue ; à Dresde, à Hambourg, à Kiel, à Stuttgart, on insulte les officiers ; en Bavière, une République ouvrière et paysanne est proclamée. Comment deviner que, sous cette tempête de surface, subsiste le vieil instinct de discipline chevillé au cœur du peuple allemand ?

Quant à l'Autriche-Hongrie, la petite Société des Nations qu'elle constituait est en liquéfaction ; chacun de ses membres vit désormais d'une vie distincte et désordonnée. République à Vienne, République à Prague, République à Budapest (celle-ci bientôt sous la dictature du prolétariat). Les Croates et les Slovènes s'unissent aux Serbes, les Galiciens aux Polonais. Entre les associés de la veille, les rivalités éclatent et les nouveaux Etats ne se sont pas encore dégagés des décombres de la monarchie dualiste que, déjà, ils se disputent, prêts à en venir aux mains, des lambeaux de territoire.

L'effondrement des Empires centraux est une conséquence naturelle de leur défaite. Les Alliés pourraient s'en réjouir sans réticence si, à l'Est, une force de subversion ne grandissait à laquelle cet effondrement profite d'évidence.

Le régime soviétique s'est en effet consolidé et le massacre de la famille impériale, perpétré le 16 juillet 1918 à Ekaterinbourg, a marqué la rupture définitive avec le passé. Sans doute, la guerre civile fait-elle encore rage ; sans doute, les Russes blancs du général Denikine tiennent-ils toujours l'Ukraine et ceux de l'amiral Koltchak la Sibérie orientale ; sans doute, faut-il, pour mater les résistances subsistant un peu partout, répandre des flots de sang : Lenine n'en règne pas moins solidement à Moscou, l'armée rouge constituée par Trotsky apparaît déjà redoutable, enfin et surtout, l'Evangile nouveau prêché du Kremlin se révèle doté d'une puissance d'attraction qui exerce ses effets bien au delà des frontières russes. « Travailleurs de tous les pays, unissez-vous ! » L'appel suscite des échos en Angleterre même.

A l'égard des ennemis de la veille, Churchill est enclin à quelque mansuétude. Sportif, peu vindicatif par tempérament, il ne lui déplaît point de tendre la main à l'adversaire abattu. Insulaire, il estime que l'anéantissement de la marine militaire de l'Allemagne suffit à rendre celle-ci sans danger pour l'Angleterre. Homme d'ordre, il ne souhaite pas de voir le désordre s'installer au cœur de l'Europe. Conscient enfin des difficultés qui guettent l'économie britannique, il voudrait qu'elle retrouvât le plus rapidement possible ses débouchés continentaux. Bref, il insiste pour que le blocus qui étouffe l'Allemagne soit levé au moins partiellement et pour qu'une douzaine de navires chargés de vivres soient dirigés sur Hambourg.

Néanmoins, ce sont les affaires de Russie qui occupent surtout son esprit. Contrairement à beaucoup de membres de son parti, il n'a pas salué avec joie la chute du tsarisme. La paix séparée conclue par le gouvernement soviétique avec les Empires centraux a suscité son indignation. La boucherie dont Nicolas II et les siens furent les victimes a mis le comble à son dégoût. Plus encore que les doctrines du parti bolchevik, le personnel et les méthodes de ce parti paraissent abominables au *gentleman* et à l'artiste qu'il est :

« En dépit de toutes les horreurs de la Révolution française », écrira-t-il plus tard, « une lumière chatoyante en éclaire encore les scènes et les acteurs. La personnalité de Robespierre, celle de Danton, celle même de Marat brillent encore d'une sorte d'éclat. Mais la bassesse et la sordidité des chefs bolcheviks[1] n'est même pas compensée par l'ampleur de leurs crimes... Ils ont eu beau faire périr des milliers d'individus et plonger dans la misère des douzaines de milliers, les générations fututes n'auront que dédain pour leurs traits grossiers et leurs noms exotiques. »

Aux yeux de Churchill, le bolchevik n'est pas seulement le traître, le massacreur, le porte-flambeau de la révolution universelle : c'est le destructeur de tout ce qui est beau et sain, c'est l'Antéchrist. Avec véhémence, il demande que rien ne soit négligé pour l'abattre et qu'immédiate assistance soit apportée aux forces des Russes blancs.

Churchill expose et explose, mais c'est Lloyd George qui dispose. Or Lloyd George n'a plus qu'une idée : provoquer d'urgence des élections générales qui le confirmeront dans une autorité qu'il ne tient encore que de la bonne volonté des partis de la coalition, des élections qui plébisciteront sa dictature de fait. Comme

---

1. Au lendemain de la première guerre mondiale, on parle rarement de communisme et beaucoup de bolchevisme.

le public britannique est encore violemment monté contre l'Allemagne et se soucie assez peu de la Russie, le premier ministre prend pour thème de sa propagande : « Pendons le Kaiser... L'Allemagne paiera... », et il ne dit rien des Soviets.

Comment agir sur un Lloyd George qui écoute de moins en moins les conseils ? Winston enrage, mais force lui est d'emboîter le pas... Se représentant, toujours comme libéral, devant les électeurs de Dundee, il crie lui aussi : « Pendons le Kaiser !... l'Allemagne paiera ! » Toutefois, il adresse à quelques amis une lettre dans laquelle il émet des doutes touchant la sagesse de la politique qu'il prône publiquement.

Le scrutin a lieu le 14 décembre 1918, alors qu'on baigne encore dans l'euphorie de la victoire. Pour la première fois, tous les citoyens âgés d'au moins vingt et un ans et toutes les citoyennes âgées d'au moins trente ans ont été appelés à y participer. Le gouvernement a donné investiture officielle aux candidats partisans de la coalition et l'a refusée aux libéraux restés fidèles à Asquith. Le résultat répond à ses espérances : sur sept cent sept députés élus, quatre cent soixante-dix-huit sont des coalitionnistes dont trois cent trente-quatre conservateurs, cent trente-trois libéraux et onze indépendants ; l'opposition, divisée, ne compte que deux cent vingt-neuf membres, dont soixante-cinq travaillistes ; les libéraux asquithiens n'emportent que vingt-huit sièges et Asquith lui-même est battu. Fait inquiétant : les représentants de l'Irlande sont désormais, en grande majorité des *sinn-feiners*, des extrémistes qui, refusant de venir siéger à Westminster, constituent à Dublin un petit Parlement insurrectionnel.

Au total, si Lloyd George paraît être le triomphateur, les vrais vainqueurs sont les conservateurs. (De même, les élections qui interviendront l'année suivante en France sembleront plébisciter Clemenceau, mais auront surtout pour effet la formation d'une majorité de droite.) On remarque que le niveau social des députés a baissé. Moins d'hommes de loisirs, moins de *squires* provinciaux, beaucoup de nouveaux riches. Avec l'introduction du suffrage universel, la Chambre des Communes cesse d'être le premier club du royaume.

*   *   *

Provisoirement, le premier ministre reste tout-puissant. Laissant à Bonar Law, le *leader* conservateur, le soin de diriger les travaux parlementaires, il s'en va prendre à Paris la tête de la délégation britannique à la Conférence de la Paix et, pendant six mois, il ne quittera guère les bords de la Seine. Mais auparavant, il a remanié son gouvernement et, le ministère des Munitions ayant été supprimé, il a confié à Churchill le porteseuille de la Guerre auquel a été joint celui de l'Air.

Alors que vient de se terminer « la guerre pour mettre fin aux guerres », la charge peut paraître légère et d'aucuns se félicitent de voir Churchill en une place où son impétuosité ne saurait causer grand hommage.

En réalité, sa nouvelle mission est d'importance. Elle consiste principalement à assurer la démobilisation et il n'est point aisé de rendre à la vie civile, sans désordres ni heurts, trois millions et demi d'hommes.

Un plan a été préparé. Excellent sur le papier, il prévoit que les militaires qui, avant leur conscription, occupaient dans l'industrie des « postes-clés » seraient démobilisés les premiers. Mais, comme ces spécialistes n'ont souvent été enrôlés que récemment, les vétérans qui sont restés plusieurs années sur le front crient à la monstrueuse injustice. A Calais, à Folkestone, à Glasgow, à Belfast, des mutineries éclatent. A Londres, des manifestations forcent l'entrée du ministère de la Guerre.

Churchill n'hésite pas : il modifie le plan de démobilisation et échelonne les libérations proportionnellement à la durée des services. Seuls, seront gardés pendant deux ans encore sous les drapeaux les derniers appelés. Au bout de quelques jours, tout est rentré dans l'ordre.

Ses fonctions administratives ne l'absorbent pas tellement qu'elles lui fassent oublier sa détestation des Soviets. Le 11 avril 1919, il s'écrie, à l'issue d'un banquet :

« De toutes les tyrannies que mentionne l'Histoire, le bolchevisme est la plus affreuse, la plus destructive et la plus dégradante. C'est un non-sens que de soutenir qu'elle n'est pas bien pire que le militarisme allemand. »

Quelques jours après, devant la Chambre des Communes, il enchérit :

« Le bolchevisme n'est pas une doctrine politique, c'est une maladie. Ce n'est pas une création, c'est une infection ! »

A deux reprises, il se rend à Paris pour y supplier Lloyd George de l'autoriser à envoyer des armes et des munitions aux forces blanches qui tiennent encore en Ukraine et en Sibérie orientale. Mais le premier ministre est maintenant plongé dans les difficultés qui assaillent le Conseil suprême de la Conférence de la Paix où il siège à côté du président Woodrow Wilson, de Clemenceau et de l'Italien Orlando.

La principale de ces difficultés provient des traités secrets conclus au cours de la guerre entre la France, la Grande-Bretagne et l'Italie. Les Etats-Unis ont été étrangers à ces traités et Wilson les veut ignorer. Sans cesse, il appelle ses « quatorze points », insiste sur « le droit des peuples à disposer d'eux-mêmes » et se refuse à sortir de là. La Société des Nations, dont il a établi la Charte, lui semble devoir suffire à faire régner la paix et la justice dans l'univers ; la diplomatie classique ne lui inspire que méfiance et mépris. Il a renoncé à exiger qu'un plébiscite ait lieu en Alsace-Lorraine, mais la prétention de la France à occuper définitivement la Rhénanie et celle de l'Italie à annexer le rivage dalmate de l'Adriatique irritent au plus haut point cet homme assuré de remplir une mission divine.

La question des réparations dues par l'Allemagne suscite également d'âpres débats. Contrairement à ce qui avait d'abord été envisagé, Lloyd George a fait admettre que ces réparations devraient couvrir aussi bien les pensions de guerre que les dommages matériels (décision qui avantage la Grande-Bretagne, matériellement assez peu touchée par rapport à la France). Mais à quel chiffre fixer le montant total ? Clemenceau voudrait qu'on fût sans pitié. Au cours de la récente campagne électorale, le Premier britannique a promis de l'être. Maintenant, inspiré par son principal conseiller économique, Maynard Keynes, il incline à la modération. On discute, sans aboutir, à perte de vue. Finalement, on se résout à n'inscrire aucun chiffre dans le traité de paix et à renvoyer à la Commission des Réparations qu'institue ce traité le soin d'établir un « état de paiement ».

Les affaires du Proche-Orient offrent une autre pomme de discorde. Mis au fait de l'importance des gisements pétrolifères de la région de Mossoul, Lloyd George a déjà obtenu de Clemenceau la renonciation de la France à cette région que lui avait pourtant attribuée l'accord Sykes-Picot de 1916. Poussé par son ministre des Affaires étrangères, Lord Curzon, le voici qui manœuvre pour nous éliminer de la Syrie. D'où, avec Clemenceau, des scènes violentes...

Au milieu de cette cacophonie, la Russie a été un peu oubliée. En dépit des insistances de Churchill, ce n'est qu'en mai que le Conseil suprême se décide à communiquer à l'amiral Koltchak, chef des forces blanches de Sibérie, une note lui promettant assistance matérielle à condition qu'il s'engage à instituer, en cas de victoire, un gouvernement démocratique dans l'ancien empire des Tsars.

Note réticente. Churchill eût souhaité davantage. Il ne s'en estime pas moins autorisé à agir et, pendant dix-huit mois, il ne va pas cesser d'expédier aux Russes blancs du matériel de guerre et du ravitaillement. Cet effort sera d'ailleurs vain. Beaucoup d'Anglais le jugent inutilement coûteux, d'autres immoral ; les travaillistes et nombre de libéraux dénoncent les initiatives du ministre de la Guerre. Lloyd George lui-même, sans désavouer son collaborateur, le blâme en secret et, dans ses *Souvenirs de la Conférence de la Paix*, il écrira :

« Mr. Winston Churchill se montrait, avec une violence inconsidérée, partisan de faire la guerre aux bolcheviks. Son sang ducal se révoltait à la pensée que les grands-ducs pussent être définitivement éliminés de Russie... »

Ni les critiques dont il est l'objet, ni la débâcle des Russes blancs ne changent l'opinion du descendant des Marlborough. C'est contre son gré et parce que le premier ministre l'a catégoriquement exigé qu'il procède au rapatriement du petit corps expéditionnaire britannique qui occupait le port russe d'Arkhangelsk sur la mer Blanche. C'est avec fureur qu'un peu plus tard il voit les Alliés lever le blocus de la Russie soviétique. Au printemps 1920, quand l'armée rouge envahit la Pologne, il ne se contient plus et fait tenir à Lloyd George un mémorandum demandant que l'Allemagne soit autorisée à conserver une armée importante et soit constituée en digue contre le flot soviétique.

« Depuis l'armistice », lit-on dans ce document, « ma politique a été : paix avec le peuple allemand, guerre à la tyrannie bolchevique. De gré ou de force, vous avez suivi une politique exactement contraire... Nous en constatons maintenant les résultats. Ils sont effrayants. Il se pourrait que nous fussions à la veille d'un effondrement général, d'une anarchie submergeant l'Europe et l'Asie.

« La Russie est en ruine et le peu qui en reste est au pouvoir de monstres implacables. Mais l'Allemagne peut encore être sauvée... Vous devriez faire savoir à la France que nous conclurons une alliance défensive avec elle si — *mais seulement si* — elle modifie radicalement son attitude et adhère loyalement à une politique britannique d'aide à l'Allemagne, d'amitié pour l'Allemagne.

Ma suggestion entraîne comme conséquence une action résolue, déclarée et, au besoin, *indépendante*, de la part de l'Angleterre... »

Lloyd George classe le mémorandum sans suite. L'idée centrale en sera reprise plus tard, mais en 1920, le Cabinet britannique, en proie à de sérieuses difficultés d'ordre intérieur et sachant la nation assoiffée de paix, n'a nulle envie de s'exposer à des complications extérieures.

Sans doute, pour décider Clemenceau à renoncer à l'occupation permanente de la Rhénanie, le premier ministre a-t-il, l'année précédente, souscrit, conjointement avec le président Wilson, une déclaration promettant à la France, en cas d'attaque allemande, l'appui militaire de la Grande-Bretagne et des Etats-Unis. Cette déclaration a été annexée au traité de Versailles signé le 28 juin 1919. Mais, en novembre, le Sénat de Washington a désavoué Wilson et répudié tout ce qu'il a fait à Paris. La promesse américaine tombant, la promesse anglaise est tombée du même coup ; nul, sauf Winston, ne songe à la ressusciter, même sous une autre forme, même dans un autre esprit. Il s'agit de calmer l'agitation sociale, d'apaiser l'Irlande, de retrouver des marchés d'exportation, de consolider la livre sterling menacée : il ne s'agit point de risquer des aventures.

Aussi bien la victoire des Polonais sur l'armée rouge, victoire emportée grâce aux conseils du général Weygand, vient-elle à propos ôter son intérêt immédiat à la suggestion churchillienne.

Lloyd George cependant, toujours impressionnable, toujours flairant le vent, juge opportun de donner une satisfaction aux adversaires de son ministre de la Guerre : en janvier 1921, il le transfère au ministère des Colonies. C'est, depuis 1908, le septième Département que Churchill est amené à diriger. Il n'a encore que quarante-six ans.

* * *

Le nouveau ministre des Colonies n'a nulle intention de ralentir son activité. A peine nommé, il se rend au Caire pour tâcher d'y débrouiller l'écheveau des affaires du Proche-Orient.

Malgré l'opposition ouverte du monde arabe et l'opposition larvée de la délégation britannique, la Conférence de la Paix a fini par attribuer à la France un mandat sur la Syrie. Un autre a été confié à la Grande-Bretagne sur la Palestine. (« Mandat de la Société des Nations », c'est la formule qui a été imaginée pour concilier les principes de l'idéologie wilsonienne avec les appétits des puissances colonisatrices.) Cette double décision a causé une cruelle déception à l'émir Fayçal qui, de concert avec le colonel Lawrence, avait espéré se tailler un vaste royaume dans cette partie du monde. Les Arabes dont il est l'animateur continuent à s'agiter et cette agitation s'étend à l'Egypte. Pour assurer l'ordre, la Grande-Bretagne se voit contrainte de maintenir dans la région de Bagdad une garnison nombreuse et coûteuse : alors qu'à Londres le vent souffle à l'économie, la charge paraît insupportable.

Arrivé au Caire, Churchill prend contact avec Lawrence : entre les deux hommes également imaginatifs, également artistes, une sympathie naît sur-le-champ. Ensemble, ils élaborent un plan qui, soumis au Cabinet britannique, reçoit son approbation.

Un royaume est constitué en Irak qui est attribué à l'émir Fayçal, un autre dans le désert transjordanien dont son frère, l'émir Abdullah, devient souverain. La famille husséinite, dont l'influence est si utile à l'Angleterre, reçoit ainsi une relative satisfaction et les troubles qu'elle fomentait s'apaisent comme par enchantement. Les deux Etats resteront d'ailleurs, en fait, sous le protectorat britannique.

Churchill décide en outre de remplacer les forces terrestres stationnées en Irak par des forces aériennes : rayon d'action beaucoup plus étendu, excellente école d'entraînement pour les aviateurs britanniques et économie de trente-cinq millions de livres sterling.

Enfin une négociation est amorcée avec le gouvernement du Caire, qui aboutira bientôt à la reconnaissance de l'indépendance de l'Egypte, l'Angleterre conservant le droit d'y entretenir une garnison.

Lawrence, dans ses *Sept piliers de la Sagesse*, rendra hommage à Churchill pour l'habileté dont celui-ci a fait preuve au cours de ces différents pourparlers.

Pacificateur : c'est un rôle nouveau pour Winston ; il va le tenir encore avec brio, cette fois sur la scène irlandaise.

Une loi accordant à l'Irlande l'autonomie interne a été, rappelons-le, votée en mars 1914 par la Chambre des Communes. Ayant suscité la véhémente opposition des Ulstériens protestants elle a été, pendant la durée de la guerre, « mise en glacière » et non appliquée. A la paix, on s'est aperçu que la situation s'était sérieusement détériorée : tandis que l'intransigeance des Ulstériens restait absolue, les Irlandais du Centre et du Sud étaient en majorité passés au parti extrémiste *Sinn Fein:* ce n'était plus seulement le *Home Rule* qu'ils réclamaient, mais l'indépendance complète.

En janvier 1919, les représentants du *Sinn Fein*, réunis à Dublin, ont proclamé une « République d'Irlande » et ont élu président Eamon de Valera, un illuminé, fils de père américain et de mère irlandaise. A la fin de l'année, quelques fonctionnaires et gendarmes anglais ont été assassinés. Ces assassinats se sont multipliés en 1920, avec accompagnement d'incendies et de pillages. Le gouvernement de Londres a constitué alors en Irlande un corps spécial de police dit *Black and Tan,* qui a livré aux rebelles une guerre féroce, mais de médiocre efficacité.

Au printemps de 1921, une partie de l'île est à feu et à sang. Trente mille soldats anglais n'y viennent pas à bout des trois mille hommes de l' « armée républicaine. » Angoissé, le roi George V conseille à ses ministres d'entrer dans la voie des concessions et il prononce à Belfast, en Irlande du Nord, un discours conciliant Lloyd George envoie le général boer Smuts, membre du Cabinet britannique, prendre contact avec les chefs de l'insurrection, ensuite de quoi ceux-ci (Valera excepté) acceptent, sous sauf-conduit, de se rendre à Londres.

Churchill est membre du comité ministériel chargé de les recevoir. Sa cordialité, son esprit de répartie font merveille. Michæl Collins, l'un des plus fougueux animateurs du *Sinn-Fein* s'écriant devant lui :

« Les Anglais m'ont persécuté nuit et jour ! Ils ont mis ma tête à prix ! »

Winston rétorque :

« Vous n'êtes pas le seul. Ma tête a été mise à prix autrefois Mais pour la vôtre, nous offrions cinq mille livres. Tandis que la mienne, les Boers ne l'eussent payée que vingt-cinq livres. Auriez-vous préféré cela ? »

Collins rit et devint plus traitable.

Au terme de difficiles négociations auxquelles Churchill participe efficacement, un arrangement intervient le 11 décembre : l'Irlande du Sud et du Centre sera constituée en « Etat libre », avec le plein statut de Dominion ; l'Ulster en sera séparée et restera plus directement unie à la Couronne britannique.

Cet arrangement est ratifié sans difficultés par le Parlement de Londres. En revanche, à Dublin, il se heurte à l'opposition passionnée d'Eamon de Valera qui n'accepte pas le détachement de l'Ulster. Les partisans de la ratification finissent par l'emporter, mais, entre eux et les irréductibles, une nouvelle guerre civile va éclater qui sera plus sanglante que celle qui vient de mettre aux prises les *guerrilleros* irlandais et les *Black and Tans*. L'Angleterre y restera étrangère.

Churchill peut se rendre cette justice qu'il a, ici comme dans le Proche-Orient, œuvré en faveur de la paix.

Qu'on ne se l'imagine pourtant pas voué désormais au rôle d'amiable compositeur. L'animal de combat ne faisait que sommeiller en lui et il se réveille, au milieu de 1922, à l'occasion des affaires de Turquie.

Depuis l'entrée en guerre de celle-ci auprès des Empires centraux, la Grande-Bretagne a complètement renoncé à sa traditionnelle politique protectrice de l'intégrité ottomane. Ayant établi son influence sur la plus grande partie des provinces arabes de la monarchie disloquée, elle a occupé militairement Constantinople, puis a cherché un soldat docile qui pût la représenter dans les provinces proprement turques d'Anatolie.

A la Conférence de la Paix, Lloyd George a été conduit à penser que ce soldat devrait être l'Hellène. Après de longs débats, un traité a été signé à Sèvres, le 10 août 1920, qui ne laissait guère au sultan que Constantinople et sa banlieue tandis que la Grèce recevait la plus grande partie de l'Anatolie.

Déjà, toutefois, un général turc, Mustapha pacha Kémal (plus tard Kémal Ataturk), avait levé l'étendard de la révolte. Etabli avec ses partisans dans la région d'Ankara, il avait proclamé un gouvernement insurrectionnel et organisé une armée. En 1921, il a arrêté le progrès des troupes grecques. En juin 1922, il prend l'offensive, écrase complètement l'envahisseur et paraît, à la tête de ses hommes, devant Tchanak, sur la rive asiatique des Dardanelles.

Tchanak est encore tenu par des détachements britannique, français et italien. Craignant une rencontre sanglante, les gouvernements de Paris et de Rome, qui ne s'étaient pas associés sans beaucoup de réserves à la politique de Londres, transportent leurs soldats sur la rive d'Europe et les Anglais sont laissés seuls en contact avec l'armée kémaliste.

Celle-ci va-t-elle tenter de poursuivre sa marche vers Constantinople ? Si oui, la Grande-Bretagne risquera-t-elle une nouvelle guerre ? Lord Curzon, le ministre britannique des Affaires étrangères, incline à une transaction.

Non pas que le noble marquis soit un timoré. D'une haute in-

telligence, très érudit, gros travailleur, il est en même temps in-
fatué de sa naissance et rempli de superbe. Le corset de fer qui
lui est nécessaire pour soutenir sa colonne vertébrale ajoute à sa
raideur naturelle. Ayant rempli avec autant d'énergie que de ma-
gnificence les fonctions de vice-roi des Indes, son talent de dialec-
ticien lui a valu d'être élu *leader* du parti conservateur à la Chambre
des Lords. Membre ensuite du Cabinet de guerre, il y a fait preuve
d'une grande fermeté. Tout récemment, il a échangé avec Poincaré, parvenu en France à la présidence du Conseil, des propos d'une
aigreur extrême. Il est néanmoins avant tout diplomate et, comme
tel, préfère la négociation au canon.

En revanche, Churchill réprime mal l'excitation que suscite
chez lui l'odeur de la poudre. Il se prononce pour une résistance
énergique et, profitant d'une absence de Curzon, il remet à la presse, d'accord avec Lloyd George, un communiqué flamboyant :

« C'est l'intention du gouvernement de Sa Majesté », lit-on dans
ce document, « de renforcer immédiatement le corps d'occupation
de Constantinople et de donner à la flotte britannique de Méditerranée l'ordre de s'opposer par tous les moyens à toute avance des
Turcs kémalistes. »

La déclaration est fort mal accueillie en Grande-Bretagne par
un public qui ne veut plus entendre parler de guerre. Elle fait cependant réfléchir Mustapha Kémal, qui arrête son offensive et va
bientôt accepter de signer un armistice. Churchill n'en sera pas
moins accusé, par les conservateurs comme par les travaillistes,
d'être un belliciste impénitent et la mauvaise humeur soulevée
par son communiqué va largement contribuer à la désagrégation
du ministère Lloyd George.

* * *

Depuis un an d'ailleurs, ce ministère est vacillant. Sans doute,
les élections de 1918, intervenues dans l'ivresse de la victoire, lui
avaient-elles valu une écrasante majorité. Mais depuis de graves
difficultés ont surgi qui ont dissipé beaucoup d'illusions et profondément modifié le climat politique.

La guerre terminée, la démobilisation n'a pas provoqué de
chômage immédiat. Pendant un an, les affaires connurent une
activité factice, mais intense. Profits capitalistes comme salaires
ouvriers montaient en flèche et à la fin de 1920 le nombre des chômeurs ne dépassait pas cinq cent mille.

Au début de 1921, survint une dépression brutale : en mars, on compta treize cent mille personnes sans emploi ; en juillet, deux millions cinq cent mille. Simultanément, quelques baisses de salaires furent décidées qui provoquèrent une très vive agitation. Une grève générale des mineurs éclata et on put craindre un moment qu'elle ne s'étendît au personnel des transports. La propagande communiste connut, quelque temps, un superficiel succès ; *meetings* revendicatifs, processions de chômeurs se succédèrent et le gouvernement dut faire voter en hâte une loi augmentant l'indemnité de chômage jusque-là dérisoire. Le mécontentement n'en subsista pas moins.

Pour tenter de surmonter la crise et favoriser la réouverture des marchés européens d'exportation, le cabinet britannique a été progressivement amené à beaucoup ménager les vaincus. « Pendons le Kaiser... l'Allemagne paiera... » criaient les Anglais lors de l'armistice. On a tôt renoncé à pendre Guillaume II et on incline maintenant à exonérer le Reich. Dès la fin de 1919, Maynard Keynes, le conseiller écouté de la Trésorerie, a publié un livre retentissant, *Les Conséquences économiques de la Paix*, dans lequel il soutenait que, sous peine de désorganiser l'économie mondiale, il fallait à peu près renoncer aux réparations. La Cité de Londres a fait sienne cette thèse et Lloyd George (ainsi d'ailleurs que Churchill) a fini par lui donner son adhésion. D'où, entre le gouvernement de Londres et celui de Paris, de continuels différends que de successives conférences ne sont pas parvenues à aplanir. Les Anglais ne voient pas que le mal dont souffre leur industrie tient, pour une bonne part, à des causes internes, — salaires trop élevés, outillage désuet, appréciation exagérée de la livre sterling, — et elle tend à en rendre responsable la seule intransigeance française.

L'accord de la France et de l'Angleterre, entièrement disparu au début de 1921, s'est pourtant un peu rétabli à la suite de l'arrivée d'Aristide Briand à la tête du gouvernement de Paris. Lui et Lloyd George étaient tous deux d'adroits prestidigitateurs et tous deux de race celtique. Ils prétendaient pouvoir s'entretenir en langue gaélique et le « sorcier gallois » se sentait en sympathie naturelle avec le « charmeur breton. »

En janvier 1922, le Premier britannique a offert au Président français un pacte garantissant à la France la sécurité de sa frontière de l'Est. Mais à Paris, la majorité parlementaire a craint qu'un tel pacte ne nous liât les mains vis-à-vis de l'Allemagne.

Briand a été contraint de se démettre et son successeur, Poincaré, s'est aussitôt montré d'un plus rugueux métal.

Au milieu de 1922, la Grande-Bretagne se trouve en présence d'une Allemagne qu'elle a renoncé à faire payer, d'une France mécontente, d'une Russie entièrement soviétisée, d'une Amérique qui a exigé la parité de sa flotte avec la flotte britannique et la dénonciation de l'alliance anglo-japonaise, en présence aussi d'un effrayant chômage, d'une agitation sociale larvée, d'un commerce extérieur dans le marasme : rien de tout cela n'est fait pour consolider le cabinet Lloyd George. Ajoutons que le premier ministre a perdu beaucoup de son ascendant personnel : longtemps retenu à Paris par la Conférence de la Paix, ayant fait ensuite de multiples voyages sur le continent pour y participer aux conférences interalliées, il a cessé de fréquenter assidûment la Chambre des Communes et les députés ont échappé à son magnétisme. Son autoritarisme croissant, sa désinvolture affichée heurtent les milieux politiques.

On lui reproche, enfin, certaines tractations financières : Asquith, en effet, en rompant avec lui, a gardé le contrôle des fonds du parti libéral et le premier ministre, pour remplir sa caisse électorale, a dû avoir recours à des expédients ; il a, en particulier, mis presque à l'encan décorations et titres de noblesse. Vieil adversaire des Lords, il a jugé qu'il n'y avait nul inconvénient à en augmenter démesurément le nombre moyennant finance. Mais l'opinion, n'est pas de cet avis et plusieurs grands journaux ont déchaîné une campagne contre ce qu'ils appellent le « scandale des honneurs ».

En octobre, en suite du communiqué publié par Churchill à propos des affaires de Turquie, l'orage éclate. Quelques ministres conservateurs provoquent une réunion des parlementaires du parti. Elle se tient au Carlton Club et la rupture de la coalition y est emphatiquement réclamée. Après une intervention décisive de Stanley Baldwin, président du *Board of Trade*, elle est votée par cent quatre-vingt-sept voix contre quatre-vingt-sept. Plusieurs membres importants du gouvernement lui refusant désormais leur concours, Lloyd George ne peut qu'aller remettre sa démission au roi. Il a été, sans discontinuité, ministre dix-sept ans et chef du gouvernement pendant près de huit.

« Vous reviendrez », lui dit George V.

Mauvaise prophétie : après Woodrow Wilson, après Georges Clemenceau, David Lloyd George, troisième grande figure civile du camp allié, a quitté le pouvoir pour n'y plus accéder. Plus tard, — consolation dérisoire, — cet ennemi juré de l'aristocratie acceptera de passer à la Chambre des Lords avec le titre de comte.

* * *

Depuis les élections de 1918, le groupe conservateur est sensiblement le plus nombreux à la Chambre des Communes. En raison de son état de santé, Bonar Law a, en 1921 renoncé à la présidence de ce groupe et Austen Chamberlain, fils aîné de Joseph, l'a remplacé. Mais Chamberlain, qui est la loyauté même, entend demeurer fidèle à Lloyd George. C'est donc Law qui, bien que toujours malade, se voit chargé par le souverain de constituer un nouveau gouvernement.

A un homme rayonnant succède un homme terne. D'origine écossaise, né au Canada, ayant acquis à Glasgow, dans le commerce des métaux, une large aisance, Andrew Bonar Law est entré tard à la Chambre des Communes et s'y est fait remarquer plutôt par son sérieux, son application et son honnêteté que par son talent oratoire. Maigre, chétif, morose, la pipe vissée à la bouche, il n'a rien d'un entraîneur d'hommes, mais son défaut même de brillant a plu aux *tories*, gens méfiants, et l'a poussé au premier rang. Lloyd George inquiétait, il rassure ; les journaux de son ami Beaverbrook lui ont, d'autre part, créé une sorte de popularité dans le pays : c'est sans difficultés qu'il met sur pied un ministère.

Comme ce ministère ne comprend que des conservateurs, Churchill, encore inscrit au parti libéral, ne saurait y figurer. Aussi bien est-il en proie à une crise d'appendicite et provisoirement obligé de se tenir à l'écart de l'agitation parlementaire. Dont il enrage.

La tradition britannique — tradition véritablement démocratique — veut qu'une situation politique nouvelle détermine presque automatiquement des élections générales. A peine installé au No 10, Downing Street, Bonar Law fait signer par le roi une proclamation dissolvant le Parlement et appelant électeurs et électrices aux urnes pour le 15 novembre.

Churchill, opéré et alité, ne peut se rendre dans sa circonscription de Dundee que deux jours avant le scrutin ; mais il adresse à ses mandants une circulaire dans laquelle il s'affirme fidèle au parti libéral. Affirmation violemment contestée sur place : on reproche au député sortant de ne s'être pas assez soucié du sort des ouvriers, on lui reproche ses invectives contre les Soviets, on lui reproche sa longue association avec les conservateurs et quelques déclarations en faveur de la constitution d'un parti du centre, on lui reproche surtout ce qu'on nomme sa « belliquosité ». Ayant réussi, la veille du vote, à se hisser sur un tréteau électoral, il est accueilli au chant du *Drapeau rouge* et des huées couvrent sa voix.

« Je fus frappé », écrira-t-il, « par les regards de haine que me jetaient beaucoup de jeunes. En vérité, je crois que, n'eût été mon pitoyable état, ils m'auraient assommé de coups. »

Quant le dépouillement des bulletins est terminé, Winston apparaît très largement battu par son concurrent radical avancé. Il lui manque dix mille voix.

« En un clin d'œil », va-t-il soupirer, « je me suis trouvé sans portefeuille ministériel, sans mandat législatif, sans parti, et même sans appendice. »

Banni de la Chambre des Communes en octobre 1922, il y rentrera en octobre 1924. Ces deux années marqueront la seule interruption dans une carrière parlementaire commencée en 1900.

CHAPITRE VIII

DU CHEVALET A L'ÉCHIQUIER

CHURCHILL FAIT RETRAITE DANS LE MIDI DE LA FRANCE. — IL Y PEINT
ET Y ÉCRIT SES SOUVENIRS DE GUERRE. — À CINQUANTE ANS, IL EST AUSSI
VIGOUREUX QUE JAMAIS. — L'INACTION POLITIQUE LE LASSE VITE. — APRÈS
UNE VAINE CANDIDATURE LIBÉRALE, IL SE PRÉSENTE, SANS SUCCÈS NON
PLUS, COMME « CONSTITUTIONALISTE ». — AYANT ENFIN ÉTÉ RÉADMIS
DANS LE PARTI CONSERVATEUR, IL EST ÉLU LORS DES ÉLECTIONS GÉNÉ-
RALES DE 1924. — BALDWIN, DEVENU PREMIER MINISTRE À LA PLACE DE
MACDONALD, LE NOMME CHANCELIER DE L'ÉCHIQUIER. — POLITIQUE
FINANCIÈRE DE CHURCHILL, IL REMONTE LA LIVRE STERLING À SA
PARITÉ-OR D'AVANT GUERRE. — FÂCHEUX EFFETS ÉCONOMIQUES DE CETTE
MESURE. — LA GRÈVE GÉNÉRALE DE 1926. — ANIMOSITÉ DES TRAVAIL-
LISTES CONTRE CHURCHILL. — INTÉRÊT QU'IL PORTE AUX QUESTIONS EX-
TÉRIEURES. — LA LUTTE CONTRE LE BOLCHEVISME LUI PARAÎT DEVOIR
LES DOMINER. — SES DÉCLARATIONS PRO-MUSSOLINIENNES. — MALAISE
ÉCONOMIQUE PERSISTANT. — MALADIE DE GEORGE V. — LES ÉLECTIONS
DE MAI 1929 DONNENT LA MAJORITÉ RELATIVE AUX TRAVAILLISTES. —
CHURCHILL POUR DIX ANS ÉLOIGNÉ DU POUVOIR.

Sans doute est-il salutaire à un homme d'action qu'au milieu
de son existence intervienne une période de repos — volontaire
ou forcé — qui lui donne loisir de prendre quelque recul et de faire
oraison.

Churchill manque trop de détachement pour aller jusqu'à se
féliciter du verdict rendu par les électeurs de Dundee. Pourtant,
il ne connaît pas cette dépression qui, d'ordinaire, suivait ses
échecs. C'est presque avec allégresse que, quelques jours après
sa défaite, il prend la route de Cannes, accompagné de sa femme,
d'une soubrette et d'un secrétaire (il n'a jamais aimé et n'aimera
jamais se déplacer sans une suite). Surtout, il n'a eu garde d'oublier son attirail de peintre.

Sous le soleil de la Côte d'Azur, cet amoureux de tout ce qui
est brillant s'épanouit. Chaque après-midi, installé en plein air

devant son chevalet, il travaille à fixer sur la toile les lumineux paysages déployés sous ses yeux. Trait psychologique : dans ses interprétations, il tend à forcer les tons éclatants et à négliger les ombres. Son optimisme effervescent se trahit dans sa manière et le résultat est quelquefois aveuglant. Mais quelle joie il éprouve à étaler jaunes d'or et vermillons !

Et puis, il a la satisfaction de se pouvoir dire moins incompris comme artiste que comme homme d'Etat. N'a-t-il pas, l'année précédente, exposé, sous un pseudonyme, plusieurs tableaux dans une galerie parisienne et quatre d'entre eux ne lui ont-ils pas été payés trois mille francs pièce? Ce succès lui a fait autant de plaisir qu'un triomphe oratoire.

Ce n'est pas, néanmoins, avec des toiles payées trois mille francs qu'il peut assurer, avec toute la dignité qu'il juge convenable, sa subsistance, celle de sa famille et celle de son personnel. Sans être extravagant, il a le goût du grand confort, ne descendrait jamais dans un hôtel qui ne serait pas un palace et entend que ses vins, ses liqueurs, ses cigares soient de très grande marque.

« Je suis un homme très simple ». aime-t-il répéter, « mais ce qu'il y a de meilleur au monde n'est pas trop bon pour moi ! »

Or, si son cousin, le duc de Marlborough, est immensément riche, lui est issu d'une branche cadette et ne dispose que d'un médiocre patrimoine. De plus, voici son traitement ministériel et son indemnité parlementaire envolés. Il faut donc aviser.

Décision vite prise. Winston se souvient d'avoir publié, dans sa jeunesse, plusieurs livres qui, rédigés sans effort, ont connu un vif succès. Depuis, il est devenu un personnage de premier plan et, s'il a nombre d'ennemis, il n'en est pas moins l'objet de la curiosité générale. Il va donc écrire ses souvenirs, plus précisément ses souvenirs de guerre. Cela le passionnera de revivre les heures passées à la tête de l'Amirauté et du ministère des Munitions. Du même coup, il pourra se laver de plusieurs accusations et assener quelques bons coups à ses adversaires.

Sitôt pensé, sitôt fait. Churchill a emporté en France une pleine caisse de documents. Chaque matin, il étale sur son lit ceux qui vont lui être nécessaires et, calé sur deux oreillers, le cigare aux lèvres, il dicte à son secrétaire. Cette méthode entraîne un tour oratoire qui pourrait devenir monotone si l'auteur n'avait le don de relever ses périodes par des trouvailles verbales et des images éclatantes.

Titre choisi : *la Crise mondiale*. L'ouvrage doit comporter cinq volumes. En quelques semaines, le premier est entièrement rédigé. Dès le mois d'avril 1923, il paraît en librairie et le second suit en octobre. La réussite financière dépasse toutes les espérances. Bien que le livre coûte cher et qu'il n'aille pas sans comporter des longueurs, les lecteurs s'arrachent ces pages brillantes où une histoire toute récente et souvent douloureuse prend l'allure d'un récit épique, d'un excitant roman d'aventures. Les deux seuls premiers tomes rapportent à Churchill vingt mille livres sterling. De quoi, non seulement s'assurer pendant quelques années une existence confortable, mais aussi acheter, dans le comté de Kent, la gentilhommière de briques et de bois dite Chartwell Manor.

Quelques critiques ont fait, il est vrai, fine bouche. Celui du *Times* a écrit :

« Un tel plaidoyer *pro domo* peut constituer une excellente source historique, ce n'est pas de l'Histoire. »

Et un autre :

« Winston a écrit un énorme ouvrage sur lui-même et il l'a intitulé *La Crise mondiale.* »

L'écrivain D. H. Wells a ironisé :

« Churchill croit naïvement appartenir à une classe de privilégiés particulièrement doués... Son imagination est obsédée par des rêves de grands exploits... Il rêve d'un univers dramatique, avec beaucoup de traîtres et un héros unique. »

Qu'importe ces pédants ! Churchill a le goût de la création : il sait qu'il a élevé un monument, sinon extrêmement solide, du moins de nobles proportions. Il ne peut souffrir l'ombre : la faveur que son travail rencontre auprès du public l'assure qu'il est toujours une vedette.

* * *

Ces quelques mois qu'il vient de passer au soleil, non oisif certes, mais loin de la trépidation londonienne, lui ont fait physiquement le plus grand bien. Non seulement il est entièrement remis de son opération, mais la nervosité qu'il manifestait depuis quelques années a disparu. Il frise maintenant la cinquantaine, ses cheveux, en s'éclaircissant, font paraître son front plus bombé encore, son teint s'est coloré, il a pris de l'embonpoint et son dos s'est légèrement voûté. Il a acquis aussi une sorte de rondeur poupine qui lui permet de répondre à une mère lui disant :

« Mon bébé vous ressemble ».

« Madame, tous les bébés me ressemblent. »

En revanche, ses yeux sont toujours aussi perçants, son menton est toujours aussi énergique, son allure aussi décidée. Surtout, il est plus gros mangeur, grand buveur et inlassable fumeur que jamais. Ses copieux repas, précédés d'un verre de xérès et suivis d'un verre de cognac, sont largement arrosés de champagne et de whisky-sodas. Un cigare allumé ne quitte guère ses lèvres. Le tout sans jamais malaise ni torpeur. C'est une force de la nature.

A une telle force, ni la peinture, ni la littérature ne sauraient longtemps constituer des points d'application suffisants : dès l'été de 1923, on entend Winston soupirer après la vie publique, ses excitations, ses batailles et ses responsabilités.

Aussi bien, même dans sa retraite provençale, n'a-t-il jamais cessé de suivre, avec attention, les événements politiques et d'en faire, au profit de son entourage, des commentaires sarcastiques.

Les élections d'octobre 1922, qui ont vu sa défaite, ont assuré aux conservateurs la majorité absolue à la Chambre des Communes. On savait depuis longtemps que lorsque l'électeur britannique est mécontent il ne va pas forcément « à gauche ». Fait nouveau cependant, et capital : l'autre grand parti a, pour la première fois, cessé d'être le parti libéral. Divisés en « Asquithiens » et « Lloyd-georgiens », les libéraux n'ont conquis ensemble que cent dix-sept sièges tandis que les travaillistes en enlevaient cent trente-huit. Jamais le libéralisme ne se relèvera de sa chute ; un pan du vieil édifice politique s'est écroulé.

Vainqueur, le Cabinet Bonar Law ne s'en est pas moins vite trouvé aux prises avec de sérieux embarras. A l'intérieur, le nombre des chômeurs, après être retombé à treize cent mille, est resté étal. A l'extérieur, Poincaré ayant fait occuper militairement le bassin de la Ruhr, les rapports de la Grande-Bretagne avec la France se sont tendus ; à l'Entente cordiale a succédé une assez aigre mésentente et le spectre d'une possible hégémonie française sur le continent européen hante le *Foreign Office*. En même temps, force a été de reconnaître le gouvernement de Mustapha Kémal et d'entamer avec lui, à Lausanne, des pourparlers tendant à la révision complète du traité de Sèvres si cher à la diplomatie anglaise. Enfin, pour complaire aux Etats-Unis, on a dû dépêcher à Washington le chancelier de l'Echiquier Stanley Baldwin, qui a admis que la Grande-Bretagne remboursât par annuités sa dette de guerre, même si elle ne devait rien recevoir de ses propres débiteurs.

Complication supplémentaire : en mai, Bonar Law, gravement malade, s'est vu contraint de remettre au roi sa démission de premier ministre. Le choix du successeur n'a pas été aisé. La figure la plus en vue du cabinet était probablement celle de Curzon, mais le noble Lord s'était, par sa hauteur, attiré beaucoup d'inimitiés. De plus, il paraissait difficile qu'un premier ministre pût ne jamais paraître à la Chambre des Communes. (En Angleterre, un ministre membre d'une des deux Assemblées n'a pas droit de séance dans l'autre.) Après de multiples incidents, le choix du souverain se fixa sur Stanley Baldwin.

Quand il apprit la décision royale, Curzon, blême de fureur, balbutia :

« — Baldwin, un homme sans expérience, l'insignifiance même !... »

Churchill, dans sa retraite, porta un jugement analogue... A tort : Baldwin manquait, certes, de prestige et ses vues étaient un peu courtes. En revanche, gros industriel, parlementaire averti, bourgeois dans les moelles, il offrait beaucoup des qualités qui plaisent aux Anglais : honnêteté, placidité, sang-froid, sens de l'humour, absence d'emphase, pragmatisme, le tout assaisonné d'une bonne dose de matoiserie. Cela changeait de l'effervescence galloise de Lloyd George comme de la mélancolie écossaise de Bonar Law. Arrivé tard sur le devant de la scène politique, Stanley Baldwin y restera longtemps.

Protectionniste de longue date, il a, à peine au pouvoir, déclaré que le seul moyen de tirer la Grande-Bretagne du marasme économique consistait à établir un régime douanier protecteur accompagné d'un système de « préférence impériale ». Bref, un retour à la doctrine qui fut jadis celle de Joseph Chamberlain.

Obstacle : Bonar Law a, l'année précédente, solennellement promis qu'il ne serait pas touché au sacro-saint principe du libre-échange sans que le corps électoral ait été consulté. Baldwin n'entend pas se dérober à l'engagement pris par son prédécesseur. En novembre, le Parlement, qui n'a pas encore treize mois d'existence, se voit dissous ; la date des nouvelles élections est fixée au 27 décembre.

* * *

Voilà pour Churchill une occasion de rentrer dans l'arène politique. La question est de savoir sous quelle étiquette.

Conservateur par tradition familiale, c'est comme conservateur qu'il a fait ses débuts. Il est ensuite passé au parti libéral tant sous l'influence magnétique de Lloyd George que parce qu'il estimait que c'était au sein de ce parti que son ambition pouvait être le plus rapidement satisfaite. Sans être insincère, son libéralisme est resté superficiel et, depuis 1924, il n'a guère cherché l'occasion de le manifester. Ce qu'il souhaiterait maintenant, ce serait rejoindre le camp conservateur. Cela d'autant plus que le parti libéral est en perte manifeste de vitesse et que Winston n'a jamais été très attiré par les causes perdues. Malheureusement, les *tories* ne lui ont point encore pardonné sa défection et ils ne semblent nullement disposés à tuer le veau gras en son honneur.

Il y aurait bien le travaillisme qui a tout à fait cessé d'être un parti purement ouvrier et auquel adhèrent maintenant nombre de bourgeois, voire quelques aristocrates. Mais Winston n'a aucune sympathie pour ces intellectuels pacifistes et ratiocinants, qui parlent en mauvais termes des forces militaires et navales de Sa Majesté, font confiance illimitée à la Société des Nations et cherchent des excuses aux horreurs de la révolution soviétique.

Ce dernier point surtout suscite son indignation. Il a conservé intacte sa haine des Soviets et, comme le parti travailliste ne la partage pas, il veut voir dans ce parti une avant-garde des colonnes rouges.

Ne pouvant redevenir conservateur, ne voulant se faire travailliste, force est bien à notre homme de rester libéral.

C'est donc comme tel qu'il se présente. Toutefois, il a soin de choisir une circonscription, celle de Leicester-Ouest, où son principal concurrent sera, non un conservateur, mais un travailliste.

Il fonde sa campagne sur la défense du libre-échange et sur la dénonciation des tendances bolchevisantes qu'il prête au travaillisme. Ses invectives suscitent des réactions d'une violence extrême. On le traite de fauteur de guerre, d'ennemi du peuple, on lui jette des briques et, un soir, il faut que la police intervienne pour empêcher la foule de lui faire mauvais parti.

Mais la bagarre jamais ne lui a fait peur. Elle l'enchanterait plutôt et il va au-devant des coups. Au cours d'une réunion particulièrement houleuse, il jette à ses interrupteurs :

« Vous ressemblez davantage à des loups russes qu'à des travailleurs anglais. Avec vos hurlements, votre écume aux lèvres et vos crachats, vous vous montrez absolument indignes d'appartenir à la classe ouvrière de ce pays. »

On songe à Gambetta traitant jadis, à Belleville, ses adversaires d' « ilotes ivres ».

Le courage de Churchill finit par en imposer. Il n'en est pas moins battu par treize mille voix contre neuf mille.

Le même scrutin réduit de beaucoup la majorité conservatrice. Désormais, en face de deux cent cinquante-huit *tories*, se dressent cent quatre-vingt-onze travaillistes et cent cinquante-huit libéraux. Les uns comme les autres hostiles au gouvernement.

Baldwin voudrait se démettre sur-le-champ. Mais le roi insiste pour qu'il se présente avec son ministère devant la nouvelle Chambre.

L'épreuve est décisive : le 21 janvier 1924, la confiance est refusée au gouvernement par soixante-douze voix de majorité. Très constitutionnellement, le roi investit alors James Ramsay MacDonald, *leader* du parti le plus nombreux après le parti conservateur, du soin de former le nouveau ministère.

Jamais encore on n'a vu, en Europe occidentale, de gouvernement dirigé par un socialiste. L'émotion est intense ; si certains Anglais non socialistes pensent sportivement qu'il est équitable de « donner sa chance » au jeune parti, beaucoup d'autres se demandent si le pays n'est pas menacé de se voir soviétisé et Churchill partage cette opinion.

Il se trompe. L'état-major du parti travailliste se compose, d'une part, de chefs syndicalistes beaucoup plus soucieux d'améliorer la condition matérielle des travailleurs que de bouleverser la société, d'autre part, d'intellectuels dont le socialisme sagement réformiste est souvent teinté de religiosité. Aucun n'est révolutionnaire. Quant au *leader*, il n'a absolument rien de l'homme au couteau entre les dents.

Ramsay MacDonald est le fils naturel d'une paysanne écossaise et on murmure que son père pourrait bien avoir été un grand seigneur. En tout cas, il a une belle prestance, de l'autorité, des cheveux naturellement bouclés et un charmant timbre de voix. Après une jeunesse difficile, sa chance a voulu qu'il attirât l'attention d'un parlementaire dont il devint le secrétaire. Il a ensuite épousé une fille ayant quelque bien et est devenu secrétaire du parti travailliste naissant. Dans ses fonctions, il s'est montré organisateur de qualité et, élu député, il s'est vu porté à la présidence du groupe parlementaire du parti. Hostile par principe à l'entrée en guerre de l'Angleterre, il s'est démis en 1914 et, pendant trois ans, est resté sur la réserve. Réélu *leader* en 1917, il a beaucoup contribué à élargir les cadres, jusque-là presque purement syndicalistes, du travaillisme. Il a du goût pour les idées générales, se pique de s'y connaître en art et le monde élégant n'est pas sans attrait pour lui.

Il constitue un gouvernement dans lequel, à côté d'anciens ouvriers devenus secrétaires de syndicats, figurent des intellectuels de gauche, dont quatre Lords. Présentés au souverain, les nouveaux ministres se montrent débordants de respect et George V, agréablement surpris, pousse la bienveillance jusqu'à leur indiquer l'adresse de la maison de confection où ils pourront trouver des costumes de Cour en location.

Les conservateurs sont tous passés dans l'opposition ; quant aux libéraux, s'ils ont refusé de participer au ministère, ils se sont déclarés disposés à le soutenir, au moins provisoirement. Soutien dont la précarité va contraindre le cabinet travailliste à une extrême prudence. Ce ne sera guère que dans le domaine extérieur qu'il fera preuve d'activité : reconnaissance du gouvernement soviétique ; rapprochement avec la France (le cabinet Herriot qui a succédé au cabinet Poincaré vient de renoncer, sans contre-partie bien solide, à l'occupation du bassin de la Ruhr) ; arrangement colonial conclu avec l'Italie mussolinienne ; enfin, signature à Genève d'un « Protocole pour le règlement pacifique des litiges internationaux », qui est censé préluder à un désarmement général.

Le ministère MacDonald n'était pas encore constitué que Churchill prenait position contre lui et que, dans une lettre publiée par la presse, il écrivait :

« La minorité socialiste qui accède au pouvoir est vouée par nature à opérer une totale subversion de notre structure sociale et économique. Elle est organisée pour cela, et pour cela seulement. »

L'appui prêté à MacDonald par les libéraux le détermine à rompre définitivement avec eux et, un siège législatif étant devenu vacant dans la circonscription londonienne de Westminster, il décide d'y poser sa candidature comme conservateur.

Cette fois, l'Organisation centrale du parti serait disposée à passer l'éponge sur son passé et à lui donner l'investiture. Les conservateurs sont maintenant dans l'opposition, l'avenir est obscur et Churchill n'est pas une recrue à négliger. Hélas ! le comité local est d'un autre avis et choisit pour candidat un certain Otto Nicholson qui n'a pour mérite que d'être le neveu du précédent député.

Après avoir un peu hésité, Churchill se présente néanmoins comme « constitutionaliste ».

Il risque ainsi — on rappelle que les élections britanniques ne comportent qu'un seul tour de scrutin — de faire passer le candidat travailliste et nombre de conservateurs lui reprochent amèrement son geste.

D'autres pourtant, parmi ceux qui ont le plus de poids, persistent dans leur soutien et le vieux Balfour lui-même publie un appel en sa faveur. Et puis, la circonscription de Westminster est une des plus mondaines de Londres : on y trouve à la fois des *music-halls* et des demeures aristocratiques. Ici comme là, Winston a des admirateurs et surtout des admiratrices. Pairesses et *chorus-girls* s'associent pour faire campagne en faveur du pétulant candidat et pour porter ses professions de foi, avec accompagnement de sourires, au domicile des électeurs.

Peine perdue. C'est l'obscur Nicholson qui est élu. Mais, cette fois, trente voix seulement ont manqué à Churchill.

Le succès apparaît désormais possible. Manque encore l'occasion. Elle naît quand, le 1er octobre, le gouvernement ayant refusé d'entamer des poursuites contre un journal communisant, les libéraux lui retirent leur confiance. Il n'y a plus de majorité et une dissolution apparaît inévitable. Elle est prononcée le 9 octobre. C'est la troisième en deux ans.

Churchill cherche aussitôt une circonscription et en trouve une à sa convenance dans le district rural d'Epping, comté d'Essex. Cette fois, il se présente avec l'estampille du parti conservateur.

La campagne est facile. Comme dans toutes les autres circonscriptions du royaume, elle tourne autour de la « Lettre rouge », une lettre, authentique ou fausse (l'affaire restera toujours contestée), signée par Zinovief, président de la IIIe internationale, et invitant les communistes anglais à fomenter une insurrection parmi les chômeurs, les militaires et les marins.

Beau thème à discours enflammés : Churchill l'exploite avec brio. Acclamé, il est élu par six mille voix de majorité.

Le voici revenu de son exil parlementaire. Il n'en reprendra jamais le chemin.

* * *

La réprobation que la « Lettre rouge » a suscitée d'un bout à l'autre de la Grande-Bretagne s'est traduite par le triomphe des conservateurs. Dans la nouvelle Chambre, ils occupent quatre cent quatorze sièges, tandis que les travaillistes n'en détiennent plus que cent cinquante et un et que les libéraux sont tombés à quarante. Ramsay MacDonald se démet et, le 4 novembre, Stanley Baldwin est appelé à « baiser la main royale » en qualité de premier ministre.

Chacun s'attend à ce qu'il prenne Churchill dans son gouvernement. On n'est point déçu, mais ce qui étonne c'est l'importance du portefeuille attribué à l'enfant prodigue : rien de moins que celui de chancelier de l'Echiquier, de ministre des Finances, traditionnellement la plus considérable des fonctions ministérielles après la première. Winston lui-même a paru surpris et, quand Baldwin lui a offert « la chancellerie », il a cru un instant qu'il s'agissait de celle, fort médiocre, du duché de Lancaster.

Pourquoi cette faveur inattendue ? — Baldwin n'aime pas particulièrement Churchill, mais il le redoute et il semble qu'il ait voulu l'enchaîner en lui confiant un poste de premier plan. De plus, le premier ministre se sait orateur hésitant et il n'est pas fâché de pouvoir, au besoin, compter sur l'éloquence de Winston.

Quoi qu'il en soit, celui-ci, encore qu'assez étranger aux questions de finances, s'installe à son bureau de la Trésorerie avec une autorité égale à celle qu'il a manifestée derrière tant d'autres bureaux ministériels. Jamais il ne s'est senti ni se sentira mal préparé à aucune tâche. Aussi bien a-t-il pieusement conservé, roulée dans le camphre, la robe d'apparat de son père, cette robe noir et or qu'endosse, dans les grandes occasions, le chancelier de l'Echiquier : il lui paraît naturel de la revêtir aujourd'hui comme par droit d'héritage.

Pendant les cinq années consécutives qu'il dirigera les finances britanniques, il ne s'écartera pas des règles de la plus traditionnelle orthodoxie, sans trop se demander si cette orthodoxie est bien compatible avec les circonstances économiques suscitées par la guerre.

Pour commencer, il fait, dès le début de 1925, voter par le Parlement une loi décidant le retour de la livre sterling à la libre convertibilité sur la base de sa parité-d'or d'avant-guerre.

A la fin des hostilités, la livre se trouvait dépréciée d'environ 10 pour cent par rapport à l'or et, du même coup, par rapport au dollar. La Cité de Londres s'émut d'une situation qui la privait de son privilège séculaire de régulatrice du marché monétaire international et elle fit pression sur les pouvoirs publics pour que l'on revînt le plus tôt possible à l'ancienne parité. Des efforts furent amorcés dans ce sens par la Trésorerie. Mais il était réservé à Churchill de prendre l'initiative décisive.

Initiative approuvée par la quasi-totalité des milieux financiers, mais qui suscite l'opposition de Maynard Keynes, l'auteur des *Conséquences économiques de la Paix*.

Dans un pamphlet intitulé *Les Conséquences économiques de Mr. Churchill*, le brillant économiste démontre qu'en obligeant l'étranger à payer plus cher les produits britanniques, l'appréciation de la livre sterling va agir comme un frein sur les exportations, déjà cependant bien insuffisantes. Pour éviter une catastrophe économique, force sera de faire baisser les prix de revient en réduisant les salaires. Mais les ouvriers n'accepteront sans doute pas une réduction de leur *standard* de vie, réduction qui, en définitive, ne profiterait qu'aux banquiers. Mieux eût infiniment valu conserver la prime à l'exportation que constituait la dépréciation de la devise nationale.

Trois ans plus tard, des considérations du même ordre amèneront Poincaré, contre son intention première, à stabiliser le franc bien au-dessous de sa valeur-or d'avant guerre. En 1925, elles ne persuadent pas Churchill.

Les faits, pourtant, lui donnent tort et raison à Keynes. Dès la fin de l'année, le déficit de la balance commerciale s'accroît et le chômage augmente. Une tentative faite pour comprimer les prix de revient va déclencher une crise sociale aiguë.

* * *

Des grandes industries britanniques, la plus touchée est l'industrie houillère où l'outillage est particulièrement désuet et le rendement de la main-d'œuvre particulièrement faible.

Pendant la guerre, l'Etat a accordé une subvention aux compagnies propriétaires de mines de charbon. Cette subvention a maintenant cessé et les compagnies, incapables d'équilibrer recettes et dépenses, ont manifesté, en juillet 1925, leur intention de décréter une baisse des salaires en même temps qu'un léger allongement de la journée de travail. A cette intention, le syndicat des mineurs a opposé un *non possumus* catégorique : « Pas un penny de moins dans le salaire, pas une minute de plus dans la journée. » Le conflit n'a été ajourné que grâce à la nomination d'une commission royale d'enquête.

En mars 1926, cette commission dépose son rapport : des mesures de rationalisation sont suggérées aux compagnies, mais les ouvriers sont invités à consentir des sacrifices au moins provisoires. Nouveau refus du syndicat. Le 30 avril, la grève éclate dans l'ensemble des charbonnages.

La classe ouvrière britannique tout entière s'est sentie menacée. Dès le premier mai, sous l'impulsion d'Ernest Bevin, secrétaire de la puissante Fédération des dockers, transporteurs et ouvriers municipaux, le Conseil général des *Trade Unions* déclare que, par solidarité, il va proclamer la grève générale des transports, des imprimeries et des usines électriques.

La Grande-Bretagne est menacée de paralysie. Que va faire le gouvernement ? Plusieurs ministres, dont Churchill, voudraient que l'on profitât de l'occasion pour briser le Conseil général des *Trade Unions* qu'ils accusent d'être gangrené de blochevisme. D'autres penchent à négocier.

Le premier ministre convoque les principaux chefs syndicalistes et étudie avec eux une formule transactionnelle. Mais tandis que la conversation se poursuit, on apprend que les typographes du *Daily Mail* ont refusé d'imprimer un article intitulé « Pour le roi et pour le pays ». (Bevin affirmera que c'est Churchill qui s'est empressé d'apporter la nouvelle.) Aux yeux des hommes d'Etat conservateurs, l'incident paraît monstrueux. Les pourparlers sont rompus et, le 4 mai, le royaume se trouve sans transports, sans journaux, sans lumières. L'industrie s'arrête. L'activité des ports est paralysée.

Le public réagit avec sang-froid, bonne humeur et civisme. Tous les propriétaires de véhicules les mettent à la disposition du gouvernement. Les élèves des écoles techniques, les ingénieurs retraités, de simples amateurs s'offrent pour conduire les locomotives, aiguiller les trains, faire marcher les centrales électriques. On voit des pairs avec le brassard de *constable* volontaire, des pairesses au volant de camions.

Pour sa part, Churchill réussit à faire imprimer une feuille quotidienne, la *British Gazette* qu'il rédige en partie lui-même. Il croit être redevenu correspondant de guerre : seulement, cette fois, l'ennemi, c'est le gréviste qui, par égoïsme de classe, se dresse contre l'intérêt national.

Au bout de neuf jours, sentant l'opinion hostile, inquiet des conséquences de son geste, intérieurement divisé, le Conseil général des *Trade Unions* capitule et ordonne la reprise du travail. Aucun trouble vraiment sérieux ne s'est produit.

Seuls, les mineurs refusent de s'incliner et leur grève se poursuivra pendant six mois encore. A la fin, ils seront contraints de céder à leur tour et d'accepter, en même temps qu'une baisse de 10 pour cent des salaires, une heure supplémentaire de travail quotidien.

L'affaire aura montré, en même temps que l'esprit de discipline du peuple anglais, son talent pour l'improvisation : l'expérience acquise sera mise à profit pendant la deuxième guerre mondiale. En attendant, la grève aura coûté à la Grande-Bretagne huit cent millions de livres sterling et la perte de nouveaux marchés extérieurs ; de plus, elle laissera, au sein d'une partie de la classe ouvrière, un découragement mêlé de ressentiment.

A ce ressentiment, Churchill sera spécialement en butte. On lui reproche une politique financière trop visiblement inspirée par les banquiers ; on lui reproche aussi de méconnaître systématiquement ce que les griefs des travailleurs industriels présente de légitime. Son vieil ami Lloyd George lui-même se montre sévère pour lui. Quant à Ernest Bevin, — destiné pourtant à être, pendant la seconde guerre mondiale, un de ses plus efficaces collaborateurs, — il n'a pas de mots assez vifs pour stigmatiser la dureté du chancelier de l'Echiquier.

Les attaques n'intimident point Winston. Pendant trois années, il va continuer à se vanter d'avoir permis à la livre « de regarder en face le dollar », continuer aussi à accuser les *Trade Unions* de complicité avec les Soviets, continuer enfin à présenter des budgets strictement conformes aux vœux de la Cité.

Une fois seulement, il s'écarte de l'orthodoxie : c'est quand, pour protéger les industries naissantes, il fait frapper d'un droit de douane les importations de soie artificielle, d'automobiles et de films cinématographiques. L'opposition lui reproche de trahir ses principes libre-échangistes. Mais lui de répliquer :

« Pour certains, ces droits sont un attrait ; pour d'autres, une cible ; pour moi, une recette. »

Et il ajoute avec désinvolture :

« On s'améliore en changeant ; en changeant souvent, on devient parfait. »

Des impôts dont il obtient le vote, le plus impopulaire est sans doute celui frappant les paris aux courses. Les Anglais sont joueurs et tous, depuis le pair du royaume jusqu'au dernier *cockney*, se sentent personnellement atteints. Le clergé anglican lui-même proteste sous l'hypocrite prétexte que la nouvelle taxe va donner une estampille officielle à une pratique immorale et les *book-*

makers se mettent en grève au milieu de la sympathie générale. Par exception, Winston recule et, l'année suivante, fait abroger l'impôt.

Il est trop Anglais pour ne pas sentir qu'il est des limites à l'esprit de discipline de ses compatriotes.

* * *

Les Finances sont d'ailleurs loin de l'absorber tout entier. Chancelier de l'Echiquier, il est en même temps membre du Cabinet, « serviteur confidentiel de Sa Majesté », et comme tel participe à toutes les délibérations gouvernementales. Il y participe même avec une activité qui, d'aventure, irrite ses collègues et il arrivera au premier ministre de soupirer :

« Dans les réunions du Cabinet, on n'avait jamais le temps d'épuiser l'ordre du jour: il fallait invariablement s'occuper d'un mémorandum très intelligent rédigé par Winston à propos d'affaires intéressant un département ministériel qui n'était pas le sien !... »

Les affaires extérieures attirent particulièrement son attention.

Le ministère Baldwin s'est, dès sa constitution, trouvé en présence du « Protocole pour le règlement pacifique des litiges internationaux », signé à Genève par Ramsay MacDonald sous réserve de ratification parlementaire. Ce Protocole comportait des risques mal définis d'intervention que nombre de conservateurs — et Churchill parmi eux — répugnaient à voir assumer par la Grande-Bretagne. Aussi le gouvernement Baldwin renonça-t-il à en demander la ratification.

Toutefois, comme il paraissait opportun de donner une satisfaction à la France déçue, Austen Chamberlain, chef du *Foreign Office*, s'employa à favoriser la négociation qui allait aboutir, le 16 octobre 1925, à la conclusion du traité de Locarno. Le 1er décembre, ce traité fut définitivement signé à Londres : l'Allemagne déclarait accepter librement les frontières qui lui avaient été imposées d'autorité par le traité de Versailles ainsi que la démilitarisation perpétuelle de la Rhénanie. La Grande-Bretagne s'engageait à venir au secours de la France si celle-ci était l'objet d'une agression allemande et au secours de l'Allemagne au cas où la France serait l'agresseur. Du même coup, la diplomatie britannique retrouvait son rôle d'arbitre.

Cette fois, Churchill a donné son assentiment ; il a cependant bien fait préciser que les frontières orientales du Reich restaient en dehors du tableau et que l'Angleterre ne serait point tenue de prendre les armes pour empêcher les Allemands de reconquérir à l'Est les territoires qui leur ont été arrachés.

A ce moment, Winston n'est en effet nullement hostile à l'Allemagne, qu'il considère toujours comme un indispensable rempart contre le bolchevisme, et il se prononce énergiquement en faveur de sa prompte admission au sein de la Société des Nations.

Hitler n'est encore, il est vrai, qu'un agitateur que bien peu de gens prennent au sérieux. En revanche, Mussolini est, depuis 1922, solidement installé au pouvoir, Si peu démocratique que soit le régime fasciste, Churchill ne lui est pas défavorable.

Tandis qu'en Angleterre la grève des mineurs dure encore, le chancelier de l'Echiquier, allant prendre des vacances en Egypte, s'arrête à Rome. Là, après avoir été reçu par le *Duce*, il fait à la presse une déclaration :

« J'ai été charmé par la courtoisie et la simplicité de M. Mussolini... Si j'étais Italien, je serais certainement avec lui dans sa lutte triomphante contre les appétits bestiaux du léninisme... L'Italie a montré au monde qu'il existait un moyen d'amener les masses populaires à défendre la stabilité sociale. Elle a fourni aux nations civilisées le nécessaire antidote contre le poison russe. »

Ces paroles suscitent en Angleterre la réprobation des travaillistes et celle des puissantes organisations constituées pour appuyer l'action de la Société des Nations. (Mussolini passe pour dédaigner l'institution genevoise.) Mais Churchill ne retire rien et poursuit paisiblement sa route vers l'Egypte où il va installer son chevalet devant le Sphinx et les Pyramides. Son habitude n'est point de se rétracter. Il est, d'ailleurs, toujours persuadé que le seul péril extérieur est le péril bolchevik et que, pour le combattre, tous les moyens sont bons.

Quand, en 1927, une perquisition faite aux locaux londoniens de la délégation commerciale soviétique amène la découverte de documents prouvant que cette délégation se livre à l'espionnage, il réclame impérieusement la rupture des relations diplomatiques avec le gouvernement de Moscou. La majorité du Cabinet le suit : l'ambassade russe est fermée. Elle sera réouverte trois ans plus tard, mais Winston aura alors cessé d'être ministre.

L'année 1928 voit la signature du pacte « mettant la guerre hors la loi », qui a été négocié entre Briand, ministre français des Affaires étrangères, et le secrétaire d'Etat américain Kellogg. Le gouvernement britannique décide aussitôt d'y adhérer et

Churchill s'est associé de bon cœur à cette décision : non point que, réaliste comme il est, il ne se rende pas compte du caractère purement théorique de ce pacte ; mais, fils d'Américaine, il a toujours été attiré par les Etats-Unis et il salue avec joie leur rentrée dans ce concert international dont ils s'étaient retirés en 1919. A-t-il la prescience que cette rentrée, faite sous le signe de la paix, prépare de loin l'association des Etats-Unis et de la Grande-Bretagne dans la guerre ?

*   *
*

Depuis la fin des grandes grèves de 1926, le ministère conservateur ne s'est pas heurté à une opposition bien sérieuse. Son chef, pilote habile sous un extérieur de nonchalance, a su naviguer à travers les écueils sans s'y heurter et les *leaders* du travaillisme ont paru plus soucieux de répudier toute collusion avec les Soviets que de conquérir le pouvoir.

A l'automne 1928 pourtant, un malaise se devine. Si les entreprises qui produisent pour la consommation intérieure sont relativement prospères, les grandes industries traditionnellement exportatrices — charbonnages, sidérurgie, textiles — travaillent au ralenti. Le nombre des chômeurs reste stagnant autour de douze cent mille et l'indemnité de chômage a fini par constituer le moyen d'existence d'une fraction non négligeable de la population. Point de révolte chez ces assistés, mais de l'humiliation et de l'amertume. Les économistes de gauche qui professent à la *London School of Economist*, presque tous disciples de Keynes, expliquent à leurs élèves que la réévaluation de la livre sterling opérée par Churchill a eu pour effet, non seulement d'empêcher le développement des exportations, mais encore de détériorer le moral du pays.

Au sein même de la majorité parlementaire, des critiques se font entendre. Le ministère dure depuis quatre ans sans presque avoir été modifié et nombre de jeunes députés conservateurs, en mal de demi-portefeuilles, se plaignent de l'immobilisme du premier ministre. Il n'est pas jusqu'au Cabinet où une lassitude ne se laisse sentir : les marmonnements confus de Baldwin, les périodes oratoires de Churchill y sont écoutées avec une impatience croissante.

Bref, la dissolution du Parlement est dans l'air.

Elle est ajournée par un événement qui plonge les Anglais dans la consternation et montre du même coup combien ils restent tous prêts à s'unir autour de la Couronne : le roi George V tombe gravement malade ; les médecins diagnostiquent une septicémie du poumon droit et, pendant plusieurs mois, le souverain reste entre la vie et la mort. Sans distinction de classe ni de parti, tous ses sujets sont dans l'angoisse ; dans les rues, on s'arrache les éditions spéciales relatant les progrès du mal ; les réceptions, les fêtes sont décommandées ; une foule anxieuse stationne devant le palais de Buckingham. Enfin le souverain apparaît sauvé et c'est une explosion d'allégresse.

L'angoisse dissipée, la politique reprend ses droits. Aussi bien le mandat de la Chambre des Communes est-il prêt d'expirer et l'usage britannique veut-il qu'une dissolution anticipe toujours sur cette expiration. Au début de mai 1929, Baldwin fait signer par le souverain convalescent une proclamation convoquant les électeurs pour le 31 du mois.

Une loi récente a abaissé l'âge électoral des femmes de trente à vingt et un ans. Il y a, de ce fait cinq millions, d'électrices de plus et c'est là un élément d'incertitude. Les conservateurs mènent leur campagne autour du *slogan :* « tranquillité d'abord », ce qui manque de relief. Les travaillistes se vantent de posséder une formule qui conjurerait le chômage, ce qui est tentant.

Les résultats proclamés, les conservateurs se révèlent largement battus. Churchill a été réélu, mais cent cinquante-trois de ses collègues *tories* sont restés sur le carreau : le groupe le plus nombreux est désormais le groupe travailliste avec deux cent quatre-vingt-sept mandats ; le groupe conservateur n'en a plus que deux cent soixante ; le groupe libéral remonte un peu avec soixante.

Baldwin apporte aussitôt à George V la démission du ministère. A l'issue de l'audience royale, il confie à un familier que, si jamais il est appelé à former un autre gouvernement, il n'y fera point entrer Churchill.

De fait, avant de recevoir un portefeuille, celui-ci devra attendre qu'au bout de dix ans sonne une heure de grandes nécessités nationales.

CHAPITRE IX

LE FRANC-TIREUR

CHURCHILL OCCUPE SES LOISIRS À ÉCRIRE ET À BÂTIR. — IL PREND PO-
SITION CONTRE LE PROJET DE RÉFORMES INDIENNES. — SES ATTAQUES
CONTRE MACDONALD REDEVENU PREMIER MINISTRE. — TENSION DES
RELATIONS FRANCO-BRITANNIQUES. — LA CRISE ÉCONOMIQUE AMÉRI-
CAINE DE 1929. — ELLE GAGNE L'EUROPE CENTRALE, PUIS LA GRANDE-
BRETAGNE. — LA LIVRE STERLING MENACÉE. — INCAPABLE DE MAÎTRISER
LA SITUATION, LE MINISTÈRE TRAVAILLISTE SE DÉMET ET EST REMPLACÉ
PAR UN MINISTÈRE D'UNION NATIONALE QUE PRÉSIDE ENCORE MACDO-
NALD. — CHURCHILL ÉCARTÉ. — LA LIVRE STERLING DÉTACHÉE DE L'OR.
— LES ÉLECTIONS DE 1931 DONNENT UNE ÉCRASANTE MAJORITÉ AUX CON-
SERVATEURS ET L'UNION NATIONALE N'EST PLUS QU'UNE FAÇADE. — QUES-
TIONS IMPÉRIALES. — CHURCHILL, PRÉPARANT UN LIVRE SUR MARLBO-
ROUGH, VOYAGE EN ALLEMAGNE ET EST EFFRAYÉ DE SA VOLONTÉ DE PUIS-
SANCE. — HITLER AU POUVOIR. — POUR LE CONTENIR, CHURCHILL EST
PRÊT À FAIRE APPEL NON SEULEMENT À LA FRANCE, MAIS À L'ITALIE FAS-
CISTE ET MÊME À L'UNION SOVIÉTIQUE. — FIDÈLE À LA POLITIQUE D'ÉQUI-
LIBRE CONTINENTAL, IL ENTEND RÉSERVER À L'ANGLETERRE LE RÔLE
D'ARBITRE. — L'ALLEMAGNE RÉTABLIT LE SERVICE MILITAIRE OBLIGA-
TOIRE. — FAIBLESSE DES RÉACTIONS BRITANNIQUE ET FRANÇAISE. —
SOMBRES PROPHÉTIES DE CHURCHILL. — BALDWIN PREMIER MINISTRE.
— AFFAIRE D'ÉTHIOPIE. — POUSSÉ PAR UNE OPINION QUI A LA RELIGION
DE LA SOCIÉTÉ DES NATIONS, LE GOUVERNEMENT BRITANNIQUE, MALGRÉ
CHURCHILL, PROVOQUE DES SANCTIONS CONTRE L'ITALIE. — ÉCHEC DE
CETTE POLITIQUE. — MORT DE GEORGE V, AVÈNEMENT D'ÉDOUARD VIII.

Redevenu simple député, Churchill occupe les vacances parlementaires qui suivent sa chute à dicter des *Souvenirs de jeunesse*
pleins d'humour et de fraîcheur et aussi à aménager ce rustique
manoir de Chartwell qu'il a acquis avec le produit de son gros
ouvrage, *La Crise mondiale*.

En bon Anglais, il a le goût de la campagne, mais il est trop
actif pour y demeurer tranquille. Aussi le voit-on dans son parc
qui, truelle au poing, édifie le long des allées de petits murs en bri-

que. Il affirme que ce travail facilite ses digestions et l'entretient en bonne forme physique. Plus tard, l'ambition bâtisseuse lui venant, il construira de ses mains un cottage et une piscine. Le syndicat des ouvriers-briquetiers lui donnera même une carte d'apprenti, — exerçant un autre métier, il ne saurait être ouvrier titulaire, — et il en sera très fier.

A l'automne de 1929, il revient à Londres où la Chambre des Communes est rentrée en session. Il n'y siège plus au banc du gouvernement qu'occupe de nouveau une équipe travailliste groupée autour de Ramsay MacDonald ; il n'a pas non plus pris place au premier banc de l'opposition avec ses anciens collègues du Cabinet Baldwin. Désireux d'affirmer son indépendance, c'est « au delà du couloir » qu'il s'installe, parmi les jeunes députés conservateurs qui usent du droit de critiquer, non seulement le gouvernement, mais les vétérans de leur parti[1].

De là, tassé sur le cuir vert, les mains enfoncées dans les poches, la mâchoire en avant, un pli à la commissure des lèvres, il darde un regard perçant tantôt sur un côté, tantôt sur l'autre de l'assemblée. Quand il se lève pour parler, on n'est jamais bien assuré de la cible qu'il choisira.

Ses relations avec Baldwin sont maintenant franchement mauvaises. Il reproche surtout à son ancein chef de ne pas s'opposer au projet de réformes indiennes médité par le ministère travailliste.

L'Inde, on s'en souvient, a, pendant la guerre, reçu des promesses. En 1919, une loi a été votée créant, auprès du vice-roi, une assemblée élue au suffrage censitaire et accordant une assez large autonomie aux provinces. Ces concessions n'ont pas satisfait les nationalistes indiens et, sous la direction du *mahatma* Gandhi,

---

1. La salle des séances a la forme d'un rectangle. Plusieurs rangées de bancs sont disposées parallèlement aux longs côtés, se faisant face de part et d'autre de l'allée centrale. A droite par rapport au trône du *Speaker*, siège la majorité ; à gauche, l'opposition. Un couloir transversal coupe la double série de bancs. Au delà de ce couloir — toujours par rapport au *Speaker* — prennent place, en même temps que les représentants des petits partis, beaucoup de députés n'appartenant pas ou n'ayant pas appartenu au ministère. On rappelle que si le « Cabinet », organe moteur du gouvernement, ne compte pas plus de quinze à vingt membres, le « Ministère », qui comprend en outre les sous-secrétaires d'Etat, est beaucoup plus nombreux. Avec les « secrétaires particuliers parlementaires » des ministres, une centaine de députés lui sont rattachés. Ils siègent derrière le banc du gouvernement, dit « banc de la Trésorerie ». Quand la majorité change, tout ce monde « traverse le parquet » et va se grouper derrière le premier banc de l'opposition.

secondé par le *pandit* Nehru, une agitation s'est développée, ayant pour objet la conquête de l'indépendance. Les moyens mis en œuvre étaient en principe pacifiques : boycottage des marchandises britanniques et résistance passive. Mais des émeutes ont éclaté çà et là, la troupe a tiré et ce qui n'était guère qu'un mouvement d'intellectuels s'est transformé en marée populaire. Instruit par l'exemple irlandais et craignant d'être débordé, le gouvernement de Londres a envoyé sur place, en 1926, une commission qui a conclu à l'octroi à l'Inde d'une Constitution fédérale avec un statut assez voisin de celui des Dominions.

Ce sont ces conclusions que Ramsay MacDonald, d'accord sur ce point avec Baldwin, voudrait maintenant faire adopter par le Parlement.

Jadis, Churchill a participé à l'élaboration de la Constitution sud-africaine, plus récemment il a collaboré à l'arrangement intervenu avec les insurgés irlandais. Mais les Boers comme les Irlandais étaient des hommes blancs. Que des abandons analogues puissent être consentis au profit de gens de couleur, voilà qui révolte en lui l'aristocrate, l'héritier d'une lignée de maîtres. Il dénonce, dans les intentions gouvernementales, « un acte odieux de mutilation volontaire qui plongera dans la stupeur toutes les nations du monde » et il adjure les Anglais de ne jamais consentir à l'abandon de l'Inde « ce plus brillant et précieux joyau de la couronne du roi, ce continent qui, plus que tous les Dominions et dépendances britanniques, fait la gloire et la force de l'Empire ».

Une autre fois il s'écriera :

« Abandonner l'Inde à l'autorité des brahmanes serait à la fois coupable et cruel. Ces brahmanes, qui ont toujours à la bouche les principes du libéralisme occidental et qui se donnent des airs de philosophes démocrates, sont les mêmes qui refusent le droit de vivre à près de soixante millions de leurs compatriotes qu'ils disent *intouchables*... Ce sera un jour funeste que celui où la puissance britannique cessera d'assurer à ces malheureux la protection de la loi... L'affaire présente d'ailleurs un aspect sordide : maintenant que se répand à travers l'Inde l'idée que notre force est détruite, que nous sommes ruinés, que notre rôle est fini, toutes sortes d'appétits voraces sont excités et d'innombrables doigts crochus cherchent à pêcher une proie dans ce vaste pillage d'un Empire à l'abandon ! »

Un quart de siècle plus tard, il sera de nouveau question d'un « Empire à l'abandon » — l'Empire français. En 1930, les

véhémentes tirades de Churchill font hausser les épaules de Mac-
Donald comme de Baldwin. Le projet est néanmoins renvoyé à
une commission et ne sera définitivement voté qu'en 1935.

Ralliés à la politique indienne du cabinet travailliste, les conservateurs ne lui en font pas moins une guerre sans merci sur le
plan intérieur. Et ici la fougue, l'insolence, la drôlerie du franc-
tireur Churchill sont au service de son parti. On se souviendra
longtemps à Westminster de son apostrophe au « phénomène
désossé » :

MacDonald, pressé par les *Trade Unions,* a déposé un projet
abrogeant une loi de 1926 qui apportait certaines restrictions au
droit de grève. Mais, obligé de ménager les libéraux dont le
concours lui est indispensable, il ne défend ce projet qu'avec quelque mollesse. Winston prend la parole et, après avoir âprement
critiqué le texte en discussion, il ajoute :

« Je me souviens d'avoir été, tout enfant, conduit au cirque
Barnum. Il y avait là une exhibition de monstres humains. Celui
que je désirais particulièrement voir était qualifié de *phénomène
désossé.* Mes parents jugèrent que le spectacle en serait trop
révoltant pour mes yeux innocents et on m'emmena. Il m'a fallu
attendre cinquante ans pour pouvoir enfin contempler, assis au
banc des ministres, le phénomène désossé. »

La Chambre éclate de rire, mais MacDonald ne pardonnera
jamais.

* * *

Contraint, par son alliance avec les libéraux, à se montrer
prudent en matière sociale, le ministère travailliste a les coudées
plus franches dans le domaine extérieur. Il en a profité d'abord
pour rétablir les relations diplomatiques avec l'Union Soviétique
interrompues en 1927, puis pour distendre les liens noués avec la
France depuis la conclusion des accords de Locarno.

Le précédent ministre des Affaires étrangères, Austen Chamberlain, collaborait amicalement avec Briand, installé de manière
quasi permanente à la tête du Quai d'Orsay. Le nouveau chef
du *Foreign Office,* Arthur Henderson, est un syndicaliste pieux,
qui ne sait rien de l'étranger et se méfie des Français athées et
retors. Mais, c'est surtout le chancelier de l'Echiquier, Philip
Snowden, un infirme sarcastique, qui fait systématiquement preuve
d'insularité hargneuse. A la conférence financière tenue à La
Haye en août 1929 pour examiner un nouveau — et très amenuisé

— plan de réparations, il a été jusqu'à traiter les propos d'Henri Chéron, ministre français des Finances, de « grotesques et ridicules ». Le digne barbu en a été suffoqué, mais la délégation française, peu combative, n'en a pas moins consenti à une augmentation de la part britannique dans les réparations et, surtout, elle a accepté que la dernière zone rhénane encore occupée soit évacuée cinq ans avant le terme fixé par le traité de Versailles. Quand Snowden a fait sa réapparition à la Chambre des Communes, il y a été l'objet d'une ovation — Churchill ne s'y est pas associé.

Beaucoup plus que vers le continent européen, les ministres travaillistes regardent vers l'Amérique. Non pas seulement parce que le concours financier du gouvernement américain leur paraît indispensable, mais aussi parce qu'ignorant toute langue étrangère ils ne se sentent à l'aise qu'en face de gens parlant le même idiome qu'eux. Dès son arrivée au pouvoir, MacDonald a rendu visite au président américain Hoover. Au début de 1930, une Conférence navale s'est réunie à Londres : la France, l'Italie et le Japon y étaient invités, mais toutes les conversations utiles s'y sont tenues entre Britanniques et Américains. On y a confirmé la décision prise en 1922, à la Conférence de Washington, et établissant l'égalité entre la flotte de la Grande-Bretagne et celle ces Etats-Unis ; les deux puissances sont en outre convenues d'une limitation parallèle de leurs constructions navales. La France, mécontente de la place diminuée qui lui était faite, a refusé d'adhérer à la Convention.

C'est dans cette atmosphère qu'éclate, le 30 juin 1930, la bombe lancée par Briand : un mémorandum proposant la constitution d'une *Union européenne*.

A vrai dire, il s'agit moins de créer de véritables Etats-Unis d'Europe que d'étendre progressivement « à toutes les communautés européennes la politique de garanties internationales inaugurées à Locarno jusqu'à intégration des accords et séries d'accords particuliers dans un système plus général ». Tel quel, le plan est accueilli en Angleterre avec une réserve extrême. Travaillistes et libéraux craignent qu'il y ait là pour la France un moyen de perpétuer sur le continent une situation qui lui est, en fait, favorable. Les conservateurs, soucieux avant tout de la cohésion de l'Empire, estiment qu'elle risquerait d'être atteinte par la combinaison proposée. Les journaux impérialistes de Lord Beaverbrook se déchaînent, le *Times* est plus que réticent et Churchill fait la moue. Le *Foreign Office*, après une réponse polie, manœuvre pour que la proposition Briand soit enterrée. Ce ne sera qu'en 1946 qu'on parlera de nouveau d'Union européenne et ce sera Churchill qui relancera l'idée.

L'instant va vite venir où l'Angleterre sera contrainte de se tourner vers cette France un peu dédaignée et de lui demander secours.

Le 19 octobre 1929, un vent de panique a soufflé sur Wall Street. En une seule séance, le cours moyen des actions est tombé de 60 pour cent. Après quelques jours d'accalmie, on a assisté à un nouvel effondrement et, à la fin du mois, la dépréciation du portefeuille américain se chiffrait par vingt-cinq milliards de dollars.

A la crise boursière a succédé une crise économique qui n'a pas tardé à avoir ses répercussions en Europe. Les banques américaines annulant les crédits qu'elles avaient distribués avec prodigalité en Autriche comme en Allemagne, un terrible *krach* s'est produit à Vienne et à Berlin. Au bout de quelques semaines, l'Europe centrale entière est apparue ruinée. Autant de marchés perdus pour les exportations britanniques. En même temps, une loi douanière votée par le Congrès de Washington a rendu plus difficile à ces exportations l'accès des places américaines. En un an, elles chutent de 20 pour cent.

A la fin de 1930, le nombre des chômeurs atteint en Grande-Bretagne le chiffre-record de deux millions trois cent mille. A ce chancre, le gouvernement travailliste n'imagine pas d'autre remède que l'extension de la *dole*, de cette indemnité de chômage qui aboutit à faire de celui-ci une profession. Un sixième du budget, soit cent quarante millions de livres, est précipité dans le gouffre et le déficit budgétaire ne cesse d'augmenter. C'est en vain que Churchill, dans un article retentissant, dénonce les méfaits de la *dole* et prédit une catastrophe : il n'aboutit qu'à se faire traiter d' « ennemi du peuple ».

En juin 1931, le président Hoover, dans l'espoir d'apaiser la perturbation générale, propose un moratoire suspendant pendant un an le paiement des réparations et celui des dettes interalliées. Le gouvernement de Londres accepte avec empressement. La mesure est prise, mais l'effet en est nul : la cause de la crise n'est pas là et la situation, spécialement en Angleterre, empire de jour en jour.

Depuis qu'avait été rétablie la libre convertibilité en or de la livre sterling, l'étranger la considérait comme une monnaie refuge. Le voici maintenant qui perd confiance : pendant la seule décade du 10 au 25 juillet 1931, les retraits hors la Banque d'Angleterre se chiffrent par dix-sept millions de livres en souverains ou lingots ; le *Daily Herald*, organe officieux du gouvernement, dénonce « une attaque sans précédent contre notre réserve d'or ». Le 29 juillet, la publication du rapport de la commission royale chargée de déceler les raisons du déficit budgétaire ajoute à l'inquiétude : le déficit est évalué à cent cinquante millions de livres et, parmi les mesures suggérées pour le combler, figure une amputation de 10 pour cent de l'indemnité de chômage. Or, il est fort peu probable que les *Trade Unions* la permettent à un ministère travailliste.

La *Federal Reserve Bank* américaine, à laquelle la Trésorerie britannique fait appel, n'accorde qu'une avance dérisoirc. Force est alors à Snowden, naguère si arrogant, de supplier la Banque de France. Celle-ci — la France n'a pas encore été sérieusement touchée par la crise — accepte, le 1er août, d'ouvrir un crédit de vingt-cinq millions de livres.

Verre d'eau dans un étang. L'hémorragie d'or se précipite. La Banque d'Angleterre, la « vieille dame de Threadneedle Street », la plus vénérale institution financière du monde, va-t-elle être acculée à la fermeture de ses guichets ?

Pour sauver — peut-être — la situation, il faudrait émettre en Amérique un emprunt massif. Mais les banquiers de New-York câblent qu'il ne saurait être question de le placer tant que le budget britannique n'aura pas été équilibré. Atterré, le premier ministre se résigne à demander au Conseil général des *Trade Unions* d'accepter une réduction de l'indemnité de chômage. Refus catégorique.

Le dimanche 23 août au soir — un dimanche, quelle entorse aux usages! — le Cabinet est convoqué d'urgence au No 10, Downing Street. MacDonald l'informe et du télégramme des banquiers américains et de la décision négative prise par les *Trade Unions*. La plupart des ministres n'osent passer outre et la démission du gouvernement devient inévitable.

Le lendemain 24 août, MacDonald l'apporte au roi qui, aussitôt, appelle en consultation Baldwin, *leader* des conservateurs, et Herbert Samuel, *leader* des libéraux. Tous deux sont d'accord pour préconiser la formation d'un gouvernement d'union nationale groupant des représentants des trois partis. L'un et l'autre se déclarent prêts à servir, au besoin sous les ordres de Mac-Donald.

Que va faire le premier ministre démissionnaire ? Il est peut-être le « phénomène désossé » raillé par Churchill, mais il est patriote et, de plus, assez vaniteux. Déchiré entre son attachement au monde ouvrier, qui a fait sa carrière, et la conviction qu'il a d'être indispensable au pays, il laisse finalement le second sentiment l'emporter sur le premier et il accepte de prendre la tête d'un nouveau gouvernement.

L'affaire est vivement menée : dès le 26, le ministère d'union nationale prête serment. MacDonald en est le chef, mais Baldwin en est l'âme avec le titre de Lord président du Conseil privé ; Herbert Samuel a pris le portefeuille de l'Intérieur ; les ministres conservateurs figurent plus nombreux que les libéraux ; deux travaillistes seulement, J.-H. Thomas et Philip Snowden, ont accepté de faire partie de la combinaison.

Pas un instant, on n'a envisagé de faire appel à Churchill : MacDonald et Baldwin l'ont en égale détestation.

A peine constitué, le ministère de coalition obtient des banques américaines un crédit important ; il fait ensuite adopter une loi l'autorisant à créer par ordonnances des impôts nouveaux, à réduire tous les traitements publics et à diminuer substantiellement montant comme durée de l'indemnité de chômage.

Le résultat ne répond pas à l'espérance : le fait qu'en immense majorité les travaillistes sont passés à l'opposition, le fait aussi qu'une mutinerie vient d'éclater dans quelques équipages de la flotte royale inquiètent l'étranger. Un moment arrêtées, les sorties d'or reprennent.

Le gouvernement se résout alors à proposer une loi suspendant la libre convertibilité en or des billets de la Banque d'Angleterre. En une seule journée, elle est votée par les Communes et les Lords, promulguée par le roi. La mesure se révèle efficace : la livre sterling perd, il est vrai, sur les marchés internationaux, environ 30 pour cent de sa valeur, mais, à l'intérieur, les Anglais — orgueil national ou paresse d'esprit ? — gardent confiance en elle ; l'inflation peut être évitée et ce qui reste de l'encaisse métallique est sauvé.

Le désaveu de la politique monétaire qui fut celle de Churchill est complet. Patriotiquement, l'ancien chancelier de l'Echiquier s'est abstenu de protester, mais il reste amer. Pourtant quand, en octobre de la même année, le Parlement est de nouveau dissous (le gouvernement de coalition désire se faire légitimer par les électeurs), c'est comme conservateur d'union nationale qu'il se fait réélire.

Dans son ensemble, le scrutin donne une écrasante majorité au parti *tory* qui occupe désormais, à la Chambre des Communes, quatre cent soixante-dix sièges, sur les trois quarts. Aux heures graves, les Anglais inclinent d'instinct à se tourner vers les vieilles classes dirigeantes et, cette fois, de très nombreux ouvriers, déçus par le travaillisme, ont voté pour les candidats conservateurs. Un remaniement ministériel s'ensuit : MacDonald demeure chef nominal du gouvernement, mais il n'est plus qu'une figure de proue et presque tous les portefeuilles importants sont aux mains des conservateurs. Celui des Finances, en particulier, échappe à Snowden, pour passer à Neville Chamberlain, fils de Joseph et demi-frère d'Austen. La « coalition nationale » ne subsiste que comme façade.

Derechef, Winston a été, par système, écarté. Ses meilleurs amis jugent sa carrière politique finie et lui conseillent de se consacrer au journalisme. Mais lui garde chevillée au cœur la foi en sa destinée. Pourtant, pendant un an, il va cesser de fréquenter assidûment la Chambre des Communes.

* * *

Il est toutefois présent à la séance de décembre 1931, au cours de laquelle est définitivement votée la loi dite « Statut de Westminster », loi fameuse qui bouleverse de fond en comble la structure traditionnelle de l'Empire.

Comme presque toutes les réformes constitutionnelles britanniques, celle-ci n'est, pour une bonne part, que la consécration d'un état de fait qui s'était progressivement institué. La Constitution est, outre-Manche, un organisme vivant qui évolue sous des poussées internes plutôt qu'il n'est arbitrairement modifié par une action délibérée.

Au cours de la guerre, on le rappelle, le gouvernement de Londres a été amené à promettre aux Dominions une extension au plan international de l'autonomie interne dont ils jouissaient déjà.

Ensuite de cet engagement le Canada, l'Australie, la Nouvelle-Zélande et l'Afrique du Sud furent admis à envoyer à la Conférence de la Paix, puis à l'Assemblée de la Société des Nations,

des délégations distinctes de celle de la Grande-Bretagne. Ultérieurement, l'Etat libre d'Irlande (Irlande du Centre et du Sud),
constitué en 1921, vint grossir le nombre des Dominions.

Dans la pratique, leur politique extérieure resta étroitement
accordée à celle de la métropole et le secrétaire d'Etat au *Foreign
Office* fut le chef d'un orchestre accordé à l'unisson. Toutefois,
on se mit à parler moins d' « Empire » et davantage de *Commonwealth*, de Communauté des nations britanniques. Le premier, le
gouvernement canadien accrédita des missions diplomatiques
auprès de quelques puissances étrangères.

La législation antérieure à 1914 subsistait cependant. En
particulier, les gouverneurs généraux des Dominions — qui ne
remplissaient plus que le rôle de souverains constitutionnels —
étaient toujours désignés sur la présentation du premier ministre
du Royaume-Uni ; les Parlements locaux n'avaient pas le droit
d'adopter des lois qui fussent, dans leurs principes, contraires aux
lois métropolitaines ; les décisions des tribunaux locaux restaient
sujettes à appel auprès du Conseil privé siégeant à Londres.

En 1926, une commission inter-impériale, présidée par Arthur
Balfour, tout en se refusant à recommander l'élaboration d'une
Constitution fédérale de l'Empire, conclut à abroger « tout ves-
tige de subordination » et proposa, de la Grande-Bretagne et
des Dominions, la définition suivante :

« Ce sont des Communautés autonomes, de statut égal, nullement subordonnées l'une à l'autre dans aucun domaine, ni intérieur ni extérieur, mais unies par une fidélité commune à la Couronne et librement associées comme membres du *Commonwealth*
britannique des nations. »

Définition approuvée en 1930 par une Conférence des premiers
ministres et qui, avec la promulgation du Statut de Westminster,
prend force de loi organique. Désormais, les gouverneurs généraux
seront nommés par le roi sur la recommandation des ministres
locaux et ils ne seront plus obligatoirement des métropolitains ;
les Parlements locaux légiféreront comme ils l'entendront ; le
gouvernement de Londres ne pourra plus, en aucun cas, intervenir qu'officieusement auprès des Dominions.

Cette réforme, insigne témoignage du génie pragmatique de
l'Angleterre, ne touche, notons-le, aux statuts ni de l'empire des
Indes, ni des colonies dites « de la Couronne », ni des « mandats »
ou protectorats.

Pour les Indes, on a vu quelles protestations suscitèrent, de la part de Churchill, les modifications proposées à leur régime politique, modifications qui ne prendront effet qu'en 1935. Quant aux colonies de la Couronne — réparties entre les cinq parties du monde et plus peuplées à elles seules que tout l'Empire colonial français de l'époque — rien n'est changé à leur état d'assujettissement. Tout au plus tend-on à étendre les attributions de leurs Assemblées élues, là où il en existe. On laisse aussi, à condition qu'ils se montrent dociles, le plus d'autorité possible aux chefs indigènes. Ce sont là pays peuplés en immense majorité de gens de couleur, donc voués à être paternellement guidés par la race supérieure — et aussi exploités à son profit. Au fur et à mesure que les Dominions s'éloignent de la métropole, les Anglais attachent une importance grandissante aux matières premières et aux débouchés commerciaux que peuvent leur offrir les colonies de la Couronne. Ils y augmentent leurs investissements et le *Colonial Office*, naguère légèrement dédaigné, devient un ministère de tout premier plan.

Les « mandats » confiés à la Grande-Bretagne par la Société des Nations sur plusieurs anciennes colonies africaines de l'Allemagne sont administrés selon des principes analogues. Dans le Proche-Orient, en revanche, la tutelle britannique se fait légère et la présence de quelques escadrilles jointe à l'emploi judicieux des fonds de l'*Intelligence Service* suffit à assurer la sécurité des exploitations pétrolières. La Palestine donne, il est vrai, quelque embarras : le gouvernement de Londres s'est engagé à en faire un *Home* national pour les Israélites du monde entier qui voudraient s'y établir. Cette promesse a suscité un grand écho et, déjà, les colonies juives sont, en Terre Sainte, aussi nombreuses que florissantes ; mais elles se heurtent à la violente animosité des Arabes et de temps à autre le sang coule. L'Egypte enfin a cessé, au moins en théorie, d'être un protectorat, mais des troupes britanniques y tiennent toujours garnison et l'Angleterre se refuse à accueillir les revendications du parti nationaliste *Wafd*.

Churchill, irréductible sur l'Inde, se montre à l'égard des Dominions de race blanche infiniment plus accommodant et il a voté le Statut de Westminster. Mais, pénétré de ce qu'il aime à nommer « la gloire et la majesté de l'Empire », il applaudit à tout ce qui peut affirmer la cohésion de cet Empire. Aussi l'a-t-on vu, lui naguère libre-échangiste intransigeant, accepter sans protestation, en 1932, l'instauration d'un régime douanier protectionniste parce que cette grave innovation s'accompagnait d'une « préférence impériale ». Et il a donné pleine approbation aux accords d'Ottawa organisant cette préférence.

Aussi bien son imagination toujours en ébullition va-t-elle maintenant l'entraîner vers un domaine plus vaste encore que celui de l'Empire : le domaine de la haute politique internationale, de cette politique dont dépend, avec la paix ou la guerre, le destin des Etats.

Il l'abordera par un biais inattendu : en écrivant la vie de son ancêtre John Churchill, premier duc de Marlborough.

* * *

Il a toujours été fasciné par ce personnage hors série qui, ayant débuté dans la pauvreté et l'obscurité, non seulement est parvenu à une fortune immense, mais s'est révélé le plus grand général, voire le plus profond politique de son temps, a abattu la superbe de Louis XIV et a été, un temps, le vrai maître de l'Angleterre. Quel destin ! Un destin auquel, dans le fond de son cœur, Winston ne se sent pas inégal. Lui-même n'est-il pas né au palais de Blenheim, ce palais offert à Marlborough par la nation reconnaissante et qui porte le nom d'une des plus éclatantes victoires de l'illustre stratège ? (« J'ai pris à Blenheim », aime-t-il à répéter, « deux importantes décisions : celle de naître et celle de me marier. Je ne me repens ni de l'une ni de l'autre. ») N'y a-t-il pas là l'indice d'une vocation ? Et, à défaut d'être un second Marlborough — peut-être aussi pour se préparer à le devenir — le descendant du premier n'a-t-il pas le devoir d'en retracer l'aventureuse existence ?

C'est à la fin de 1931 que, profitant des loisirs que lui laisse son éloignement du pouvoir, Winston entreprend son ouvrage. Son dessein est d'abord de venger la mémoire de son aïeul qu'au XIXe siècle Macaulay a quelque peu ternie. Le grand historien a représenté Marlborough comme avide de richesses, recevant de l'argent de ses maîtresses, trafiquant des charmes de sa sœur, ami infidèle, allant jusqu'à trahir son roi. Tout cela, certes, est vrai en partie, mais en partie seulement : Churchill, aidé par de multiples collaborateurs, a vite fait de déceler dans le récit de Macaulay des erreurs qu'il grossit jusqu'à les transformer en flagrants mensonges. Son plaidoyer est passionné, souvent spécieux, mais il porte : désormais, les Anglais qui n'y regarderont pas de trop près pourront, grâce à la piété filiale de Winston, vénérer sans réserve le souvenir de John.

Ce n'est là toutefois qu'un hors-d'œuvre. Voici maintenant Churchill plongé dans la stratégie et la politique de son héros. Pourquoi n'y eut-il jamais « bataille qu'il ne gagnât ni de forteresse qu'il ne prît » ? Comment noua-t-il contre Louis XIV cette coalition qui devait ruiner les espoirs hégémoniques de la France et assurer du même coup à l'Angleterre le rôle d'arbitre du continent ?

A l'évocation de cette prodigieuse réussite, Winston s'exalte. Ecoutons-le :

« L'Europe s'engagea dans une lutte qui, sauf une précaire interruption, devait durer un quart de siècle. Depuis le duel entre Rome et Carthage, on n'avait vu une pareille guerre mondiale. Elle entraîna tous les peuples civilisés, elle s'étendit à toutes les portions accessibles du globe ; elle détermina pour longtemps et la richesse et la puissance et les frontières de tous les Etats européens d'importance. »

Il y a là, certes, quelque exagération. Mais peut-être, en dictant ces lignes, Churchill songe-t-il moins à la guerre de Succession d'Espagne qu'à la véritable première guerre mondiale, celle de 1914. Et qui sait même si son intuition ne lui fait pas pressentir obscurément la deuxième, celle de 1939 ?

Pour étudier sur place les manœuvres militaires de Marlborough, Winston se rend, pendant l'été de 1932, en Allemagne de l'Ouest et du Sud. Ce voyage aura, sur sa pensée politique, une influence décisive.

Depuis la fin de la guerre, il n'a connu à l'extérieur qu'un péril : le péril bolchevik et c'est le seul qu'il ait constamment dénoncé. Quant à l'Allemagne, sa flotte ayant été livrée à l'Angleterre et détruite, il a cessé de la considérer comme dangereuse et il a été partisan de la relever pour la dresser, comme une digue, contre la marée soviétique. Dès 1920, il s'est prononcé en faveur d'un allègement de son fardeau de réparations ; lors des négociations de Locarno, il a insisté pour que la Grande-Bretagne ne s'engageât pas à l'Est ; en 1931, alors même que les nazis venaient de remporter un éclatant succès électoral, il a recommandé à ses concitoyens de « supprimer les justes griefs des vaincus », de « donner plus ample satisfaction à l'Allemagne quant au tracé de sa frontière orientale » et de pratiquer « un certain détachement raisonnable à l'égard de la scène européenne ».

C'est que l'Allemagne à laquelle il pensait était celle qui lui était familière : disciplinée, ordonnée, militariste certes, mais en même temps profondément attachée aux valeurs occidentales et ayant, spirituellement, beaucoup de points communs avec l'Angleterre. Un moment dévoyée par une clique de pangermanistes, elle était assurément rentrée dans la norme et il était bon que sa force renaissante pût être utilisée à maintenir l'équilibre continental, — cela contre la Russie d'abord, mais au besoin contre la France.

A sa surprise, Churchill, pendant son voyage découvre une autre Allemagne.

Le mouvement national-socialiste est en pleine poussée ascendante et, par son idéologie, par sa violence, sa brutalité, son intolérance, son mépris de la personne humaine, il ne va pas sans rappeler l'idéologie soviétique. Hitler, l'obscur et hystérique agitateur, est devenu le dieu d'une jeunesse naguère férue de musique et de philosophie mais qui ne rêve plus que de plaies et de bosses. Partout des défilés, partout des vociférations, partout des pillages de magasins juifs... Churchill, *gentleman* anglais, et dont beaucoup d'amis sont de confession israélite se sent profondément choqué tant par ce débordement de vulgarité que par cet antisémitisme.

Le gouvernement du Reich ne lutte contre le nazisme qu'en rivalisant avec lui d'intransigeance : non content d'avoir obtenu, en fait, à la Conférence financière de Bâle, la fin des réparations, il se désintéresse brusquement de la Conférence pour le Désarmement réunie à Genève depuis le mois de juillet parce que celle-ci refuse à l'Allemagne la pleine « égalité des droits ». Quelle insatiabilité ! Winston rentre à Londres troublé, se demandant qu'elles eussent été, en l'occurrence, les réactions du grand Marlborough.

Il est pourtant loin encore de songer à opposer aux revendications allemandes un *non possumus* catégorique. Ce qu'il voudrait, c'est qu'on donnât à celles de ces revendications qui lui paraissent légitimes — il songe notamment au corridor de Dantzig — une satisfaction immédiate sans attendre de se les laisser arracher sous la menace de la force. Le 23 novembre, il prononce un discours où il exprime sa pensée :

« Toutes ces bandes de beaux jeunes Teutons qui parcourent l'Allemagne avec le désir, éclatant dans leurs yeux, de se sacrifier pour leur patrie, ne songent pas à l'égalité des armements. Ils désirent des armes, certes ; mais quand ils les auront, croyez-moi, ils demanderont la restitution des territoires perdus, des colonies perdues. Seulement, songez-y : lorsque cette exigence sera formulée, elle ne pourra manquer d'ébranler, et peut-être jusque dans leurs fondations, tous les pays du monde... »

La satisfaction donnée aux justes griefs des vaincus doit précéder le désarmement des vainqueurs. Proclamer l'égalité des armements tant que ces griefs subsistent équivaudrait presque à fixer la date d'une nouvelle guerre européenne. Mieux vaut infiniment poser la question d'une révision partielle des clauses territoriales du traité de Versailles. Mais il le faut faire de sang-froid, dans une atmosphère de sérénité et tant que les nations victorieuses possèdent encore la supériorité des armements.

Winston n'a plus guère d'audience au Parlement et le débat tourne court. Le gouvernement britannique ne soulève pas la question du corridor de Dantzig, mais il amène le gouvernement français — alors présidé par Herriot — à accepter le principe de l' « égalité des droits ». C'est exactement le contraire de la politique churchillienne.

Quelques semaines plus tard, le 30 janvier 1933, Adolf Hitler devient chef du gouvernement allemand.

*   *   *

Churchill s'est remis à sa *Vie de Marlborough*, sans cesser de suivre le développement de la situation internationale. Aussi bien les événements qu'il retrace lui semblent-ils de plus en plus préfigurer les événements du moment et Hitler lui apparaît-il maintenant comme une réplique, en plus grossier, de Louis XIV. De même que Marlborough armait l'Europe contre le Roi-Soleil, il commence a rêver de l'armer contre le *Fuehrer*.

MacDonald ayant soumis à la Conférence de Genève un plan comportant une amputation des forces militaires françaises, Winston bondit :

« Remercions Dieu », s'écrie-t-il, « pour l'existence de l'armée française. Quand nous considérons ce qui se passe en Allemagne, quand nous assistons à l'explosion de férocité et d'esprit guerrier qui s'y manifeste... demander à la France de diminuer son armée de moitié, alors que le Reich double la sienne, lui demander de réduire son aviation de moitié alors que l'aviation allemande demeure ce qu'elle est déjà, c'est une proposition que le gouvernement français ne peut pas ne point considérer comme présentée à contretemps. »

Le Cabinet de Paris écarte en effet le plan MacDonald et la Conférence pour le désarmement s'enlise dans de stériles palabres. Les puissances naguère victorieuses cherchent en vain une formule sans pour autant lui permettre de trop manifester sa volonté de puissance. Sur une suggestion de Mussolini, accueillie avec empressement par le gouvernement anglais, un « Pacte à Quatre » (Allemagne, France, Grande-Bretagne, Italie) est paraphé le 7 juin 1933 ; mais ce pacte, qui suscite l'inquiétude des Etats de la Petite-Entente et de la Pologne, ne sera jamais ratifié.

Le désarroi s'accentue. Une Conférence économique « mondiale » réunie solennellement à Londres pour préparer une stabilisation générale des monnaies n'aboutit qu'à un échec. La Conférence pour le désarmement agonise. Le 14 octobre, l'Allemagne s'en retire définitivement, le 19, elle quitte la Société des Nations et Hitler déclare :

« Ou bien nous disposerons de droits égaux, ou bien le monde ne nous verra plus à aucune Conférence. »

Un mois après, le plébiscite auquel il convie les Allemands lui donne 93,4 pour cent de *oui*.

Le *Fuehrer* sait pourtant que le Reich ne serait pas en mesure de résister, les armes à la main, à une coalition. Avant tout, il veut empêcher un rapprochement entre l'Union soviétique et les puissances occidentales. De celles-ci, la France est la plus redoutable militairement. C'est donc la France qu'il va tenter d'amadouer : le 18 décembre, il lui propose un arrangement aux termes duquel l'Allemagne accepterait de limiter sa force militaire à trois cent mille hommes et renoncerait à posséder les armes offensives les plus lourdes.

L'opinion britannique s'émeut et MacDonald reprend son projet de l'année précédente. Il est moins favorable à la France que la suggestion hitlérienne mais, comme il est formulé dans un contexte de sécurité collective, le ministère français, — maintenant présidé par Daladier, — paraît disposé à le réexaminer.

Surviennent à Paris les événements du 6 février 1934. Place de la Concorde, le sang coule. Le cabinet Daladier se démet et se voit remplacé par un cabinet Doumergue qui, tout en ne donnant pas suite au plan MacDonald, oppose à la proposition de Hitler un refus définitif. La France n'accepte point de légitimer un réarmement allemand, même contractuellement limité ; Churchill respire.

Fidèle en cela à la tradition du *Foreign Office*, il redoute tout accord direct franco-allemand qui pourrait aboutir à un affaiblissement de l'influence anglaise sur le continent : il ne doit être permis à aucune puissance ni à aucun groupe de puissances continentales de dominer les autres ; il appartient à la Grande-Bretagne, restée libre de ses mouvements, d'organiser la résistance du côté menacé.

« Si la paix doit être notre premier objectif », écrit alors Churchill, « le second est d'assurer notre liberté de choix. »

Comme le danger de rupture d'équilibre lui paraît actuellement venir d'Allemagne, c'est contre l'Allemagne qu'il faut provoquer un rassemblement. Le concours de la France, indispensable, n'est pas suffisant. Et Winston va — qui l'eût dit ! — jusqu'à souhaiter celui des Soviets. Quand, en juillet 1934, le gouvernement britannique se prononce en faveur de l'admission de la Russie dans la Société des Nations, le farouche adversaire du bolchevisme approuve publiquement et il ajoute :

« C'est un événement historique ! »

D'ailleurs, il se défend d'avoir fait volte-face. Plutôt sont-ce les Soviets qui ont changé. Lénine est mort, Trotsky en exil : Churchill se persuade qu'avec eux le rêve communiste de domination mondiale s'est dissipé.

A la place de ces doctrinaires de la subversion, un réaliste se dresse, Staline, qui, à l'intérieur, paraît surtout occupé à mener à bien son plan quinquennal et qui, à l'extérieur, multiplie les contacts diplomatiques. Que le changement puisse n'être que de surface, Churchill ne veut pas le croire : tout en continuant, par habitude, à exprimer son « aversion pour le régime économique et social de la Russie », il affirme que ce n'est plus là qu'une dictature nationale. N'en a-t-on pas, sur le continent, connu beaucoup d'autres avec lesquelles la Grande-Bretagne s'est entendue ? Et le président d'une grande Compagnie métallurgique anglaise ne vient-il pas de déclarer à ses actionnaires « que l'on peut maintenant placer de l'argent en Russie avec une sécurité plus complète et un profit plus important que dans n'importe quel pays du monde » ?

Churchill assimilerait volontiers la dictature stalinienne à la dictature mussolinienne. Impensables en Angleterre, elles peuvent convenir, l'une à la Russie, l'autre à l'Italie. Aussi bien ne s'agit-il pas de peser la valeur éthique de ses associés, mais de les compter : le temps presse.

Le 24 novembre 1934, utilisant des renseignements sûrs, il déclare à la Chambre des Communes que l'Allemagne, à laquelle le traité de Versailles interdit toute aviation militaire, possède déjà une force aérienne presque égale à celle de la Grande-Bretagne. Baldwin, vice-premier ministre, conteste formellement cette affirmation et se fait applaudir par la Chambre. L'événement n'en va pas moins donner très vite raison à Winston.

Le 16 mars 1935, Hitler promulgue une loi instituant dans le Reich le service militaire obligatoire et fixant à trente-six divisions l'effectif de l'armée sur pied de paix. En même temps, il annonce que l'aviation allemande est d'ores et déjà à la parité avec l'aviation britannique. Baldwin reconnaît son erreur et l'opinion anglaise ne lui en veut pas : plutôt serait-elle tentée de le louer de sa franchise.

L'année précédente, la France a refusé à l'Allemagne un réarmement négocié et limité. Va-t-elle accepter un réarmement massif et unilatéralement décidé ? Elle dispose encore d'une supériorité écrasante. A la force va-t-elle répondre par la force ? — Non. Le gouvernement de Paris, en proie à de graves difficultés financières, écoute celui de Londres qui l'adjure de ne pas agir isolément. On se borne à une note collective de protestation et à un appel à la Société des Nations. Celle-ci déclare simplement que « l'Allemagne a manqué au devoir qui incombe à tous les membres de la communauté internationale ».

Dérisoire manifestation. En la commentant, Churchill prophétise que l'Angleterre va « pénétrer dans un couloir de plus en plus sombre, de plus en plus fourmillant de périls et le long duquel il lui faudra se traîner pendant des mois, peut-être pendant des années ».

La France et la Grande-Bretagne, d'accord avec l'Italie, amorcent cependant un geste de redressement : au milieu d'avril, leurs représentants se réunissent à Stresa et adoptent une résolution proclamant que « les trois puissances... sont d'accord pour s'opposer, par tous moyens, à toute répudiation des traités en vigueur de nature à mettre en danger la paix de l'Europe ». Est-ce le front commun contre l'Allemagne ? — L'affaire d'Ethiopie va, hélas ! tout remettre en question.

*   *   *

Dès le début de l'année 1935, il était manifeste que l'Italie, limitrophe de l'Ethiopie par sa colonie d'Erythrée, nourrissait sur ce pays des desseins de conquête. Or l'Ethiopie, encore qu'à demi-sauvage, avait été admise en 1923 dans la Société des Nations et jouissait de ce chef des garanties de « sécurité collective ».

L'Angleterre va-t-elle fermer les yeux ? C'est fort peu probable : d'une part, en effet, l'opinion publique britannique est passionnément attachée à la Société des Nations et, de l'autre, elle a toujours considéré l'Afrique orientale comme une sorte de chasse gardée. Sentiment et intérêt conspirent à rendre la diplomatie anglaise intransigeante. Elle s'affirme telle dès le lendemain de la réunion de Stresa.

C'est inutilement que Churchill invite ses compatriotes à la prudence. Pourquoi, alors que l'Allemagne se fait de plus en plus menaçante, courir à une brouille avec l'Italie ? En tout cas, la Grande-Bretagne ne devrait pas prendre d'initiative séparée. « Nous ne sommes pas assez forts pour nous poser en législateurs de l'univers. »

On ne l'écoute pas et, fomenté par la puissante Association britannique pour la Société des Nations, un mouvement violemment anti-italien se précise outre-Manche.

L'attente du public est pourtant un moment détournée de l'Ethiopie par deux événements : le Jubilé des vingt-cinq ans de règne du roi George V ; la retraite de Ramsay MacDonald et son remplacement par Stanley Baldwin.

Le Jubilé est célébré au milieu d'une ferveur religieuse et quand le souverain, entouré de sa famille, se rend à la cathédrale Saint-Paul pour y assister à un service d'actions de grâce, c'est tout le peuple de Londres, chômeurs compris, qui se presse sur son passage en agitant des *Union Jacks*. Le *Commonwealth* entier s'associe à la métropole : le discours radiodiffusé prononcé par le roi fait monter des larmes aux yeux des Canadiens, des Australiens et des Néo-Zélandais.

Beaucoup moins d'émotion est suscité par la démission de MacDonald. Depuis longtemps déjà, le premier ministre, de santé chancelante et durement désavoué par le parti travailliste, n'était plus qu'une figure décorative et la réalité du pouvoir appartenait à Baldwin. Quand donc ce dernier s'installe au No 10, Downing Street, résidence officielle du premier ministre, rien n'est en fait changé. Cependant, un léger remaniement du Cabinet s'ensuit à la faveur duquel le portefeuille des Affaires étrangères échoit au conciliant Sir Samuel Hoare.

Le gouvernement modifié prend aussitôt une initiative : à la suite d'une négociation rapidement menée, un traité naval germano-anglais est signé à Londres, accordant à la flotte militaire du Reich un tonnage égal à 35 pour cent du tonnage britannique pour les navires de surface et à 45 pour cent pour les sous-marins. C'est une très grave entorse donnée au traité de Versailles. La France s'émeut, Churchill proteste. Mais le Cabinet de Londres sait l'opinion anglaise plus montée contre Mussolini que contre Hitler et espère neutraliser celui-ci tandis qu'il tiendra tête à celui-là.

En juillet, le négus d'Ethiopie porte officiellement son différend avec l'Italie devant l'Assemblée de Genève où la Grande-Bretagne a pour représentant Anthony Eden.

Eden, à peine âgé de trente-huit ans, est une des étoiles montantes du parti conservateur. Issu d'une vieille famille du comté de Durham, il a reçu, au collège d'Eton, puis à l'université d'Oxford, l'éducation du *gentleman* type. Après avoir quelque temps étudié les langues orientales et être, pendant la guerre, parvenu au grade de capitaine (on continue à l'appeler le *Captain* Eden), il est entré très jeune au Parlement et y a conquis l'estime de ses collègues tant par sa pondération que par sa rassurante absence d'originalité. A la suite de son premier discours aux Communes, Churchill a raillé :

« Il a employé à peu près tous les clichés du vocabulaire anglais, excepté peut-être *Dieu est amour* et *Les messieurs sont priés de se rajuster avant de sortir des lavatories.* »

Mais les Britanniques ne détestent pas les clichés et sont sensibles aux bonnes manières. Or celles d'Eden sont excellentes. Dépourvu d'affectation, le visage ouvert, un engageant sourire découvrant volontiers ses dents un peu protubérantes, il est dans sa mise d'une élégance sobrement raffinée et ses chapeaux mous noirs font déjà école. Les femmes raffolent de lui, ce qui n'empêche pas les hommes de le juger un *sound fellow* — un garçon bien équilibré.

Son mariage avec la fille du propriétaire du très important quotidien régional le *Yorkshire Post* n'a pas été inutile à sa carrière. En 1931, il a été nommé sous-secrétaire d'Etat aux Affaires étrangères puis, en 1934, il a été chargé, avec le titre de garde du Sceau privé, — en fait, ministre sans portefeuille, — de suivre les affaires de la Société des Nations. Il s'est aussitôt montré champion convaincu de la politique dite de sécurité collective et, dans la question d'Ethiopie, il a catégoriquement pris parti contre l'Italie. C'est là, il le sait, répondre au sentiment profond de la grande majorité de ses compatriotes.

Churchill, lui, n'a qu'une foi médiocre dans cette Société des Nations qui, en présence du réarmement allemand, vient de faire preuve d'une si déplorable faiblesse. La sécurité collective lui paraît un leurre et il préfère s'en tenir au système éprouvé de l'équilibre continental. Le 11 juillet, il fait, devant la Chambre des Communes, un nouvel appel à l'esprit politique et à la réflexion.

En vain. Eden pousse à l'intransigeance et le premier ministre est avant tout soucieux de plaire à l'opinion. Or, un référendum officieux organisé par l'Association britannique pour la Société des Nations vient de montrer les quatre cinquièmes des votants partisans d'appliquer à l'Italie fasciste des sanctions collectives. Baldwin, qui désire faire approuver sa politique par le corps électoral, voit là un excellent tremplin et il obtient du roi la dissolution du Parlement.

La vague de réprobation soulevée par l'Italie, jointe à l'amélioration survenue depuis 1931 dans la situation économique, assure aux conservateurs une majorité, à vrai dire un peu réduite, mais encore impressionnante (deux cent quarante-sept voix y compris celles des quelques « travaillistes nationaux » et « libéraux nationaux » qui, votant avec les *tories*, perpétuent la fiction d'une « coalition nationale »). Les travaillistes, qui se sont prononcés à la fois pour la sécurité collective et contre tout réarmement, reconquièrent un très grand nombre de sièges. Les libéraux ne sont plus qu'une poignée (6 pour cent seulement des suffrages se sont portés sur leurs candidats). Churchill, encore que furieusement combattu, est parvenu à garder son siège. La seconde guerre mondiale fera que cette Chambre, élue en 1935, durera jusqu'en 1945.

Cependant, les forces italiennes, massées depuis plusieurs mois à la frontière de l'Ethiopie, l'ont franchie le 3 octobre. Le 5 novembre, le Conseil de la Société des Nations décide de frapper l'Italie de sanctions économiques. Mussolini n'en a cure ; son armée continue d'avancer et met en déroute les bandes du négus.

Pris entre ses récents accords avec Rome et sa fidélité aux principes de Genève, le gouvernement français, que préside alors Pierre Laval, n'a cessé de multiplier les tentatives de conciliation. Le 9 décembre. Laval obtient de Hoare, lequel est sensiblement moins intransigeant qu'Eden, l'adhésion à une formule qui,

tout en accordant à l'Italie des avantages territoriaux considérables, laisserait encore au négus la souveraineté sur la moitié
de ses Etats. Mais une indiscrétion de presse évente le projet
qui suscite chez les antifascistes de France et surtout de Grande-
Bretagne une furieuse colère. Une séance orageuse a lieu à la Chambre des Communes et Hoare se voit contraint de résigner le portefeuille des Affaires étrangères qui passe à Eden. Bientôt Laval
sera, lui aussi, acculé à la démission. L'accord de Stresa est définitivement rompu et Mussolini va se rapprocher de Hitler.

Pendant ces jours de crise, Churchill voyageait en Afrique
du Nord. Il en revient décidé à ne plus braver l'opinion publique,
affecte un grand zèle pour la Société des Nations et déclare que
puisque des sanctions économiques ont été décrétées, il faut les
appliquer complètes. En d'autres termes, il y a lieu d'interdire les
exportations de pétrole à destination de l'Italie, ce qu'on s'est
jusqu'ici gardé de faire. Il n'est pas écouté : la flotte italienne ne
manquera pas de pétrole et l'Ethiopie entière sera annexée. Cette
fois encore, la Grande-Bretagne et la France auront perdu sur
tous les tableaux.

L'année 1936 s'ouvre pour le monde sous d'assez fâcheux
auspices. Janvier n'est pas écoulé qu'un malheur particulier frap-
pe la Grande-Bretagne : le roi George V, dont depuis quelques
années la santé était mauvaise, rend le dernier soupir au terme
d'une brève maladie[1].

La consternation est générale. Dans les rues, on ne rencontre
que visages consternés. Des drapeaux cravatés de crêpe paraissent
à la plupart des fenêtres. D'humbles travailleurs arborent des
cravates noires. Presque pourrait-on penser que chaque famille
du royaume a perdu son chef. Les Dominions s'associent au deuil
de la métropole et de toutes les parties du *Commonwealth* affluent
des témoignages de sympathie.

George V, homme de bonne volonté, a régné pendant plus
d'un quart de siècle, un quart de siècle marqué par des événements
majeurs. Le souverain les a traversés en communion étroite de
pensée avec son peuple ; l'application quotidienne qu'il a consa-
crée à l'accomplissement de sa tâche a été récompensée par une
immense popularité faite de respect, de gratitude et d'affection.

Aussitôt, Edouard-Albert-Patrick-David, prince de Galles,

---

1. L'avant-veille, 18 janvier, le grand écrivain Rudyard Kipling, chantre
de l'Empire, est mort lui aussi : une époque est révolue.

duc de Cornouailles, comte de Chester et Lord des Iles, is aîné
du souverain défunt, est, dans les formes traditionnelles, pr
clamé roi sous le nom d'Edouard VIII.

Churchill est lié avec lui de cordiale amitié. L'effort qu'il fait
maintenant pour se concilier l'opinion aidant, il peut espérer
devenir quelque jour son premier ministre.

Vain espoir. Edouard VIII ne demeurera que trois cents jours
sur le trône et, de la crise politique qui l'en fera descendre, Winston
pâtira durement.

CHAPITRE **X**

LA GRANDE-BRETAGNE À
L'AVÈNEMENT D'ÉDOUARD VIII

LA GRANDE-BRETAGNE SUR UNE CRÊTE. — DÉCEPTIONS QUI ONT SUIVI
L'EUPHORIE DU LENDEMAIN DE LA GUERRE. — LA FIERTÉ NATIONALE
LES ATTRIBUE UNIQUEMENT À DES AGENTS EXTÉRIEURS. — SUR LE PLAN
ÉCONOMIQUE, LES BRITANNIQUES GARDENT LA NOSTALGIE DE L'ÉPOQUE
ANTÉRIEURE À 1914. — SUR LE PLAN EXTÉRIEUR, UN SENTIMENT DOMI-
NANT : L'HORREUR DE LA GUERRE. — FOI DANS L'EFFICACITÉ DE LA SO-
CIÉTÉ DES NATIONS, ORIGINES PURITAINES DE CETTE FOI. — DANS LES
MŒURS, TENDANCE AUSSI AU RELÂCHEMENT. — VAGUE DE PLAISIRS CON-
SÉCUTIVE À L'ARMISTICE. — LA CRISE ÉCONOMIQUE NE MET TERME NI
À L'INSOUCIANCE DU LENDEMAIN, NI À LA DISTENSION DES LIENS FAMI-
LIAUX. — MULTIPLICATION DES DIVORCES, DIFFUSION DES MÉTHODES
ANTICONCEPTIONNELLES. — AUDACE DE LA JEUNE LITTÉRATURE. —
ERREUR CEPENDANT DE JUGER L'ANGLAIS SUR LES APPARENCES. — PER-
MANENCE, SOUS LES CHANGEMENTS DES SURFACES, DE SES TRAITS ESSEN-
TIELS, NOTAMMENT DE SA RELIGIOSITÉ PROTESTANTE. — PREUVE FOURNIE
PAR L'AFFAIRE DU « LIVRE DES PRIÈRES EN COMMUN ». — RÉACTIONS
IMPRÉVISIBLES DU PEUPLE ANGLAIS.

Début de 1936. Changement de règne. Changement de climat.
La Grande-Bretagne est sur une crête.

Derrière elle, depuis la fin de la première guerre mondiale,
dix-sept années lourdes de déceptions qui, sans altérer l'optimisme
fondamental de son peuple, ont déterminé une sorte de lassitude.
Devant elle, jusqu'à la deuxième guerre, trois années d'incerti-
tudes et d'inquiétudes, mais aussi de progressive reprise en main.
Au terme, une effroyable tension et des efforts gigantesques...
Arrêtons-nous un moment.

Au lendemain de l'armistice, les Anglais ont sincèrement cru
ce que la propagande officielle ne cessait de leur répéter : que la
guerre qui venait de s'achever avait été la dernière, que le monde
serait désormais un paradis pour les démocraties libérales, qu'on

allait retrouver, encore amélioré et étendu aux moins favorisés, le bien-être d'avant 1914.

Il a fallu vite déchanter : à une courte période de prospérité factice ont succédé de longues années de crise ; l'Allemagne, qui devait tout payer, s'est dérobée et de graves économistes se sont évertués à démontrer qu'il n'était pas de l'intérêt britannique qu'elle payât ; les marchés extérieurs perdus n'ont pas été récupérés ; le commerce et l'industrie ont connu le marasme ; le chômage a pris d'angoissantes proportions ; le budget n'a été équilibré que grâce à une lourde fiscalité ; la livre sterling n'a quelque temps retrouvé sa dignité ancienne qu'aux dépens des exportations et force a été ensuite de la découronner.

Depuis 1932, la situation s'est, il est vrai, améliorée ; grâce à un effort de rationalisation, l'indice de la production industrielle a haussé de vingt-cinq pour cent. Mais ce sont surtout les industries travaillant pour la consommation intérieure qui ont progressé, tandis que les industries exportatrices ont marqué le pas. Ce n'est qu'à l'intérieur du *Commonwealth* que, par le jeu de la « préférence impériale », les échanges se sont nettement développés.

Quant aux ouvriers inscrits au chômage, leur nombre, après avoir atteint près de deux millions neuf cent mille en 1932, est retombé à quatorze cent mille en 1936. Mais ce chiffre ne paraît guère pouvoir être davantage comprimé ; il subsiste, surtout dans les districts miniers, toute une population oisive, s'accoutumant à vivre de la *dole*, de l'indemnité de chômage, et perdant progressivement le goût du travail. Suppurante plaie sociale qui entretient un malaise dans tout le corps de la nation.

A la fois peu imaginatif et imbu de sa supériorité, le peuple anglais ne s'est pas aisément résigné à admettre que ses malheurs provinssent du changement de structure déterminé par la guerre et aussi de certains vices d'organisation technique. Il a préféré les attribuer à la perversité de puissances étrangères : la Russie soviétique et aussi la France, longtemps accusée d'aspirer à l'hégémonie continentale et par là d'empêcher le retour à un sain équilibre économique. Maintenant, ce sont surtout le fascisme italien et le nazisme allemand qui se voient accusés.

Ce défaut d'imagination et cette fierté nationale ont d'ailleurs leur contre-partie utile : quand, en 1931, la livre sterling a été détachée de l'or, les Anglais n'ont pas pensé que sa valeur en pût être altérée. La lecture de la cote internationale des changes leur fit conclure que le dollar, par suite d'un phénomène mal intelligible, haussait, non que la livre baissait. De ce fait, il n'y eut point de fuite devant la monnaie, les prix intérieurs ne montèrent que très faiblement et la dépréciation internationale de la livre ne dépassa pas trente pour cent.

Pour des raisons analogues, la nation est restée à peu près imperméable à la doctrine communiste, à la fois trop abstraite et suspecte *a priori* parce que d'origine étrangère. Elle l'est également à la doctrine fasciste que tente de lui prêcher un brillant aristocrate, Sir Oswald Mosley. Même les théories des économistes disciples de Keynes, favorables à l'intervention étatiste, ne rencontrent qu'une audience limitée : elles paraissent au grand public exagérément complexes, s'éloignant dangereusement de ce que l'on a toujours enseigné et fleurant fâcheusement la logique continentale.

Le parti travailliste a néanmoins réalisé de grands progrès devenant, à la place du parti libéral écrasé, le deuxième grand parti national. Mais les deux expériences qui ont été faites d'un gouvernement travailliste n'ont pas été heureuses ; chaque fois, la nation, dans sa grande majorité, s'est retournée vers les conservateurs, vers ces *gentlemen* le plus souvent sans morgue, qui possèdent la longue habitude des affaires publiques. Fait remarquable : alors que les ouvriers et leurs familles représentent soixante pour cent de la population, aux élections de 1931, le parti conservateur a recueilli cinquante-sept pour cent des suffrages exprimés : près du tiers des travailleurs de l'industrie ont donc voté pour ses candidats. Et, parmi les élus, ne figurent pas moins de cent quatre anciens élèves d'Eton, le plus aristocratique des établissements d'enseignement secondaire.

Peu accessible aux théories économiques, nullement passionné par la politique pure, l'ouvrier britannique exige une seule chose : c'est que jamais, sous aucun prétexte, son *standard* de vie ne soit réduit. D'où la farouche opposition des *Trade Unions* à toute baisse des salaires, à tout allongement de la journée de travail. D'où la grève générale de 1926. Rien là de révolutionnaire ; seulement une affirmation de dignité : quand la *British Gazette* de Churchill eut convaincu les grévistes que leur mouvement était illégal, ils ont vite repris leur travail, ouvriers mineurs exceptés.

Au cours des dernières années, il est vrai, une théorie a fait son apparition, née de la permanence du chômage : celle du « plein emploi », du travail en tout cas garanti. Revendication encore très timide et qui ne s'affirmera qu'en 1945.

A l'aube de 1936, le peuple anglais, sur le plan économique, regarde plutôt en arrière qu'en avant : ce dont il persiste à rêver, c'est d'un retour à la « belle époque », aux années immédiatement antérieures à 1914. On semble d'ailleurs avoir oublié qu'au cours de ces années-là le monde ouvrier témoignait d'une grande insatisfaction.

*   *   *

Sur le plan extérieur, un sentiment domine depuis l'armistice : l'horreur de la guerre.

De la force de ce sentiment, Churchill a éprouvé les effets quand on l'a soupçonné de desseins belliqueux contre la Russie et quand il a paru décidé à faire appel aux armes contre la Turquie kémaliste. Plus récemment, il les a éprouvés encore quand, effrayé par le réarmement de l'Allemagne, il a adjuré la Grande-Bretagne de ne pas se laisser distancer.

Se réarmer, les Anglais ne le veulent à aucun prix. La seule pensée d'un rétablissement possible du service militaire obligatoire (il a été supprimé dès 1919) les fait frissonner d'horreur. Renonçant à la doctrine, longtemps sacro-sainte du *two powers standard*, ils ont, dès 1922, accepté la parité de la flotte américaine avec la leur et, en 1935, ils ont admis que le tonnage militaire allemand fût fixé aux deux cinquièmes du tonnage britannique. Tout au plus se résigneraient-ils à un effort au profit de l'aviation : son personnel est peu nombreux et elle est nécessaire à la surveillance des points névralgiques d'un Empire devenu *Commonwealth*.

Ce pacifisme frise d'aventure l'antimilitarisme : c'est ainsi que l'*Union Club* d'Oxford, cette pépinière de futurs parlementaires, a voté, en 1934, une résolution déclarant qu'en aucun cas, ses membres « n'accepteront de se battre pour le roi et pour la patrie ». Outrance, certes, de jeunes étudiants. Mais, l'année suivante, un homme aussi sérieux que Clement Attlee, *leader* nouvellement élu du parti travailliste, a publiquement déclaré que lui et ses amis « avaient absolument répudié toute pensée de loyalisme nationaliste » ; déclaration qui ressemblait assez à la résolution de l'*Union Club* d'Oxford.

Le même pacifisme éloigne la plupart des Britanniques de la vieille politique d'équilibre et de tout pacte d'alliance. Ils reprochent à l'Entente cordiale — qu'ils regardent, à tort, comme ayant constitué une alliance — d'avoir entraîné leur pays dans

la guerre et ils ne veulent pas que le fait se reproduise. Le traité
de Locarno n'a été admis que parce qu'il garantissait aussi bien
l'Allemagne que la France et qu'il était inscrit dans le cadre de
la Société des Nations.

La Société des Nations : c'est là désormais, aux yeux du
public, la grande espérance, l'arche mystique dont il est sacrilège
de mettre en doute la vertu.

Pourquoi cet enthousiasme ? pourquoi cette foi ? C'est que,
imaginée par le puritain américain Woodrow Wilson, mise au
point par des Anglais de tendance puritaine, l'institution genevoise satisfait ce qui subsiste presque toujours de puritain dans
le cœur de l' « homme de la rue » britannique.

Sécurité collective, protection des faibles, égalité au moins
théorique des grandes et petites puissances, diplomatie en plein
jour, décisions démocratiquement rendues à la suite de débats
publics, sanctions morales préférées aux sanctions de force (« celui
qui a tué par l'épée périra par l'épée »), appel au sens du péché :
tout cela flatte les instincts profonds de cet « homme de la rue ».
Toutes les Eglises non-conformistes, encore si puissantes outre-
Manche, font campagne pour la Société des Nations ; les asso-
ciations féminines se passionnent pour elle et les anciennes suffragettes déploient en sa faveur une fougue que la conquête du droit
électoral semblait avoir rendue sans objet.

Des impertinents pourraient ajouter que la Société des Nations
sert de paravent commode à l'inaction et aussi que le gouvernement de Londres sait, au besoin, en tirer adroitement les ficelles
au mieux des intérêts britanniques. Le chancelier de l'Echiquier,
Neville Chamberlain, homme sincère, n'a-t-il pas déclaré devant
le Congrès conservateur de 1935 :

« Nous ne soutenons pas la Société des Nations parce qu'elle
est la Société des Nations, mais parce que nous croyons qu'elle
empêchera la guerre par l'action collective. Si nous devions être
déçus, il nous faudrait envisager d'autres solutions. »

Mais rares sont les Anglais qui feraient un tel aveu.

Churchill n'a rien du puritain, de la « Tête ronde » ; plutôt
serait-il un « Cavalier ». Au début de l'affaire éthiopienne, on
l'a entendu élever la voix en faveur de l'Italie. Du coup, il a
perdu le contact avec la majorité de ses compatriotes ; pour tenter
de rétablir ce contact, force lui est maintenant d'encenser la
Société des Nations, en regrettant seulement qu'elle n'utilise pas
avec plus d'audace les armes dont elle dispose. Meilleur manœu-

vrier, Anthony Eden doit son prestige naissant, non seulement à son agréable physique et à l'élégance de sa mise, mais à son soutien inconditionnel de l'institution genevoise.

Le régime politique de la Grande-Bretagne est véritablement démocratique en ce que, même en matière internationale, le ministère a besoin du concours permanent de l'opinion. Quand le sentiment populaire est douteux, ou bien que le gouvernement en souhaite une éclatante manifestation, le Parlement est dissous et le corps électoral consulté.

Les élections de 1935 ont plébiscité le système dit de sécurité collective. Mais plusieurs interprétations sont possibles. Baldwin va choisir celle qui comporte le moindre effort. Plus adroit politicien que véritable homme d'Etat, sans doute devine-t-il mieux que Churchill ce qui reste provisoirement le vœu inavoué de la masse.

*   *   *

Après le domaine politique, le domaine moral. Ici encore la tendance au relâchement, déjà amorcée pendant la guerre, s'est affirmée.

L'armistice signé, le cauchemar de quatre ans dissipé, un besoin de détente et de plaisir a saisi la Grande-Bretagne (comme en même temps la France). Les démobilisés trouvaient aisément du travail ; entraînées par les actions des Sociétés de pétrole, les valeurs boursières ne cessaient de monter ; les salaires doublaient ; les signes monétaires abondaient ; l'Allemagne devait réparer toutes les pertes matérielles : pourquoi se priver ? pourquoi ne pas jouir d'une vie dont tant de morts avaient fait apprécier le prix ?

C'est le moment où le *jazz* importé par les *boys* de l'armée américaine inondait l'Europe occidentale de ses rythmes syncopés. En quelques mois, *dancing halls* populaires et boîtes de nuit élégantes proliférèrent où des couples étroitement enlacés s'exerçaient au *fox-trot* et au *rag-time* en attendant les *blues* et le *black-bottom*. Les nouvelles modes féminines — cheveux coupés courts, robes s'arrêtant aux genoux — favorisaient ces ébats sans retenue.

Rivales des *dancing halls* et n'ayant même pas tardé à l'emporter sur eux, les salles de cinéma ont connu une vogue immense. La population britannique est devenue en écrasante majorité urbaine et elle a pris l'habitude de s'entasser une fois au moins par semaine devant les écrans lumineux révélateurs d'univers nouveaux.

Le cinéma a fait du tort aux livres et aux églises ; il en a fait aussi au cabaret. Après la guerre, la masse anglaise a bu probablement moins qu'avant ; les ivrognes sont, dans les rues, devenus rares et le nombre de crimes dus à l'alcoolisme, qui était de six cent quarante-neuf en 1904, est tombé à cent vingt-six en 1934. En revanche, la classe riche s'est mise à boire davantage et la mode des *cocktail parties*, importée d'Amérique comme celle du *jazz*, y a fait des ravages. Il n'était point rare de voir des jeunes filles ou des jeunes femmes de la meilleure société ramenées chez elles presque inconscientes aux petites heures du matin.

L'insouciance des lendemains immédiats de la guerre a suscité aussi une épidémie de divorces, balancée d'ailleurs par une épidémie de mariages précoces. L'avenir préoccupait peu, l'argent ne comptait guère. Comment ne pas agir au gré de l'impulsion du moment ?

Dès le début de 1921, la situation économique changea du tout au tout et on s'aperçut, non seulement que l'argent comptait, mais encore qu'il était rare. Des habitudes étaient toutefois prises dont il était malaisé de se départir. On cessa tout à fait d'économiser, et on dépensa presque autant.

Aussi bien, l'action des *Trade Unions* empêcha-t-elle, au moins jusqu'à 1926, la baisse des salaires et la *dole* versée par l'Etat continua-t-elle à assurer aux chômeurs la subsistance. A partir de 1931, l'amélioration de la conjoncture détermina même une sensible amélioration du salaire réel des travailleurs de l'industrie et de ceux des champs (ces derniers étant d'ailleurs en nombre constamment décroissant). Enfin, plusieurs millions de confortables logements ouvriers furent construits. Dans l'ensemble, la condition des classes populaires est meilleure en 1936 qu'en 1921.

Les classes moyennes, elles, ont été assez durement touchées. Nombre de bourgeois ont dû se restreindre et le chômage des intellectuels — ils ne bénéficient pas de la *dole* — est souvent cruel. L'Empire heureusement offre des débouchés et les anciennes colonies allemandes d'Afrique, passées sous mandat britannique, connaissent une importante immigration de diplômés des Universités ou Ecoles techniques métropolitaines.

Quant à la classe dite supérieure, un certain désordre y règne. Beaucoup de nouveaux riches — *war profiteers* — s'y sont glissés qui mènent grand train. Les propriétaires d'anciennes grosses fortunes parviennent tant bien que mal à soutenir le leur — souvent à l'aide de mariages américains. La « saison » londonienne, un peu moins luxueuse qu'avant la guerre, est encore très brillante. La domesticité, encore qu'un peu réduite, est toujours nombreuse. Mais les impôts directs sont fort lourds : 28 pour cent sur les revenus plus la taxe progressive, 20 pour cent sur les successions de quelque importance. Peu rares sont les *squires* campagnards qui se sont vus contraints de vendre le manoir ancestral, de disperser leur équipage de chasse et de s'aller retirer dans quelque pension au bord de la mer.

Désormais, cadets et filles non mariées doivent gagner leur vie, ce qui ne leur est pas toujours facile : on rencontre des rejetons de pairs du royaume dans les bureaux de la Cité, dans les magasins du *West End*, voire sur les planches des théâtres. D'ailleurs, aucun genre d'occupation ne déclasse quiconque appartient à une « bonne » famille et a été élevé dans une « bonne » école. S'ils sont bien nés, le gratte-papier, le vendeur d'automobiles, le mannequin et l'actrice de cinéma sont accueillis le soir dans les salons les plus aristocratiques comme dans les *night clubs* les plus fermés. Une aimable insouciance et une affectation du genre bohème règne parmi le *bright young people*, la jeunesse dorée ou dédorée. « *I'm broke*... je suis fauché », voilà une phrase fréquemment entendue et qui n'empêche pas celui ou celle qui l'a proférée de commander le champagne le plus coûteux.

Une source supplémentaire de revenu est cherchée sur les champs de course. L'Anglais a toujours été parieur ; il l'est de plus en plus. Aux hippodromes qui lui restent chers voici maintenant que s'ajoutent les cynodromes où les moins fortunés peuvent tenter la chance. On se souvient du *tolle* général suscité par l'impôt sur les paris que voulut établir Churchill.

L'incertitude du lendemain, l'obligation où se trouve chacun de compter d'abord sur soi, l'impatience aussi, provoquée par les vieilles contraintes, ont accentué la distension des liens familiaux. Ce n'est plus guère qu'à l'époque de Noel que le mot *home* reprend son sens traditionnel. Le reste du temps, les enfants sont loin ; quand ils voient leurs parents, la considération qu'ils leur témoignent mesure surtout l'espoir qu'ils ont d'en obtenir quelque argent. « P. P. P. (pauvre papa paiera) » : trois initiales en grande faveur chez les jeunes. Les plus petits eux-mêmes jouissent d'une indépendance jamais encore connue. La psychanalyse freudienne, si fort à la mode, n'enseigne-t-elle pas que tout châtiment risque de susciter chez eux des complexes ? Ce n'est que dans les vieilles *public schools*, citadelles de la tradition, que la fustigation reste en honneur.

Pour le mariage, il n'est de plus en plus considéré que comme un contrat révocable. L'Eglise anglicane, il est vrai, n'admet pas le divorce, mais il est facile de se remarier devant un pasteur dissident ou un *registrar* laïc. Dans les journaux, des pages entières sont consacrées, avec un grand luxe de détails, aux comptes rendus des affaires de divorce et le public en est d'autant plus friand que les intéressés sont placés plus haut dans l'échelle sociale. Quand il s'agit d'un duc ou d'une duchesse, il faut multiplier les éditions spéciales. Divorcés et divorcées sont d'ailleurs reçus à peu près partout. Naguère, la Cour leur était strictement interdite : maintenant, demeurent seuls frappés de cet ostracisme ceux ou celles aux torts de qui le jugement a été prononcé. (Notons toutefois que, les frais entraînés par la rupture juridique des unions étant très élevés, les divorces sont beaucoup plus fréquents chez les riches que chez les pauvres.)

Aussi bien se passe-t-on, au besoin, de la formalité du mariage. L'adultère, « cette dépravation française », est désormais regardé — au moins dans le monde « évolué » — avec indulgence et les liaisons quasi officielles ne sont point rares. Filles et garçons n'attendent pas toujours d'être passés par l'église pour se connaître au sens biblique du terme. Il a fallu créer un corps spécial de police féminine pour limiter un peu le nombre des étroits rapprochements dont, la nuit tombée, les parcs publics sont le lieu. Dans tel château, les matins de *week ends*, un discret coup de gong avertit les invités qu'il est temps pour chacun de rentrer dans sa propre chambre. Les naissances illégitimes se multiplient ainsi que les avortements. Pour la propagande anticonceptionnelle, elle s'étale au grand jour et ses brochures sont parfois préfacées par des *clergymen*. Elle est efficace : le nombre des naissances a sensiblement diminué et ne l'emporte plus guère annuellement que de deux cent mille unités sur celui des décès. En dépit de l'accroissement de la longévité, la population de la Grande-Bretagne, qui était de quarante-deux millions et demi d'âmes en 1921, atteint à peine en 1936 le chiffre de quarante-six millions. Enfin, le vice qui fit jadis, un peu hypocritement, rejeter Oscar Wilde dans les ténèbres extérieures, est maintenant, sinon admis, du moins toléré.

Reflet au moins partiel des mœurs, la littérature s'est faite de moins en moins prude. Les grands romanciers du début du siècle — Hardy, Kipling, Conrad, Chesterton, Arnold Bennett, Galsworthy, Wells — sont presque tous morts, silencieux ou sans audience et, seul, Bernard Shaw poursuit imperturbablement, à l'amusement un peu irrité du public, la série de ses satires. La nouvelle génération n'a pas la retenue de la précédente : Virginia Woolf, Somerset Maugham, Willa Cather, Edith Sitwell, David Garnett, Aldous Huxley, Violet Trefusis, Margaret Kennedy, Rebecca West, Rosamund Lehmann (beaucoup de ces romanciers sont des femmes), tantôt abordent avec une entière liberté les problèmes du sexe, tantôt décrivent avec une complaisance ironique les complexités, voire les perversités, d'une société à la recherche de son équilibre. Il est instructif de comparer l'intrigue des romans de Maugham avec celle des romans de Kipling ; l'esprit est tout différent, encore que le cadre soit souvent analogue. Dans tout cela d'ailleurs, beaucoup de talent, de l'invention, une psychologie très fine, souvent un sens aigu de la nature : c'est une grande époque du roman anglais.

Un genre de plus en plus en vogue — est-ce signe de morbidité ? — est celui du roman policier. Ici encore les femmes triomphent : Agatha Christie et Dorothy Sawyers créent deux types durables de détectives amateurs : Hercule Poirot et Lord Peter Wimsey.

Deux livres ont fait quelque scandale : *L'amant de Lady Chatterley*, par le fils d'ouvrier mineur D. H. Lawrence, et *Ulysse*, par l'Irlandais James Joyce. Le premier, d'une rare vigueur, contient certaines scènes d'une crudité agressive ; le second, obscur et peut-être génial, offre des passages d'une tranquille obscénité. Encore que la vente d'*Ulysse* ait été en principe interdite, les *high-brows* — les intellectuels ou ceux qui se piquent de l'être — s'arrachent l'épais volume[1].

Toujours soumis à la censure du Lord Chambellan, le théâtre montre moins d'audace et les pièces qui connaissent le plus de succès, telles celles de l'auteur-acteur Noel Coward, ne s'écartent pas de l'aimable badinage qui est traditionnel sur la scène anglaise. Cependant, Mordaunt Sharpe s'est enhardi jusqu'à faire d'un sodomiste le personnage central de son *Laurier sauvage*. Et la pièce a été fort applaudie.

---

1. Un genre qui ne doit rien à l'époque est le genre humoristique dont le maître est P. G. Wodehouse : mais on peut noter que ses personnages semblent le plus souvent appartenir à l'Angleterre d'avant 1914.

* * *

On se tromperait pourtant, comme on fait souvent quand on juge les choses britanniques sur leurs apparences, si l'on croyait le tempérament de la nation profondément modifié.

La littérature, la presse, les faits divers, les comptes rendus de divorce, les manifestations publiques même n'offrent jamais que des vues fragmentaires sur la vie réelle et, en Angleterre, ces vues sont particulièrement trompeuses. Entre ce que l'Anglais semble être, voire ce qu'il croit être, et ce qu'il *est*, il y a un fossé. Dans les cas graves, ce ne sont pas ses idées qui déterminent son action : ce sont des poussées venues de son subconscient. D'où des réflexes inattendus qui déroutent l'étranger.

L'Anglais n'a jamais été militariste. A la suite de la première guerre mondiale, il est devenu antimilitariste ; mais, sans toujours s'en rendre compte, il est resté intensément patriote ou, mieux, intensément persuadé de la supériorité de son pays. La force de cette conviction s'est manifestée à l'occasion de la dévaluation de la livre sterling ; elle se manifestera de nouveau dans des circonstances plus tragiques.

Ce patriotisme à base de dédain pour l'étranger est parfois déguisé du nom d'antifascisme ou d'antinazisme. Peu importe : il reste patriotisme et plusieurs des membres de l'*Union Club* d'Oxford, qui, en 1934, ont juré de ne jamais combattre « pour le roi et pour la patrie », tomberont glorieusement, pendant l'été de 1940, en défendant le ciel d'Angleterre contre la ruée des avions allemands.

L'Anglais n'a pas l'instinct familial très développé et ses jeunes sont tôt habitués à voler de leurs propres ailes. Mais, en même temps, il croit à la transmission héréditaire des compétences et il fait volontiers confiance à un homme, simplement parce que celui-ci est le fils de quelqu'un en qui il a eu antérieurement confiance. Qu'une maison de commerce soit, depuis cent ans, dirigée par la même famille suffit à assurer à cette maison clientèle et crédit.

Plus significatives encore sont les dynasties politiques fondées par des hommes nouveaux, dynasties très vite aussi respectées que celles, historiques, des Cecil, des Stanley ou des Churchill : les deux fils de Joseph Chamberlain sont devenus hommes d'Etat de premier plan ; le fils et la fille de Lloyd George sont entrés tous deux très jeunes au Parlement ; le fils de Ramsay Mac-

Donald pénètre aux côtés de son père dans le ministère. Sans doute, ces héritiers ne manquent-ils pas de mérite personnel, mais ce mérite eût été moins aisément reconnu par les électeurs s'il n'avait été en quelque sorte revêtu d'une estampille familiale.

L'Anglais a toujours été, sous des apparences flegmatiques, ardent dans ses instincts et il a fallu toute l'armature du corset victorien pour refréner cette ardeur pendant trois quarts de siècle. Maintenant, le corset est rompu et la licence semble régner. Mais des bases morales demeurent, très solides, et auprès desquelles tout le reste n'apparaît plus que comme un clapotis de surface.

La plus inébranlable de ces bases est offerte par la religion, ou plutôt par la religiosité.

Non pas que le peuple anglais, exception faite de la petite minorité catholique, soit très pratiquant. En 1936, on estime que le cinquième seulement des baptisés assiste régulièrement à l'office divin et ce n'est plus guère qu'en Ecosse que le repos du dimanche est strictement observé. Mais il s'agit moins ici de dogme et de pratique que d'une conception de l'existence. Par cette conception de l'existence, puisée aux sources bibliques, l'âme anglaise est en grande partie colorée.

On a vu quel rôle tenait une certaine tradition puritaine dans l'engouement des Britanniques pour la Société des Nations. D'autres témoignages ne manquent pas de son intensité persistante. Le plus caractéristique a sans doute été donné dans l'affaire dite du *Common Prayer Book*.

Ce « Livre des prières en commun » est le rituel de l'Eglise anglicane officielle. Arrêté dans ses termes au XVIIe siècle par Acte du Parlement, il ne peut être modifié que par Acte du Parlement, c'est-à-dire avec l'assentiment du roi, des Lords et des Communes. Depuis longtemps, beaucoup de fidèles jugeaient ce rituel désuet dans quelques-unes de ses parties et aussi trop rigide. En 1927, une assemblée du clergé anglican, spécialement convoquée par les archevêques de Cantorbéry et d'York, proposa un certain nombre d'amendements, de caractère d'ailleurs facultatif, et ces amendements furent votés par la Chambre des Lords.

Restait à obtenir la ratification de celle des Communes. Mais ici, à la surprise de beaucoup, on se heurta à une véritable levée de boucliers. Un très grand nombre de députés représentèrent avec véhémence que les amendements suggérés, parce qu'ils compliquaient la liturgie, fleuraient dangereusement le papisme. Le fait, en particulier, que le pain consacré et non consommé pût être, au besoin, conservé dans des ciboires, fut dénoncé comme un attentat aux principes de la religion protestante. C'est tout juste si, à ce propos, on n'évoquât pas les bûchers de l'Inquisition !

La presse s'empara de la question et pendant plusieurs mois les colonnes des journaux furent remplies de lettres écrites par des correspondants indignés. Des suppliques furent adressées au roi pour l'adjurer de barrer la route, en sa qualité de « Défenseur de la Foi », à un infâme projet qui ne tendait à rien de moins qu'à livrer l'Eglise d'Angleterre à l'Eglise de Rome.

Le public se passionna et en oublia chômage, embarras financiers et complications internationales. Finalement, en mars 1928, la Chambre des Communes, par deux cent soixante-dix voix contre deux cent vingt-neuf, rejeta le projet.

Comme si un redoutable péril avait été écarté, une grande partie de la nation poussa un soupir de soulagement. Nul ou presque ne songea à s'étonner qu'une assemblée politique composée pour moitié de protestants dissidents, de catholiques, d'israélites et d'agnostiques ait eu, dans une affaire concernant uniquement l'Eglise anglicane, pouvoir de s'opposer au vœu du clergé anglican. Pour un protestant la religion n'est pas l'affaire du seul clergé : elle l'est de tous les fidèles ; pour la majorité des protestants anglais, elle est même l'affaire de tous les sujets du royaume. Et une affaire essentielle, parce que de conscience.

De la permanence de la tradition religieuse en Angleterre — permanence nullement exclusive d'un scepticisme affiché et d'une grande liberté de mœurs — une preuve nouvelle va être administrée en 1936 quand le roi Edouard VIII songera à placer sur le trône une Américaine deux fois divorcée.

Presque en même temps d'ailleurs, d'autres traditions, que l'on pouvait croire oubliées, la tradition patriotique notamment, commenceront sourdement à sortir de leur sommeil.

Répétons-le : les réactions du peuple anglais, parce que venues du subconscient, sont difficilement prévisibles.

Imprimé sur les presses de l'Imprimerie Saint-Joseph à Montréal.